THE ECONOMIC WRITINGS OF
SIR WILLIAM PETTY
edited by C. H. Hull
Cambridge 1899

根据赫尔编《威廉·配第爵士经济论文集》
1899 年版译出

汉译世界学术名著丛书
（120 年纪念版·珍藏本）
出 版 说 明

2017 年 2 月 11 日，商务印书馆迎来 120 岁的生日。120 年前，商务印书馆前贤怀揣文化救国的理想，抱持“昌明教育，开启民智”的使命，立足本土，放眼寰宇，以出版为津梁，沟通中西，为中国、为世界提供最富智慧的思想文化成果。无论世事白云苍狗，潮流左右激荡，甚至战火硝烟弥漫，始终践行学术报国之志，无改初心。

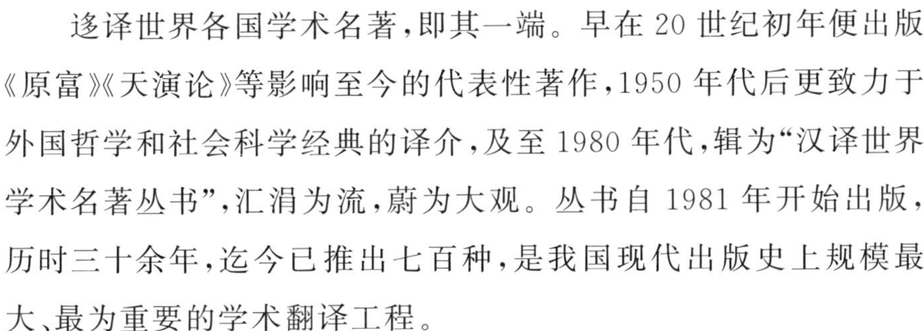

迻译世界各国学术名著，即其一端。早在 20 世纪初年便出版《原富》《天演论》等影响至今的代表性著作，1950 年代后更致力于外国哲学和社会科学经典的译介，及至 1980 年代，辑为“汉译世界学术名著丛书”，汇涓为流，蔚为大观。丛书自 1981 年开始出版，历时三十余年，迄今已推出七百种，是我国现代出版史上规模最大、最为重要的学术翻译工程。

丛书所选之书，立场观点不囿于一派，学科领域不限于一门，皆为文明开启以来，各时代、各国家、各民族的思想与文化精粹，代表着人类已经到达过的精神境界。丛书系统译介世界学术经典，引领时代思想，为本土原创学术的发展提供丰富的文化滋养，为推动中国现代学术和现代化进程做出了突出的贡献。

为纪念商务印书馆成立120周年，我们整体推出“汉译世界学术名著丛书”120年纪念版的珍藏本，寄望既利于文化积累，又便于研读查考，同时向长期支持丛书出版的译者、编者和读者致以敬意。

两甲子后的今天，商务印书馆又站在了一个新的历史时间节点上。我们不仅要铭记先辈的身影和足迹，更须让我们的步伐充满新的时代精神。这是商务人代代相传的事业，更是与国家和民族的命运始终紧密相连的事业。我们责无旁贷，必须做好我们这代人的传承与创造，让我们的努力和成果不仅凝聚成民族文化的记忆，还能成为后来人可以接续的事业。唯此，才能不负前贤，无愧来者。

商务印书馆编辑部

2017年10月

编 印 说 明

本书系《赋税论 献给英明人士 货币略论》、《政治算术》、《爱尔兰的政治解剖》等三个中译本的合编本。上述中译本分别初版于 1962 年、1960 年和 1964 年，并曾重印或再版。

《赋税论》、《献给英明人士》、《政治算术》译者为陈冬野，《货币略论》译者为马清槐，《爱尔兰的政治解剖》译者为周锦如。

此次编印，除改正若干错字、统一个别译名，以及《关于威廉·配第的〈政治算术〉》一文略有删节外，余均维持原样。

赋税论
献给英明人士
货币略论

陈冬野　马清槐 译

再版说明

威廉·配第(1623—1687)是资产阶级古典政治经济学的创始人之一。

在马克思主义产生以前,他最先开始从生产过程中来探讨资本主义生产的规律,提出了劳动创造价值和其他一些重要的经济观点,为古典政治经济学的建立奠定了基础。

威廉·配第对商品价值量作了正确的分析。他指出由同一数量劳动所生产的贵金属和其他商品,具有同一的价值,商品的价值是由生产商品的劳动量来测定的。对此,马克思曾有很高的评价,认为"配第在他的《赋税论》(1662年第一版)中,对商品的价值量作了十分清楚的和正确的分析"。[①] 另外,在工资、利息、地租等方面,威廉·配第也提出了一些重要见解。

但是,由于历史条件的限制,威廉·配第的经济思想具有不彻底性。他不了解生产商品的劳动具有二重性——抽象劳动和具体劳动,所以错误地把商品的价值和使用价值以及价值和交换价值、价值和价格混同起来,使他不能坚持劳动创造价值这一原理。他早期的一些著作,在一定程度上还受有重商主义的影响。

① 《反杜林论》,人民出版社1970年版,第229页。

即使这样，威廉·配第的经济观点，对以后经济思想的发展和劳动价值论的创立，影响还是很大的。所以，马克思称誉他为“现代政治经济学的创始者”①。

本书将威廉·配第的代表作《赋税论》连同另两篇重要著作《献给英明人士》、《货币略论》合成一册，于 1963 年翻译出版。

为了配合马列主义、毛泽东思想的学习，帮助读者更好地理解马克思主义的三个来源之一，本书于 1972 年曾重印过一次。之后，陈冬野同志根据英文本原著，对《赋税论》和《献给英明人士》两篇译文作了修订。现将本书再版印行，以应读者需要。王亚南同志的文章《威廉·配第〈赋税论〉出版三百年》（发表于 1962 年 1 月 9 日和 10 日《光明日报》）仍刊于卷首（文字上略有改动），供读者参阅。

1978 年 2 月

① 《反杜林论》，人民出版社 1970 年版，第 228 页。

威廉·配第《赋税论》出版三百年

王 亚 南

一

1662年，英国威廉·配第的《赋税论》出版了。这个篇幅不大、内容有点杂乱的论著，虽然到今年已经经历了三百年，但在经济科学的理论上，并没有因此失去它在近代资本主义初期放射出来的光辉异彩。马克思早在近一百年前，就给予了它极高的科学评价。他说它的作者是“现代政治经济学的创始者”，“最有天才的和最有创见的经济研究家”（《反杜林论》，人民出版社1970年版，第228、230页）。这主要是就这一本书说的。

这部书包括十五章，全是讨论政府或公共经费，以及从哪些方面，以怎样合理而有效的方法，才能筹得那些经费的问题。在近代经济学还不曾当作一个确定的科学成立以前，所有关于经济方面的问题，差不多都是在有关国家或君主支出收入的财政政策上加以研究，每部初期经济思想的论著，差不多都是以向君主献策的形式，论述如何增进国富，如何增进国家税收的问题，这是有它的特殊的历史背景和深刻的阶级利害关系的。十六、十七世纪的西欧各国，在政治上是所谓君主专制时代，而在经济上则是所谓重商主义时代，由封建制度向着资本主义制度的推移，由自然经济向着商品经济的推移，由以不动产为基础的财富形态向着以流动资产为主要财富形态的推移，其间必然要引起各种新的社会经济问题，必然要发生各种阶级消长变化关系。新兴的工商市民的基本经济利益，就要求有一个统一的国家、统一的市场，好对内对外展开经济活动；而这个国家要完成这一阶级任务，就有必要建立起需要巨大经费的政府机构、国防力量和有关的社会文化设施。那种巨大的政府经费或公共支出，将怎样筹集呢？是按照老一套的封建财政税收体制，由国王任意设置课税项目、规定征课标准乃至征课手续呢？还是这一切都得经过有纳税人、工商市民参加的议会审议通过，才能施行的现代性的税制税法呢？这是一个国王为了维持自己的统治，是否要向市民阶级作出让步的问题。市民阶级愿意筹集的那些经费，是要求财政税收不妨碍他们的经济活动，并且还能促进产业商业的发展。当时英法诸国君主、官僚、贵族与市民阶级间的斗争，差不多是以这一问题为核心。英国查理第一在十七世纪二十年代登极之始，就因为这个问题，与议会派斗争，以至引起内战。1649 年，查理第一被砍掉脑袋，议会派胜利了，克伦威尔共和政体成立。再过十年，克伦威尔死去，查理第二于 1660 年王政复古，和议会派就财政税制作过一些妥协。但英国本土，特别在他统治下的爱尔兰，财政税收的紊乱状况，仍须力图改进。这就是威廉·配第写《赋税论》的时代背景。他在本书原序上说，他写这本书，是要清理一下脑子里存在的关于英国财政税制的一些想法。在克伦威尔统治下，他曾伴随克伦威尔征服爱尔兰，掠得大量土地；他先在爱尔兰充当军医，后来担任行政官、土地测量总监，很为克伦威尔所器重。他所考虑的财政税制，显然是与工商市民阶级所要求的资本主义的发展相适应的。因此，对于为什么和如何进行财政税制改革的问题，就不仅要一反过去封建主义的财政税收体制，同时也不能满意于近代初期的那些属于表象的片面的考察；他力图对国家、对社会、对人民、对一般财政经济措施，从本质上，从内部联系上，从总体关系上去把握问题。他以为在英格兰，特别是在爱尔兰所采取的一些财政经济措施，其所以弊害百出，顾此失彼，引起民穷财匮的状况，就是由于统治者没有对全国人力物力财力做全面摸底工作和统计工作，不了解“天生蒸民，有物有则”的道理，任意征课，以致紊乱不堪。他认为“正当的理性”，“自然的法则”，是不能欺负的，是不能按照人们自己的主观愿望去改变的。对于它们的研究考察，必须从经验事实出发，“用数字、重量和尺度来表达自己想说的问题，只使用来自人们的感觉的论据，只考察在自然中有可见根据的原因。至于那些以个人的容易变动的思想、意见、胃口和情绪为依据的原因，则留待别人去研究”，这些话，虽是在他以后写作于七十年代的论著《政治算术》中才明确讲到的（中译本，商务印书馆 1960 年版，第 8 页），但他在写这部《赋税论》时，已经是在应用这个独特的方法论。现在我们看他是怎样展开说明的。

二

关于配第在《赋税论》中，就田租、口赋、房产税、关税、什一税、国内消费税乃至货币利息、货币改变价值等方面所作的具体改进建议，在我们今天看来，已没有什么重大意义，而从理论上感到重要的，倒是他对所有这些方面的财政税制问题的讨论分析，都把握

了它们最本质的因素和内在的相互联系。为了说明的便利,且分别指出以下几个重要的论点:

第一,配第认为,关于财政收支和税制问题,单从现象上来讨论是非得失,永远也得不出正确的结论。在他看来,那都是属于错综复杂的"上层建筑",要深入研究它,必须从它的基础入手。种种色色的征课,无论经历多少转折,最后终归是落到土地和劳动的收入上。他在《赋税论》第四章论各种收入的方法中,就讲到一国居民"应将他们一切土地和劳动所得收入的二十五分之一扣除下来,充作公共用途"。赋税不论征课到哪种所得或财源上,财富的最后源泉,终归是土地与劳动;土地为财富之母,而劳动则为其父,这是配第的有名的格言。

第二,在土地和劳动这两种财富源泉的收入中,配第更进一步分析了这两者承担赋税的本质关系,作为财富之母的土地上的生产物,是由作为财富之父的、即更有主动作用的劳动生产出来的。他认为,当生产劳动生产物的劳动者从他们的劳动条件——土地分离开以后,在原则上,不能期望由他的所得承担起任何额外负担(尽管实际上各种间接征税和由货币贬值所引起的损失,还会落到他们肩上),社会财富的来源虽然是土地与劳动,课税的最后对象,却只能是土地地租及其派生的收入。但进一步看来,土地能够提供多少地租,又要看在土地上耕作的劳动者的劳动,有多大部分是维持自己的最低生活所必要的,有多大部分是除此以外的剩余。他明确地告诉我们:"假定一个人能够用自己的双手在一块土地上栽培谷物;即假定他能够作为耕种这块土地所需要的种种工作,如挖掘、犁、耙、除草、收刈、将谷物搬运回家、打脱簸净等等;并假定他有播种这块土地所需的种子。我认为,这个人从他的收获之中,扣除了自己的种子,并扣除了自己食用及为换取衣服和其他必需品而给予别人的部分之后,剩下的谷物就是这块土地一年的当然的正当的地租。”(本书第33—34页)这说明,地租是剩余劳动的产物。在必须让劳动者能维持其最低生活要求,同时又是把地租作为劳动剩余生产物的代表形态的限度内,所有的课税,是只有加在地租及其诸种派生收入上,始能容许农业生产不受阻碍地有所发展。在这里,配第已经在实质上触到了剩余价值的问题,虽然他没有提到这个名词,但在说明商品价值的基础上,已把它的含义包括在里面了。

第三,配第认为,人们自始没有明白地察觉到上述这种地租与税收的本质关系,他们被商品及货币流通的错综复杂的表象弄糊涂了,没有想到,在一切收支关系中,在一切交换关系中,有一个判定它们是否平均,是否均衡,是否公平合理的基础或计量标准。当劳动生产物采取商品形态,特别是土地剩余劳动生产物采取货币地租形态的时候,由什么决定商品价值的呢?价值规律早已在人们没有意识到它的存在时,就发生作用了,早已提到人们日常经济生活中了。配第以为在财政经济上的许多乱子,就出在不了解这种本质的联系。他以为“所有物品都是由两种自然单位——即土地和劳动——来评定价值,换句话说,我们应该说一艘船或一件上衣值若干面积的土地和若干数量的劳动。理由是,船和上衣都是土地和投在土地上的人类劳动所创造的。因为事实就是这样,所以如果能够在土地与劳动之间发现一种自然的等价关系,我们一定会感到欣慰”。这显然是沿着他前面以土地与劳动为一切财富源泉的思想线索贯串下来的。不过，作为决定价值的最后因素来说，他对这两者并不是等同看待的，他接着说："如果这样的话，我们就能够和同时用土地和劳动这两种东西一样妥当地甚或更加妥当地单用土地或单用劳动来表现价值；同时，也能够像把便士还原为镑那样容易而正确地，将这一单位还原为另一单位。"（本书第36页）尽管他在这里没有指明，是应当把劳动还原为土地，还是把土地还原为劳动，他往后似乎专门把劳动作为决定价值的标准了。大家都知道他讲了这一段名言："假如一个人在能够生产一蒲式耳谷物的时间内，将一盎司从秘鲁银矿中采出来的白银运到伦敦来，那么，后者就是前者的自然价格。如果发现了新的更丰富的银矿，因而获得两盎司白银和以前获得一盎司白银同样容易，那么，在其他条件相等的情况下，现在谷物一蒲式耳售价十先令，和以前一蒲式耳售价五先令，同样低廉。"（本书第43页）在这段话里，我们知道配第所谓自然价格，就是价值，就是生产一种商品所费的劳动，价值量的大小，就是取决于劳动时间的长短，而且劳动生产力提高了，所生产的商品里的劳动减少了，它的价值也相应降低了。这都是劳动价值理论的最根本命题，把这些和前面谈到的剩余劳动生产物转化为地租及其派生所得联系起来看，就不难理解，他已经无意中把地租当作剩余价值的代表形态，而把其他所得，如利息等等，当作其派生形态来处理了。他在资本主义最初期阶段，不能像在一百多年后的亚当·斯密、李嘉图那样，把利润作为剩余价值的代表形态，那是完全可以理解的。而且，配第并没有停止在这里，他进一步把这个价值尺度，拿来衡量一切所得形态相互间的比价关系以及各种课税负担的可能转嫁关系了。

第四，当他肯定了商品的价值由体现在它里面的劳动量决定这个命题，整个劳动生产物价值分解在各种所得间的比例关系，就不再是含糊笼统的，而是可以用数字来说明的了。全部土地劳动生产物或全部谷物，有多大的价值，值多少货币，就看同时银的生产者以同等劳动生产出了多大银量，后者就是前者的货币价值。劳动者所得的工资，是由他生活所需的资料或其价值决定的，地租或作为地租的谷物，能值多少货币，“就看另一个在同一时间内专门从事货币生产与铸造的人，除去自己的费用以外还能剩下多少货币”。（本书第 34 页）在配第的时代，地租是作为这种剩余价值的代表形态显露它的作用。因此，在价值问题的说明上，他只着重地讲到工资、地租、利息这三个所得形态及其关系。本来，在全部劳动生产物价值中，除去了非常明确的劳动者的必要生活资料价值外，其余就是归属到地租及其派生所得项下，但这是科学分析的结果，而且劳动者的最必要的生活资料，严格说来，也还是一个不大容易确定的可变数，而日常进行分配，总得有一个比较客观的依据。地租乃至利息，为什么是那么多？为什么更多或再少就行不通？在这里，他特有创见地提出了土地的使用权的价值问题，以及与此相应的货币的使用权的价值问题。对于地租或土地的使用权的价值，他是这样说的，“如果我们能够发现世袭租借地的自然价值，那即使我们发现的不见得比上述使用权的自然价值好多少，我们也会觉得喜慰。……在发现地租或一年使用权的价值后，我们就要问，一块世袭租借地的自然价值相当于多少年的年租？如果我们说一个无限的数字，……是不合理的。……我认为任何一块土地自然所值的年租年数，等于这三代人（即祖、父、孙）通常可以

同时生存的年数。我们估计英格兰这三代人可以同时生存的年数为二十一年，因此土地的价值也大约等于二十一年的年租。”（本书第 37 页）不论配第根据如何的理由，要说明人们为什么只考虑到二十一年以内的事，毕竟是非常勉强的；事实上，他在同书中，又曾讲到爱尔兰的土地价值，和七年的年租额相等，那就显然不能自圆其说了。而马克思就这点对配第作了高度评价，并不是因为他做了这样的假定，而是因为他把土地的价值还原为多少年的年租额的做法，是经济科学上的一个重要的发现，那就是，土地的价值，或土地使用权的价值，不外是预买一定年度的地租，不外是资本化的地租。在这种限度内，地租成为土地的利息了。这样的结论，从利息推论到地租，原是可以顺理成章地达到的，但因为在他的时代，还不容许把利润作为剩余价值的代表形态，只能把地租作为代表形态，所以他尽管是由地租来推寻利息，马克思还是称许他，说他在逻辑上是应当如此的，否则就会完全破坏他的理论体系。不管推论的过程如何，终归得出了地租和利息相互联系转化的结论。土地的租金是地租，货币的租金就是利息，他说，“说到利息，在安全没有问题的情况下，它至少要等于用借到的货币所能购买的土地所产生的地租”。（本书第 40 页）关于这一点，在地主经济封建制的中国，虽然在秦汉以后，就出现了地主、高利贷业者、独立商业者，成为三位一体的“通家”的局面，容易了解地租与利息的相互转变过程，而在领主经济封建制的西欧，由于商业、高利贷业是由不能接近土地的异教徒经营，把地租与利息联系起来考察，还是近代初期的事；只要把它们联系起来考察，利息的神秘性，货币自行增殖的神秘性，就被揭露出来了。配第在揭露货币的这种神秘性的当中，事实上，已无疑对一切用货币经营的工商业者的所得，提出了它们在正常的条件下，在合理的范围内，所可能挣到的限度。因为很显然，工商业经营者如得不到用同样多货币购买土地收租或放款取息那么多收入，他们是没有理由不做地主或高利贷者的。他在这部论著中，已分别把这种倾向指出来了。从这里，我们已看到配第如何通过劳动决定商品价值这个基本命题，把他所理解的“上层建筑”现象，从内部关系上来全面加以把握了。不但如此，对于地租，他还第一次把它的两个级差形态指出来了。他告诉我们，“土地的优劣，或土地的价值，取决于该土地所生产的产品量和为生产这些产品而投下的简单劳动相比，是多于投下的劳动量还是少于投下的劳动量”。（本书第 88 页）这个讲法，已经是说，土地价值的大小，地租的多寡，就看同量生产物在同面积土地生产出来，费了多少简单劳动。地租不是由土地引出，而是由劳动引出的。正因为如此，所以他说，如果伦敦附近各郡尽一切努力所生产的农产物，仍难满足需要，“那就必须从远处运来所需的商品，以供应市场需要，这样一来，距离较近的各郡物价一定会相应地上涨。或者是，如果上述各郡花费比现在所花的更多的劳动来改良土地，使土地丰产，……那么地租就会因收成的增加超过所用劳动的增加，而成比例地上涨”。（本书第 44—45 页）在这段话里，不但级差地租的两个形态都指明出来了，并还把两个形态的相互关系，作了说明：即当地产品不够满足需要，就要耕种较远地区的土地，或者在近郊土地上增投劳动，增进劳动生产力，结局，都会使地租增加起来。当然，在利润还没有成为独立的范畴的历史条件下，关系地租产生的生产价格、额外利润这一些中间环节，在他还不是明确存在

的。除级差地租而外，他在经济学上同样作了有创见的说明的，是他关于货币必要流通量的提出；往后他还在《献给英明人士》中，特别是在《货币略论》中，进一步讲到了一个社会周转一定商品额所需货币量的具体算法。由于在一切场合，他都强调用数字来说明问题，我们又发现，他对一切社会现象的平均倾向，尤其对劳动的平均数概念，在当时说来，确是一个有关认识社会现象的了不起的创见。从这种种方面我们已不难了解，配第实在为政治经济学奠下了相当广阔的基础。

最后，我们还必须归结到这部书的出发点，看他是怎样用他的理论来解决他所面临的财政经济问题。他认为，在整个英国，特别在爱尔兰，财政收支状况是非常混乱的。不恰当的课征，不平衡的负担，紊乱不堪的货币，引起经济生活的脱节，产业的凋敝，社会秩序的岌岌可危，而这些又要成为增加治安官吏，加多神职人员，扩大救恤设备，扩增警察军队力量，从而进一步追加或新设征课名目的原因。以致为了摆脱财政困境，竟不惜向邻国寻衅发动战争，其后果就不堪设想了。在造成这种尴尬局面的许多原因之中，配第着重指出统治者对于全国"人口、财富、产业的情况一无所知"，对于一种财政措施，究竟会在各方面发生如何的影响，一无所知。由于一切心中无数，有所举措，就全凭兴趣，情感用事，或者至多不过是对当时财政压力的一种盲目反应。挽救之道，头痛医头，脚痛医脚是不成的。综合他在《赋税论》中的说明，有两点是特别值得重视的创见。其一是，他的财政计划，是从全国着眼，根据全国的人口、财富、产业的具体推算数字，看需要设置或只许设置多少政治机构、政法人员，多少教区和教职人员，多少医院和卫生人员，多少

学校和教师学生，多少军队警察，发行多少铸币，限定多少批发商和零售商。他以为所有这些方面，不够一定数量，固然会妨碍工作的推行，但若超过一定限度，还会出现更大的麻烦。这与他的另一点的创见联系起来看，就十分清楚了，那就是，他的财政改革计划，并不单纯是为了各方面活动的均衡，而更重要的，是在那种均衡中，贯彻着节约劳动，节约劳动时间的根本要求。全国的财富，总是由人力利用自然或土地创造出来；节省一份劳动，或把劳动用在更大更有利更多效果的事业和地区方面，就能够造出更多的财富。他建议把爱尔兰人移到英格兰，以便强制他们更好劳动；建议把产业设立在地址较便利、条件较适合的地区；建议把裁并的机关、教会、学校的冗员，使用到生产部门，用赋税及其他措施，使社会财富资金从无所事事游手好闲者手中，转移到勤勉而有经营事业能力者手中；利用那些消耗社会财富的乞丐、盗贼的劳力，去兴建各种会增进社会财富的公路桥梁堤坝等等公共工程；……所有这许许多多的建议，归根结底，无非是更有效地榨取劳动力，节约劳动力的使用，增进劳动生产率，以符合新兴工商市民阶级的要求，马克思说，他在这些要求中，还大胆地作出这样的建议："把爱尔兰和苏格兰高地的居民和动产移到大不列颠的其余部分。这样，劳动时间可以节省，劳动生产力可以提高，而'国王与臣民将变得更加富强'。"(《政治经济学批判》，人民出版社 1953 年版，第 26 页注)他极力强调"人的价值"，强调要尽可能地把劳动者的哪怕一点点余力，都榨取出来。有一分劳动力没有用上，他就以为是失了一分社会财富；对他来说，利用劳动价值学说来为资产阶级服务，算是做得很到家了。

三

配第在他的研究方法及其经济理论方面表现的卓越创见，马克思在他的几部经济名著:《政治经济学批判》、《资本论》、《剩余价值理论》乃至《反杜林论》的《〈批判史〉论述》中，都给予了极高的评价。但马克思在提到这位杰出人物的政治品格时，说“这个思想锐敏的、但是特别轻浮的军医，既能带着克伦威尔之盾劫掠爱尔兰、又能为这种劫掠向查理第二跪求男爵称号，……”(《政治经济学批判》，第26页注)寥寥的几句话，把他的品格面貌和盘托出了。他不仅是一个大殖民主义者，还是一个新贵族。我们认识到，英国资产阶级革命的特点，就是资产阶级与新贵族合作。所以，他的贵族身份，并没有妨碍他在为资产阶级服务的政治经济学上作出贡献。作为资产阶级前进历史阶段的思想拓荒者或政治经济学的奠基者，我们从人类进步思想遗产的角度来看，所应注意的是，他所处的过渡时期和未成熟的历史条件，限制了他的才能的发挥，限制了他的丰富含蓄的思想内容的更系统的更明确的表现。无论就他的基本的劳动价值学说来讲，就他在价值学说基础上的分配理论来讲，抑或是就他用劳动价值学说，用分配理论来建议的财政改革新计划来讲，用当时的具体历史条件来衡量，是卓越的，是深刻的，是全面的，是接触到本质的，但在很大程度上，没有脱离朴素的、零碎的、还有些杂乱的状态。例如，关于劳动决定商品价值，他确是很有创见地提出了这个命题，但是，那是什么劳动呢？劳动的二重性问题，他固然完全没有接触到，就是社会必要劳动量的问题，他也只有一点非常模糊的概念。他在后来于1665年写出的《献给英明

人士》论著中，虽曾漠然讲到死劳动和活劳动的问题，可是这两者在生产过程中，前者只是转移价值，后者才创造价值的区别，他是连想也没有想到的。单就这点来说，已不难了解，他之所谓劳动决定价值，不但对劳动的概念不大明确，对于如何决定价值的过程，更是理解得极其含糊，而就价值本身说，他不仅没有把握价值实体、价值量、价值形态这些根本概念，在他的说明中，连价值与使用价值的区别，价值与价格的区别，价值与交换价值的区别，也是不很清楚的。至于对地租与利息的分别解释和统一说明，在利润这个名称还是放在地租项下来处理的历史条件下，他虽有再大的才能，也是无法说得系统而透彻的。至于他的方法，诚然是沿着培根的崇实主义的道路发展过来的，拿事实来，拿数字来，把理论或建议建立在可以量计指数的根据上，但也许因为社会经济调查统计工作，是要在资本主义经济组织渐臻严密的历史条件下，才有可能做得好一些，他在全书中，就每项事业，每种设施，每一个具体建议所提出的数字，几乎全是出于推测估计，由一种估计到另一种估计。用数字来讲话，是较能了解情况，较有说服力的，但假设的数字，是要减低效果的，后来和他同样重视事实的亚当·斯密，竟有些怀疑他的方法的效果，可能是从这里出发的。但不论如何，他在现代计量经济学上的开山祖的地位，和他在政治经济学上的奠基者的地位，是一样无可争议的。

配第关于政治经济学，统计学乃至财政学的巨大贡献，虽然主要表现在《赋税论》中，但讲他的整个学说的影响，却是不能不连带他往后陆续问世的《献给英明人士》、《政治算术》、《爱尔兰的政治解剖》、《货币略论》等论著一起考虑的。马克思在《剩余价值理论》

中，已就他对后起的经济学者如诺思、如洛克等的影响作了说明；由于资产阶级经济学者(包括古典派在内)，一般地不肯把自己的理论中受到前人影响的出处，像马克思在《资本论》等著作中所作的那样，明白指点注释出来，但蛛丝马迹，总是不难找到一些线索的。即以斯密的大著《国富论》来说，其中有许多论点，就分明也可以从配第《赋税论》那里探出它的渊源的。当然，作为政治经济学的奠基理论，每个资产阶级古典经济学者，都是直接间接多多少少受到它的一些影响的。

而我们在这里倒要特别指出这一点：当资产阶级已经取得了政权，已经确定它的统治地位，并且已经逐渐感到它的敌对阶级——工人阶级的运动的威胁的时候，它再也不对科学的经济学，不对以劳动价值为基础的古典经济学，感到兴趣，甚至愈来愈抱反感了。为了反对马克思主义经济学说，他们的经济学者早就把反对亚当·斯密，特别是反对李嘉图，作为反对马克思的一种手法。当代最有影响的垄断资产阶级的代言人凯恩斯，就最痛恨李嘉图，他说他反对李嘉图，就是要从根底摧毁马克思经济学的基础。当前风靡资产阶级经济论坛上的大大小小的凯恩斯主义者，正多方宣扬国民收入理论、扩大国家支出理论、赤字财政理论、通货膨胀理论……其基本特点，就是否定劳动价值学说(甚至否定任何价值学说)，即否定威廉·配第所特别强调的基础，而只是在各种“上层建筑现象”方面兜圈子，寻求解决财政危机、经济危机的单方。

在资产阶级已经把他们前期的科学的经济学(更不说更早的经济科学)当作死狗来抛弃，甚至当作魔鬼来诅咒的时候，我们为了批判地继承人类进步遗产，为了配合当前理论斗争和理论建设

任务，把这部三百年前出版的古典论著，拿来再学习再认识一番，还是有其一定的意义的。

赋　税　论

赋 税 论

说 明

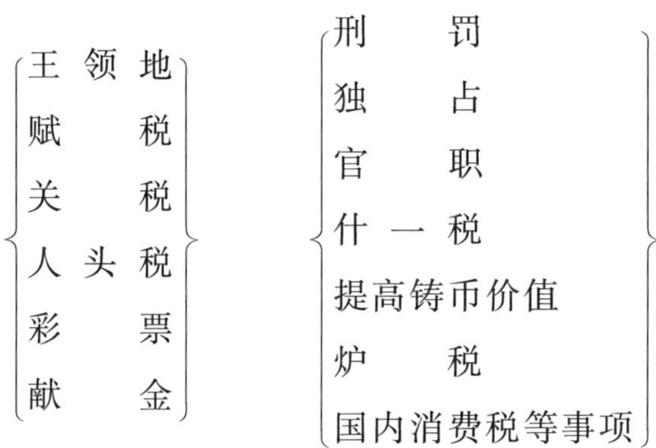

王领地
赋税
关税
人头税
彩票
献金

刑罚
独占
官职
什一税
提高铸币价值
炉税
国内消费税等事项

的性质与标准。附论

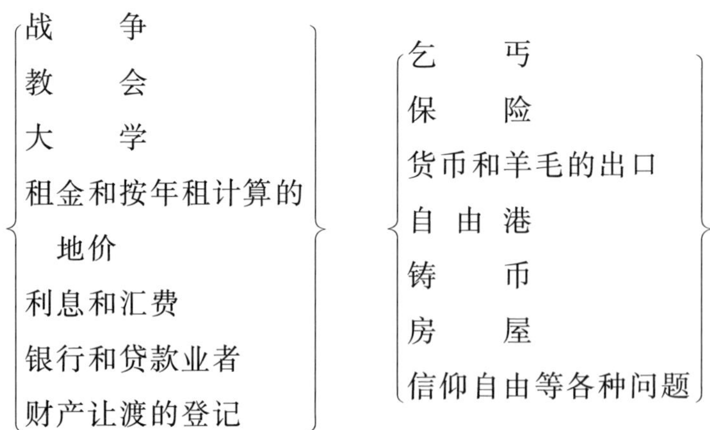

战争
教会
大学
租金和按年租计算的地价
利息和汇费
银行和贷款业者
财产让渡的登记

乞丐
保险
货币和羊毛的出口
自由港
铸币
房屋
信仰自由等各种问题

以上论点均结合爱尔兰的
现状和问题进行论述

目　　录

原　序

年轻而又不讲求实际的人结婚，其主要的和唯一的目的可能不在于生育子女，更不在于生育适合于从事某种特定职业的子女。但是，一旦有了子女，他们却力求按照子女们的各自性情和志趣加以培养。和此一样，我写这本书，目的只是想借此来清除我脑海中所有的许多令人心烦的想法，可没有想拿来供任何人参考、或是为解决任何问题之用。可是，现在既已经写成，并且它的问世，正逢奥尔蒙德公爵[①]行将前往爱尔兰就任总督之时，因此我又认为，它对于了解爱尔兰以及其他地方的情况，或有其可用之处，尽管用处可能不大。

爱尔兰是这样一个国家，它必须保持大批的军队，以防爱尔兰人将来发动叛变，这种叛变，既会损害他们自己，又会损害英格兰人。这大批军队，无疑要向穷困的人民和荒凉的国土征收巨额而沉重的租税。因此，让爱尔兰理解一下各种租税的性质和征收标准，并不是不适当的。

2. 为了使爱尔兰教区成为适宜于传播福音的园地，需要把它

① Duke of Ormond，名杰姆士·巴特勒(James Butler，1610—1688)，出身于爱尔兰贵族，为死心塌地的保皇党党员，曾前后三次出任爱尔兰总督。——译者

们大大调整，重新加以合并和划分。① 在这一点上，我以前所说的关于英格兰有牧师过多的危险的那些话，也可以适用于爱尔兰。而我将要编成的该岛的新地图②，可以作为施行这种调整的依据。

3. 爱尔兰资源丰富，要是不采取措施增加出口，反而对该地不利。而这些资源是否能够出口，则取决于下面所讨论的关税及国内消费税是否按适当的标准征课。

4. 整个说来，爱尔兰人口是不足的；在将英格兰人迁往爱尔

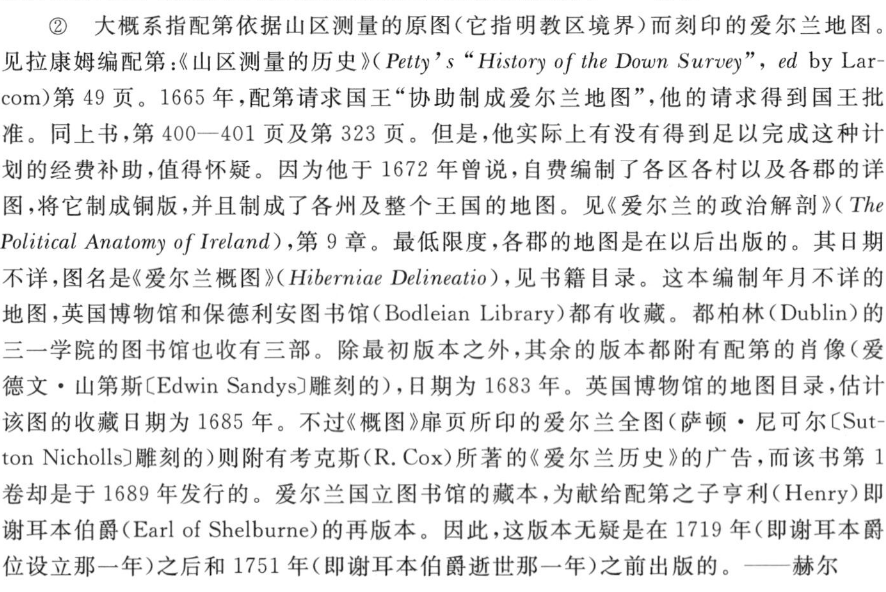

① 1662年，爱尔兰议会通过一个法案将教区加以切实合并和划分——查理二世第14年及第15年法令第10号。配第对制定这一法案有无关系，不大清楚，但这一法案的前文似乎反映他的思想："本王国有些地方的教区非常窄小，在一英里或二英里之内就有五个或六个小教区。因此臣民必须负担建筑和修缮许许多多教堂的无谓费用，而教区的财源又甚贫乏，很多教区维持不了一个牧师。另一方面，有些地方教区又非常广阔，以致区民前往教区教堂要于当日回家是有困难的。有时教区又划分得非常不合适，因而一个教区的区民到别的教区的教堂去，倒比到本教区的教堂更为方便。"因此，1662年米迦节之后，总督征得有关方面同意，决定将教区合并或重新划分。——赫尔

② 大概系指配第依据山区测量的原图（它指明教区境界）而刻印的爱尔兰地图。见拉康姆编配第：《山区测量的历史》（*Petty's "History of the Down Survey", ed* by Larcom）第49页。1665年，配第请求国王"协助制成爱尔兰地图"，他的请求得到国王批准。同上书，第400—401页及第323页。但是，他实际上有没有得到足以完成这种计划的经费补助，值得怀疑。因为他于1672年曾说，自费编制了各区各村以及各郡的详图，将它制成铜版，并且制成了各州及整个王国的地图。见《爱尔兰的政治解剖》（*The Political Anatomy of Ireland*），第9章。最低限度，各郡的地图是在以后出版的。其日期不详，图名是《爱尔兰概图》（*Hiberniae Delineatio*），见书籍目录。这本编制年月不详的地图，英国博物馆和保德利安图书馆（Bodleian Library）都有收藏。都柏林（Dublin）的三一学院的图书馆也收有三部。除最初版本之外，其余的版本都附有配第的肖像（爱德文·山第斯〔Edwin Sandys〕雕刻的），日期为1683年。英国博物馆的地图目录，估计该图的收藏日期为1685年。不过《概图》扉页所印的爱尔兰全图（萨顿·尼可尔〔Sutton Nicholls〕雕刻的）则附有考克斯（R. Cox）所著的《爱尔兰历史》的广告，而该书第1卷却是于1689年发行的。爱尔兰国立图书馆的藏本，为献给配第之子亨利（Henry）即谢耳本伯爵（Earl of Shelburne）的再版本。因此，这版本无疑是在1719年（即谢耳本爵位设立那一年）之后和1751年（即谢耳本伯爵逝世那一年）之前出版的。——赫尔

兰，或将爱尔兰人迁出爱尔兰[①]，使爱尔兰大部分居民都变成英格兰人之前，它的政府如果没有需要很多经费来维持的军队，就不会得到安全。因此我认为，要吸引英格兰人迁往爱尔兰，最有效的鼓励办法就是让他们知道下述情况：国王的收入占全国的财富、租金及所得的十分之一以上；往后那里的公共经费会减少到和这里的什一税相等；并且随着国王收入的增加，各种造成国王开支的事因会相应地减少，这是有双重利益的。

6.[②]假如英格兰利用乞丐修筑公路，并疏浚河流使其能够通航，则爱尔兰的羊毛和家畜的销路将会更好。

7.充分理解货币的性质、各种铸币的效用、它们价值不稳定和提高或贬低它们价值的效果，对爱尔兰来说是一门最切实的学问。正因为缺少这种知识，所以爱尔兰最近就发生经常滥发货币的严重情况。[③]

8.在爱尔兰，土地的价值只相当于六年至七年的年租，但在海

① 通过使爱尔兰人和英格兰人同化的做法来解决爱尔兰问题，是配第自 1655 年以来所持的得意见解。在这一年。他和谷金(Vincent Gookin，1616—1659)一起反对将爱尔兰人迁移到康诺特(Connaught)去的隔离政策，据说，他到他临死那一年尚坚持这种主张。参阅菲滋摩利斯：《配第传》(E. Fitzmaurice，*The Life of Sir William Petty*)，第 31—32 页；并参阅配第：《论爱尔兰》(*Treatise of Ireland*)。——赫尔

② 原文无“5”。——译者

③ 在整个共和政府时期，爱尔兰滥发私铸货币情况甚为严重。在配第来到爱尔兰之前不久，一些伦敦人曾因将伪造和削值的英格兰货币以及伪造的秘鲁货币运进爱尔兰而被处死刑。见西蒙：《论爱尔兰铸币》(J. Simon，*Essay on Irish Coins*)，第 48—49 页。但是，这种走私并没有停止。同上书，第 49—52，118—122 页。1660 年 1 月 29 日，政府发出确定金银铸币比率的布告。同上书，第 123—124 页。1661 年 8 月 17 日，又发出禁止私铸货币的布告。鲁丁：《英国及其附属国的铸币史》(R. Ruding，*Annals of the Coinage of Great Britain and its Dependencies*)第 2 卷，第 4 页。——赫尔

峡彼岸，土地就值二十年的年租。在没有想出补救办法之前，让爱尔兰人了解一下它的原因，是有好处的。

最后，假如有人有某些可能对爱尔兰有益的意见，那么，在奥尔蒙德公爵担任行政长官的时候，将这些意见提请政府审查，乃是最好的机会；因为：

(1) 他对这个国家了解得十分清楚，不论是关于和平时期的问题，或是战争时期的问题都是如此。同时对这个王国内所有互相斗争的某些人士和一切分子以至每一个党派的利害关系也都有所了解。不仅如此，他对英格兰以及一些和爱尔兰有关系的国家的情况，也都了如指掌。

(2) 他已经用了活生生的事例证明他关怀英格兰在爱尔兰的利益，同时也证明了他有办法使那里的种种烦难问题尽可能得到解决。

(3) 他在爱尔兰所有的地产之多，是爱尔兰所有前任总督所未有过的。因此，他不会遇到那些总督们（坎布登[①]曾对这些总督提出警告说："爱尔兰人时有怨言"）所可能遇到的危险。因为，一个人所占有的土地既多于任何人，他就有理由想得到更多的土地了。

(4) 许多主要为了恢复财产或发财致富而前往爱尔兰的总督，在达到目的之后即离开爱尔兰，对人民的牢骚和怨言，一概不闻不问。但是他却不仅向爱尔兰人民保证要施行善政，而且对违反善良政治的一切不安因素，都预先加以消除。

---

① William Cambden (1551—1623)，是英国有名的历史家。——译者

（5）尽管心怀嫉妒和不满情绪的人对他的良善心怀作各种恶意曲解，他都泰然处之，敢于去做任何他认为是适当的事情；甚至为了使一个臣民得到公平待遇，他也能力排众议，无所畏惧。这是因为他那著名的宏怀大量使他不致会遭到人民的反对；同时他那久经考验的忠诚，也足以粉碎传到陛下耳边的任何谗言。

（6）他对一切创造性的努力都极为赞许，因此东部英格兰的明智之士都愿意追随他前往爱尔兰。这些人对他贡献出他们的最精辟的忠告；他对于这些忠告也都能加以慎重选择，并且付之施行。

最后，这位伟人是在爱尔兰有如一张白纸的时候，来治理这一殖民地的。这时的议会对他甚表好感，遇事常常和他商讨，又拥戴对于改革既很热心、同时对改革又抱着谨慎态度的国王，因此，凡是符合于正当道理和自然法则的提案，都有机会获得通过而制订成为成文法。

因此，把我在这里所说的想法应用于爱尔兰，并在这些想法还有用处（如果有些用处的话）的时候把它们发表，我认为可说是趁热打铁，十分及时。这里，我要对世界说明的是，我并不认为我能够改善世界的情况；我认为，为了使每个人各得其所，最好让事物 vadere sicut vult（自行其是）；我十分了解 res nolunt male administrari（事物是不愿意让人弄坏的）。[①] 我也十分了解（假设我想做

① 这是配第所喜爱的引语。它在他所著的《论二重比》（1674 年，见《政治算术》献词注）和他在 1686 年 6 月 2 日给索斯威尔（Southwell）的信（见菲滋摩利斯：《配第传》，第 274 页）中都出现过。这是他在《爱尔兰的回忆》（*Speculum Hiberniae*）一文中的篇首题词，不过被改写成 Ingenia solent res nolunt male administrari。蔡尔德爵士（Sir

某些事情或者能够做某些事情)，事物有其本身的道理，自然是不能欺骗的。因此，我所以写这篇东西(如已说过的)，只是为使我自己得到安宁，得到解脱，因为我的脑海中一直充满着那些日常听到的关于促进或调整产业的议论，以及关于租税等等问题的怨言。我所说的话是不是会受到人们的蔑视或谴责，我对之都不介意。我对这点所抱的心情，正如某些富翁对其子女生活奢侈所怀的心情一样。虽然这些富翁相信以后他的子女会挥金如土，但是今日他们仍然以赚钱为乐事。和这一样，虽然我觉得这本书，不会有什么意义，但是我仍愿意把它写出来。由于快跑的人未必能获胜[①]，而每个人都会得到时间和机会，所以我希望公正的人士对本书加以批评；对他们的指正，我绝不会感到不耐烦。

Josiah Child)认为配第是这句话的作者。不过彼得·配特爵士(Sir Peter Pett)说，这句话是近来(1680年左右)的流行语，只是现世的人把它的作者弄错了。配特把它说成是来自比德的《哲学原理》(Bede's *Axiomata Philosophica*)和亚里士多德的《形而上学》(Aristotle's *Metaphysica*)。参阅配特：《幸福的未来的英国》(*Happy Future State of England*)，第250页。——赫尔

① 见《旧约全书》,《传道书》,第9章,第11节。——译者

第一章　论各种公共经费

国家的公共经费，就是陆、海两方面国防所需的经费，维持国内及海外和平所需的经费，以及当其他国家侵害本国时，作光荣报复所需的经费。这些经费，我们可称之为军事费。这些经费在平时一般不少于全部经费中其他任何项目，而在非常时期（即战时及有战争威胁之时），则比任何其他项目都多得多。

2. 公共经费的另一项目，是行政官吏——首长和其助手——的俸禄。所谓行政官吏，我不仅指将其全部时间用于执行各自职务的那些人，而且还指这样一些人，他们花很多时间努力于培养自己，使自己具有执行这些职务的能力，同时又花很多时间努力于使上级长官承认其有这种能力并值得信任。

3. 这些行政官吏的俸禄应该很丰裕、很优厚，要高于靠私人努力或者从事私人职业所能得到的，以便他们能够具备自然的与人为的权力根据来从事他们的职务。

4. 因为，即使许多人称自己的一个同僚为国王，但如果这个被拥立的君主，外表并不比别人优越，他既不能奖赏服从他而又讨他欢喜的人，又不能处罚那些不服从他和不讨他喜欢的人，那么，尽管他偶尔具备比其他同僚优越的体力和智力，他的被立为国王也没有多大意义。

5. 有一些官职只是名誉性质的，如州官、治安推事、警官、教会执事等。人们从事这些职务，对其日常的生活之道，不会有很大妨害；并且人们认为，能得到被信任的荣誉和被敬畏的喜悦，就是对这些职务很好的报酬。

6. 私人与私人之间的、国家或公共团体和其某些成员之间的纠纷的审理所需的司法经费，以及为惩处已发生的不法行为和罪行并防止将来发生犯罪行为所需的经费，也属于这一类公共经费。

7. 公共经费的第三项，就是为拯救人的灵魂、启导他们的良知所需的经费。也许有人认为这种经费是关于另一世界的，而且只是关于另一世界中每个人的私人利益的，所以不能算是这一世界中的公共经费。但是，如果我们考虑到逃避人类的法律、干犯找不到证据的罪行、捏造证词、曲解法律的意义等等行为是多么容易，那么，我们就会认为有必要缴纳一种公共经费，用以使人们通晓神的戒律。神的戒律能看到邪恶的意念与企图，而且更能看到隐秘的行为，它能在另一世界中对在人世只能加以轻微惩处的邪行作永恒的惩罚。

8. 现在担任这种公务的人所拿到的俸禄，也必须相应的优厚。不仅如此，即使在这人世的生活中，他们也必须具备一些资力，以便能够用某种报酬来吸引世人。因为过去许多人信仰基督，只不过是为了基督给予他们的面包而已。

9. 另一项目是各种学校以及大学所需的经费，特别是这些学校对上述那些人教授诵读、写作和算术等科所需的经费。这些学科对每个人都有特殊的用处，它们可以帮助和补充记忆与推理——计算具有后一种作用，而诵读和写作具有前一种作用。至于神学之类应否成为一种私人职业，在我看来是一个值得讨论的问题。

10. 的确，学校或学院这些机构，目前大多数是某些特殊人物所捐献的，或者是某些特殊人物为追求他们私人目的而花费金钱和时间的场所。但是，如果它们的目的是在于给最优秀而有天资的人提供一切意想得到的帮助，使其从事于探求自然界的一切运行规律，那无疑是一种善举。在这个意义上，它们所需的经费也应当算是一项公共经费。在选择这些天资聪敏的人来从事上述工作的时候，不可根据他们双亲和朋友的盲目自夸（乌鸦总以为它自己的子女是鸟群中最美丽的），而应该像土耳其政府从基督徒子弟中间选拔最能干的下属和助手那样，征求其他较公平的人士的意见。关于这种选拔，后面还要叙述。

11. 另一项目是对孤儿、无家可归的儿童以及弃婴（他们也都是孤儿）的抚养费，和对各种失去工作能力的人及其他没有工作的人的赡养费。

12. 因为在有可能得到食物的时候，让那些根据自然法则不应该挨饿的人们求乞为生，乃是一种花费更大的赡养办法。不仅如此，我们一方面把限制贫民的工资，使其不能有一点积蓄以备应付失去工作能力或失业时的需要，看成是理所当然之事，另一方面又让他们饿死，那显然是极不合理的。

13. 最后的一个项目，就是修筑公路，疏浚可资通航的河流、水道，建筑桥梁、港湾和举办其他公共福利事业所需的经费。

14. 我们还可以想到其他项目。但是我想让别人去说明它们，或提出更多的项目，这里不谈。因为，就我的目的来说，目前列举这些主要而又最显著的项目就已够了。

第二章　论各种公共经费增加和加重的原因

在讨论了各种公共经费之后，我们再来探讨使这些经费增加的一般和特殊的原因。

在一般的原因之中，第一是人民不愿意缴纳这些经费。这是由于他们总是怀疑征课过多，或者征收的税款被人贪污或浪费了，或者征课得不公平，他们认为用拖延和推诿的办法就可以把它完全逃避过去。所有这些都会增加不必要的征收经费的开支，同时也促使君王加强对人民的压制。

2. 使各种租税加重的另一原因，就是强迫人民在一定时期用货币缴纳税款，而不允许人民在最适宜的季节用实物缴纳。

3. 第三，征收权含糊不清，模棱两可。

4. 第四，货币缺少和铸币混乱。

5. 第五，人口少，特别是劳动者与工匠少。

6. 第六，对人口、财富、产业的情况一无所知，这便造成因纠正计算上的错误而引起的无谓的开支循环和追缴新增加的补税额的麻烦。

7. 现在谈特殊的原因。造成军费增加的原因，和那些使战争危险或战争威胁（不论这种战争是对外战争还是内战）增大的原因相同。

8. 进攻性的对外战争往往是在公共利益的漂亮名义之下发动

的。但是实际上它是由各种形形色色、不可告人的私人恶感所引起的。关于这种战争，我们是没有什么可说的。但是，特别在英格兰，却有一种不正确的见解经常对发动这种战争起鼓励作用。这种不正确的见解认为，我国人口过多，如果我们需要更多领土，则与其向美洲人购买，不如向邻国夺取来得便宜。还有一种错误的想法，认为君主的伟大与光荣，不在于团结一致和治理得很好的人民的人数、技术水平及勤劳程度，而在于领土的大小；不仅如此，而且还认为与其靠自己的勤劳从土地或海洋中获取财富，不如用欺骗和强夺手段向别人夺取财富来得光荣。

9. 有些国家是不会进行由上述个人动机所引起的对外战争的，因为它们的统治者的收入很少，不足以进行这种战争。如果这种战争偶然发生，并且发展到需要增加捐税的程度，这时掌握征课捐税权力的人除了应努力扑灭战火之外，还要追问什么人、为了什么目的发动战争，并对战争的发动者严加责难，而不应支持他们。

10. 防御战争是由于被侵入国家对战争没有准备而引起的。下述这些情况都可说是对作战没有准备：腐化的军官将残损物资冒充完善物资分发给军火库；军队征募得不合理；士兵不是司令官的佃户，就是司令官的用人，要不然就是因犯罪或负债而想逃避法律制裁的一些人；军官不了解自己的业务并擅离职守；军官由于不给士兵发薪饷而不敢处罚士兵；等等。因此，国内经常保持戒备状态，乃是避免外国所发动的战争的最省钱的方法。

11. 在欧洲，国内战争往往起因于宗教纠纷。这就是说，对背离正道的异端分子的处罚，不是课以恰当的、适度的罚款（这种罚款，每一个有良心的非国教徒都乐于缴纳，但如果是伪信者，则不肯缴纳，因此也就暴露了其为伪信者的面目），而是在公共场所，在无知的群众面前，或处以极刑，或褫夺其自由，或切断其肢体，因此引起内乱。

12. 国内战争也往往起因于有些人幻想整个社会发生混乱可能改善他们的不佳处境那种事实。可是实际上，当这种混乱情况结束的时候，纵使他们能得生还，获得成功，恐怕他们的处境将会变得更坏，何况他们更有可能在斗争中丧命。

13. 此外，人们认为多数政体都会在短短几年内使臣民的财富状况发生重大变化；认为现有的具有长期历史的政体并不是这个国家最好的政体；认为任何已经确立的王朝或君主并不比任何一个觊觎王位的人物好，甚至不比从所能做到的最完善的选举产生的人物好；认为政权是无形的，它并不一定和某一个人或某些人结合在一起。[①] 所有这些想法，也都是引起内乱的原因。

14. 国家的财富集中于少数人之手，同时又没有方法可以保证所有人民不至沦为乞丐、盗窃或者受雇为士兵，这种情况也是引起内乱的原因。

此外，一方面允许某些人穷奢极侈，另一方面又任凭其他许多人饥饿致死，这也是内乱发生的原因。

根据不可靠而又不切实的理由施赐恩惠；对没有显著功绩的人物和党派给以巨额赏赐。这些都是使头脑不清的群众产生敌

① 这大概是指在哈林顿（James Harrington，1611—1677）的罗塔俱乐部（Rota Club）中所展开的辩论和他的关于选举与主权的理论。吴德（Anthony Wood，1632—1695）说，“配第为罗塔俱乐部的一个成员，他时时在俱乐部中诘难哈林顿”。他们二人争论，是因为意见分歧呢，还是纯粹出于爱好争论，这是个疑问。——赫尔

意的原因，而这些群众正是容易被少数阴谋者的火花点燃的导火线。

15. 就宗教事务说，公共经费增加的原因，就是各教区与牧师职务的范围，没有随着天主教的改革、也没有随着殖民地和产业的变化而改变。既然现在宣传福音的牧师是向聚集在一处的许多听众讲道的，那么，教区不可以再加以扩大吗？换句话说，既然今日每一只羊不像以前那样每年要剪梳三四次，那么将羊群再加以扩大，难道不可以吗？英格兰和威尔斯居民大约不过五百万人，为什么需要五千以上的教区呢？这就是说，每个牧师只照管一千个人。可是在伦敦的中等教区，每个教区都有五千人。依据这个算法，英格兰和威尔斯只需一千个教区就够了。可是，那里现在却有近一万个教区。

16. 把教区减少一半（按牧师待遇每教区一年平均只需一百镑计算），可以节约五十万镑。不仅如此，教区牧师人数如减少一半，则主教、副主教、牧师会、牧师宿舍以至大教堂——这些方面所花的经费，恐怕要在二三十万镑以上——也只要现在的半数就够了。这样将使神的教会被人们崇奉得比现在更加虔诚，并且从古传下来的神圣的教会制度以及它们靠什一税来维持的做法，也不会受到损害。所有这些都可通过大规模的宗教改革以及和它相适应的方法得到实现。

17. 但是，可能有人说，在一些荒僻的地区，一千人口也要住上八平方英里的土地。对这个意见，我作这样答复：像这样的地方简直没有。我所知道的最大教区，从没有超过三平方英里或四平方英里的，因此人民在这种地区的某一中心点每周聚会一次，没有一点困难。

18.不仅如此，我还认为，一个学问不大的副牧师假如生活优裕，并且任命适当，他每星期日是能够胜任愉快地在四个礼拜堂执行他的职务的。而确实有学问、口才好的传道师，可以每隔一个星期日在这些礼拜堂中讲道一次，这一星期日在这两个礼拜堂中讲道，另一星期日又在其他两个礼拜堂讲道。如再加上平日的教义问答与课外讲解，这样讲道也能够像现在一样进行，同时也能够施行祈求拯救时所需施行的向神祷告的仪式。因为基督的轭是容易的，他的担子是轻的。[①]

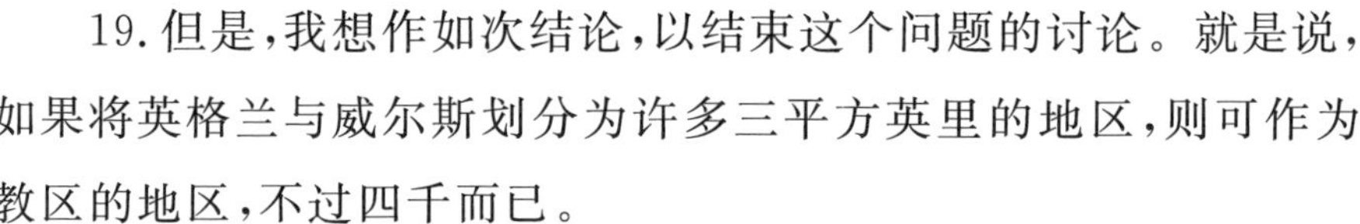

19.但是，我想作如次结论，以结束这个问题的讨论。就是说，如果将英格兰与威尔斯划分为许多三平方英里的地区，则可作为教区的地区，不过四千而已。

20.将这些什一税割让，岂不是窃取圣物吗？如果有人这样说，我的答复是：如果把它用于保卫神的教会，以对抗土耳其人、罗马教皇以及皈依于这些人的民族，则这种割让并不是窃取圣物。更不用说将什一税的四分之三给予当这些津贴公布之时就已不在人世的牧师的妻儿了。

21.如果我不怕提出削减教会财源的建议的话，我倒认为削减每个剩下来的教区牧师的什一税及报酬的一部分，而让他部分地仰给于他的教徒的自由的捐献，倒是促进福音的方法。而且这种方法也不至触怒那些认为他们的全部俸禄应该依靠什一税来维持的人。

① 见《新约全书》《马太福音》，第11章，第30节。——译者

22. 我还认为，由于英国男人比女人多[①]（这种不平衡本身就妨碍生育），所以让牧师们恢复独身生活，或者不让结婚的人当牧师，是有好处的；因为事实上不难从五百万人中找到五千个能够并且愿意过独身生活的人，这个比例不过是千分之一。这样一来，不结婚的教区牧师就能够以他们现有俸禄的一半来维持他们现在用全部俸禄所过的生活。

23. 但是，教区数目及牧师俸禄的削减要以下述条件为前提，就是这种削减必须不至于使现在的牧师蒙受损失。

24. 至于削减行政及司法方面的经费，问题就在于废除不必要的、多余的以及过时的官职；也在于把其他官职的待遇减低到与执行职务所需要的劳动、能力及信任相适应的程度。因为有许多职务是完全由待遇很低的助理人员来执行的，可是他们的长官们——尽管他们完全不知道在职务上已经做了些什么和应该做些什么——所得到的待遇却比他们多了十倍。

25. 当这些经费只是用来支付官吏的正当报酬的时候，其多余的部分就应该或是交还对君主缴付这些经费的人民，或是由君主保留以备充作公共经费之用。但切不可为了某些人的频繁请求而将这笔款项给予他们。因为将这种恩惠给予他们，只会使他们及其随从者懒惰，不顾国家的和他们自己的真正利益，同时也完全不顾和无视公共福利。

26. 像这种事例可以举出很多；但是我不打算特别伤害哪一个

---

① 参阅格兰特：《对死亡表的自然的和政治的考察》（G. Graunt, *Natural and Political Observation Made upon Bill of Mortality*），第8章。——赫尔

人，所以我不想继续说下去。我只不过希望长久以来被弄错的事情能普遍得到纠正而已。在这种情况下，任何人都不至受到损害。因为如果所有的人都受到损失，那等于任何人都没有受到损失；如果所有的人都失去他们财产的一半，那么任何人都不会比现在更穷；和这一样，如果所有的人的财产都增加一倍，那么任何人也不会显得更为富裕。因为计算谁贫谁富，不是以财富的数量为根据，而是以财富的比例为根据。

27. 削减各大学——我将花费不很多的伦敦四个法学协会[①]也包括在内——的经费，在于减少学习神学、法律及医药的学生的人数，其办法是减少这些行业的用途。

上面我已对神的事务作了叙述，下面想谈一下法律的事务。我认为，如果设有登记所有人们的土地财产以及财产转移证件和契约的地籍登记簿，同时又创设公共贷款银行和贷款业者，或以存款、金银器皿、珠宝、布匹、羊毛、丝绸、皮革、麻布、金属以及其他耐久商品为保证的信贷银行[②]，那么，我确信诉讼案件和文书，绝不会超过现有的十分之一。

28. 不仅如此，如果我们将法官及法院书记人数按照人口、土地及其他财富的状况加以调整，则剩下来的人数，绝不会超过现有的百分之一。因为我曾听到有人说，现有法官及法院书记人数比

① Inns of Court，指伦敦四个有检定律师之权的法学协会。——译者

② 将荷兰的登记制度和贷款业务介绍到英国来，是主张学习荷兰的人士的共同要求。参阅罗雪尔：《英国经济学史》（W. Roscher，*Geschichte des englischen Volkswirtschaftslehre*），第 63 页；蔡尔德：《简短的观察》（G. Child，*Brief Observations*，1668），重印于《贸易新论》，第 5 页及第 7 页；滕普尔：《荷兰联邦的考察》（W. Temple，*Observations upon the United Provinces*，1673），第 83—85 页和第 200 页。——赫尔

实际需要的多十倍,而现有的诉讼案件也比进行上述改革后可能有的多十倍。所以,整个说来,将来所需要的从事法律事务的人员及司法人员人数,可能不到现有人数的百分之一,同时犯罪及犯法的机会也会大为减少。

29. 至于医生,我们借助于最近对死亡表所作的考察,不难从死亡人数中得知伦敦有多少人患病,并从城市的得病率中发现乡村的得病率。参照这两方面的材料以及熟悉情况的医学院的意见,我们就不难计算全国需要多少医生[①],因而也能确定应该许可和奖励多少人去做医科的学生。最后,在计算出这些数字之后,也不难确定学习做外科医生、做药剂师以及做护士的学生的比例数。这样就可以去掉和清除这一神圣事业中无数无用的冒充者和骗子手;这一神圣事业乃是世俗职业中,我们的救世主本人在开始说教之后就委身从事的职业。

30. 如果大家对上述各点没有异议,那么多少名牧师、医师及文官(即由各大学培养出来的人们)是公共服务所需要的呢?假定按现行办法需要一万三千人,则按我们所建议的削减办法,或许只需六千人。假定每年每四十人中有一人死亡,那么,各大学每年培

① 配第于1650年6月25日取得医学院教授候选人的资格。1655年7月14日,他被选为该院的评议员;但由于当时他在爱尔兰,直到1658年6月25日才就任这个新职务。见孟克编:《伦敦皇家医学院名册》(W. Munk, *Roll of the Royal College of Physicians of London*),第二版,第1卷,第271页。他亦为1664年任命状所列的四十个评议员之一。见谷达尔:《皇家医学院》(C. Goodall, *The Royal College of Physicians*),第70页。他所提的建议和这一团体的宗旨并无不合之处,这个团体就是"为了改进和整顿医术的行施,取缔这一事业中不合格、不学无术和不胜任的从业者"而设立的。——赫尔

养出来的学生不到三百五十人就够了。假如他们平均在大学学习五年，那么，经常在校学生的人数就应为一千八百人；在这里我是指那些立志以学问为职业和谋生之道的人说的。

31. 我想指出的是，如果一千八百名学生即已够用，同时英格兰教区抚育的儿童和孤儿有四万人，那么这些儿童每二十人中就可能有一个是具有超人才智和前途光明的人。

可是，既然社会可以任意处置这些儿童，同时两家大学又都有经费来培养一千八百名以上的学生，那么，假如我们的教授是按这种办拉选拔和教育的，情况又将如何呢？不过关于这个问题，容在以后再谈。

32. 这里还可以再说明一下。由于有了前述的贷款银行，我们就能够了解所有商人的信用及资产情况，并可预防货币方面的一切不可思议的危险；由于对我国物产、工业品、消费量及进口情况有正确估计，我们就能够知道需要多少批发商来经营我国的剩余产品和别国的剩余产品相交换的业务，同时也可以知道需要多少零售商来从事把商品再分配到国内每个农村并收购这些农村的剩余产品的工作。根据这些计算，我认为这些商人大部分也可以削减。这些人本来就得不到社会的好评，因为他们只不过是互相以贫民劳动为赌注的赌徒；他们除了充当促进国家的血液和养分（即农业及工业的产品）循环的静脉和动脉之外，本身什么也不能生产。

33. 如果将与行政、司法及教会有关的许多官职和费用削减，同时将那些对社会所作的工作微不足道但所得报酬却极可观的牧师、法官、医生、批发商、零售商的人数削减，则公共经费就会很容易支付，而它的征课也会变得非常公平了。

34. 前面我们列举了六项公共经费，并约略谈到其中四项如何可以削减；下面我们要讨论其他两项。对这两项，我们却主张增加。

大体说来，我把这两项之中的头一项叫做贫民救济。这包括身体健康的老年人、盲者、跛者之类的收容所和治疗麻烦的、慢性的、可能治愈以及不能治愈的内科及外科各种疾病的医院，以及治疗急性及传染性疾病的医院。此外还有孤儿、无家可归的儿童及弃婴的收容所。这些弃婴只要他们的姓名、家世和亲戚能够妥善保守秘密，不管其人数多么多，一律都不能拒绝收容。当这些儿童到了八岁或十岁的时候，可对他们进行选拔；通过这种选拔，国王可以得到执行各种事务所需要的最合适的助手。他们无疑会像他的亲生子女一样，忠心耿耿地为他服务。

35. 这些并不是什么新奇而罕见的东西，只是在我国一向被人所忽视，因而被看成是罕见的新方案了。这类机构一向所获得的美满的结果，也是人所共知的；关于这一点，我们以后在别的地方再作详细叙述。

36. 当所有无依无靠和没有工作能力的人都得到这样的扶养，而懒惰和盗窃成性的人都由法官加以管束并处罚的时候，我们就必须为所有其他贫民寻找一些固定的职业。这些人如果规规矩矩地从事劳动，是应该得到丰衣足食的。他们的儿女（假如年幼没有工作能力的话），也要像上面所说那样在其他地方得到抚养。

37. 但是，这些职业将是什么样的职业呢？我认为，那是属于公共经费第六项中所列的职业。这就是：使所有公路加宽、坚固而平坦，借以大大减轻旅行和车马的费用和烦劳；疏浚河流，使其能够通航；在适当地方栽植有用的树木，以供采伐、观赏和生殖水果之用；修建桥梁和堤道；开采金矿、石矿和煤矿；冶炼钢铁等各种职业。

38. 我将所有这些事业，归类为如下几项：第一，本国所缺少的事业；第二，需要劳动多而需要技术少的事业；第三，一些在英国新创办的事业，而这些事业将可填补我们几乎完全破产的纺织业。[①]

其次，人们可能会问，谁来供养这些人呢？我的答复是所有的人。原因是这样的：假定某一地区有一千人，其中一百人能够为全体一千人生产必需的食物及衣服，另外二百人生产可以和其他国家的商品或货币互相交换的各种商品，又四百人为全体居民的装饰、娱乐及庄严的气派服务；如果行政官吏、牧师、法官、医生、批发商及零售商人数为二百人的话，则全部共为九百人。在这种情况下，问题是，既然尚有充裕食物给那多余的一百人食用，那么他们如何得到这些食物呢？是靠乞讨呢，还是靠偷窃呢？他们是应该因行乞无所得而饿死，还是应该因行窃被查获而被处死刑呢？要不然，是应该把他们交给愿意接受他们的其他国家吗？依我看来，很明显，既不应该让他们饿死，也不应该将他们判处绞刑，也不能把他们送给别的国家。如果让他们求乞，他们就会今天饿得形容憔悴，明天狼吞虎咽地饱食一餐，这就要引起疾病并养成坏习惯。让他们行窃，情况也是如此。不仅如此，他们求乞或行窃的所得，也许会多于他们的需要，这就会使他们以后永远不想劳动；即使突

① 在 1662 年左右，一般都认为英国的纺织业破产了。——赫尔

然而意外地出现了最好的机会，他们也不肯劳动了。

39. 由于所有这些理由，将剩余的东西给予他们，确是一种比较安全的方法。不然的话，这些东西也会丢失或被浪费掉。如果没有剩余，则可将别人的丰美食物的质量和数量减低一些；因为绝大多数的人的实际消费，都不少于维持生存的最低需要的二倍。

40. 这些多余的人的工作，最好是无需耗用外国商品的工作。即使叫他们在索耳兹布里平原[1]建筑无用的金字塔，或将斯顿亨奇[2]的石块运到塔山[3]上面去，或做其他类似的工作，都没有关系。因为这类工作最少也能使他们的精神得到训练，养成服从的习惯，同时也能使他们的肉体在必要时能够从事有更多收益的劳动。

41. 其次，我想说一说修筑公路、建设桥梁和堤道、疏浚河流，除了供游乐和观赏之外，还有什么好处，以证明上面的提案是十分有利的。对这一点，我认为，作为前述问题的一个例子，这些职业除了能从爱尔兰运来大批牛羊群之外，还可以使英格兰的马匹十分充裕。这些马匹所具备的美观、强壮、勇猛、敏捷和耐性等等许多优良特性，都在别国马匹之上，所以在整个欧洲是一种销路非常好的商品。而且这是由于英格兰土地的固有性质而来的，无法仿制，也不是别国所能抢走的。不仅如此，马这种商品，不管市场多么遥远，都能够将自己和商人一起运到市场去。

---

① 索耳兹布里平原(Salisbury Plain)为英格兰中南部威尔特郡(Wiltshire)的平原，离伦敦约九十英里。——译者

② 斯顿亨奇(Stonehenge)为索耳兹布里平原上的古代石柱群。——译者

③ 塔山(Tower-Hill)，山冈名，伦敦塔建立于其上。——译者

第三章 人民不甘心负担赋税的原因如何才能减少

我们已经就公共经费的全部六个项目大略作了论述，并指出（虽然不全面，而且有些匆促）哪一项应该增加，哪一项应该减少。

下面想讨论一下在人民不甘心负担赋税的一般原因之中，哪些能够消除。这些原因是：

2.（1）人民认为元首的需索，超过他的需要。关于这一点，我认为，如果元首确能按时得到他所需要的款项，则预先将税款全部从臣民手中征收过来，并把它储藏于自己的金库中，这对于他自己也是一种很大的损失。因为货币在臣民手中是能通过贸易而增殖的，而储藏于金库之中不单对自己没有用处，而且容易为人求索而去或被浪费掉。

3.（2）不管租税多么沉重，如果它对所有的人都按适当比例征收的话，则任何人都不致因负担租税而使财富有所损失。因为（如前面所说的）如果人们的财产都减少一半，或是都增加一倍，则每人都仍然同样富有。原因是每人都保持原先的地位、尊严和身分。不仅如此，由于所征收的货币并没有流出国外，所以和任何别的国家比较，本国仍然像原来一样富有。只是君主的财富和人民的财富，在短时间内（即在将征收自某些人的货币，付还给原主或其他缴付这些货币的人之前的那一段时间之内）有所不同而已。在这种情况之下，经过重新分配，每个人都有可能变得更富或更穷;或者在一方面蒙受损失,但在另一方面却得到收益。

4.(3) 最使人感到不满的,就是对他的课税,多于对其邻人的课税。关于这一点,我认为,这种事情有时是由于错误,有时是出于偶然;在下次课税的时候是可以做得令人满意的。即使这种做法确实出于有意,但也不能认为这是元首的意图,它只是当时估税官的意图。这个估税官,在下一次必定会受到那个受他委屈的纳税人的报复。

5.(4) 当人们想到征收来的货币被花于宴乐、排场、粉刷凯旋门等上面的时候,就会深感不满。对这一点,我认为,这种支出不过是将上述货币支付给从事这些工作的工人。虽然这些工人的职业似乎毫无意义,只是为排场服务,可是,在这种支出之下,货币却会立即到了最有用的人们,即酿酒工人、烤面包工人、裁缝、鞋匠之类的人的手里。不仅如此,君主从这些排场和宴乐所得到的愉快,并不比他臣下的其他十万个最卑贱的臣民所得到的愉快大,这些臣民虽然发牢骚表示不满,但却不惜远路跋涉前往参观这些错误而讨厌的浮华场面。

6.(5) 人民常常抱怨君主把从人民那里征课来的钱财给予他所宠爱的人。关于这一点,我认为,给予国王的宠臣的金钱再一转手就会流入我们之手,或是流入我们所寄望而且认为值得得到这些钱的人们之手。

7.其次,今日这个人是国主的宠臣,以后也许另一个人甚至我们自己也会成为国王的宠臣。国王的宠爱是拿不准、捉摸不定的,用不着羡慕。因为登山之路,也就是下山之路。何况英国的法律和习惯,都没有规定出身卑贱的人的子弟不得担任国家的要职,更不用说禁止他得到君主的私人宠爱了。

8. 所有这些想法(一般人的脑海中容易有这些想法),都使人不愿意缴纳租税,这就使君主对人民采取严厉手段。可是,这种严厉手段如果偶尔加在一些有家庭负担、贫困而又顽强地不肯缴纳租税的人身上时,那就会使轻信的人抱怨国王的压迫,同时使他们对所有其他事情也抱有恶感;从而使其原来就有的不满情绪益加严重。

9.(6)对人口数目、产业及财富状况毫无所知,往往是使人民遭受不必要痛苦的原因。原来只需征课一种租税,由于这种无知,却要征课两种或多种税,而且甚至加倍征课,因而使人民负担加重,备受痛苦。最近的人头税便是其中一例。在征课这种人头税时(由于不知道人民的状况,不知道各类应该加以征课的人究有多少,缺少据以评估税率的明确标准,把财产与称号和官职混同起来),就犯了许多严重错误。

10. 此外,由于不知道人民的财富情况,君主就不知道人民究竟能够负担多少赋税;由于不知道产业情况,君主也就不能判断什么时候是适当的向人民征税的季节。

11.(7)征税权模糊不清模棱两可,一向是使人民最不情愿纳税和迫使君主采取严厉手段的原因。其明显的例子就是船舶税,它是整个王国二十年来灾难所由发生的重大的原因。

12.(8)人口少是真正的贫穷。有八百万人口的国家,要比面积相同而只有四百万人口的国家不仅富裕一倍。因为行政官吏是需要很多经费来维持的,可是同一人数的行政官吏,管辖人口多与管辖人口少一样,差不多都能同样地执行任务。

13.其次，如果人口少得使人们只须靠天然的产物或只须作轻微劳动（像从事牧畜之类的作业）就能维持生活，那么，他们就会变得没有任何技能。这是因为四体不勤的人是忍受不了任何精神上的苦楚的，而思虑过多就会引起这种精神上的苦楚。

14.(9) 货币不足，也是纳税情况不佳的一个原因。因为，如果我们考虑到本国所有财富——即土地、房屋、船舶、商品、家具、器皿及货币——中间仅有百分之一为铸币，而英国现在只有六百万镑货币（这等于每个人只有二十先令），[①]那么，我们就能很容易地得出结论：即使有很多财产的人，突然要支付一笔货币，也是很困难的。如果他们筹集不到这些货币，严厉的责难和罚款就会接踵而至。这种责罚虽然是不幸的，但却也未可厚非。因为，虽然一个成员和全体一起遭受到损害，要比单独一个成员遭受损害来得容易忍受，但叫某一个成员遭受损害，总要比让全体成员都受到危险来得容易忍受一些。

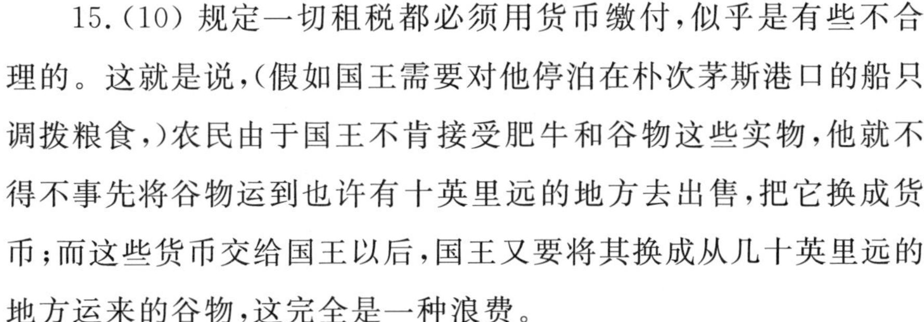

15.(10) 规定一切租税都必须用货币缴付，似乎是有些不合理的。这就是说，（假如国王需要对他停泊在朴次茅斯港口的船只调拨粮食，）农民由于国王不肯接受肥牛和谷物这些实物，他就不得不事先将谷物运到也许有十英里远的地方去出售，把它换成货币；而这些货币交给国王以后，国王又要将其换成从几十英里远的地方运来的谷物，这完全是一种浪费。

16.不仅如此，农民由于急着要卖，就不得不廉价出售自己的

① 在《政治算术》第9章中，配第又作了这种估计，并且用计算方法来证实它。——赫尔

谷物，而国王由于急着要买，也不得不高价购买所需的粮食。但是，假如在当时当地用实物缴付的话，就会减轻贫民的许多痛苦。

17. 其次要加考虑的，就是过高的租税对全体人民所发生的后果和影响（这里不谈对上面所说的某些人所发生的后果和影响）。对这一点，我认为，经营一国产业所需要的货币要有一定的标准和比率；过多或过少，都会对产业有害。这正和为了便于和银币兑换，为了便于结算不能用小银币结算的账目，在为数很小的零星买卖中必须有一定比率的铜币恰恰一样。因为货币（它是用金和银铸造的）对生活必需品（即食物和衣着）的关系，正和铜币及其他地方性的辅币对金币和银币的关系一样。

18. 商业上所需要的铜币的数目要由人口数目及它们的交换次数来决定，并且主要地也要由最小的银币的价值来决定；同样，我国产业所必需的货币的数目，也要由交换次数及支付额大小（这往往不是法律或习惯所能规定的）来决定。因此，如果备有可以据以了解每个人所有财产的真正价值的地籍登记簿；如果设有必需品（如金属品、毛织品、亚麻布、皮革及其他有用物品）的储存所；如果再设有经管货币的银行，那么，经营产业所需的货币就可以少一些。因为，如果所有巨额的大笔支付都用土地来进行，而其他大约在十镑或二十镑以上的支付用贷款业者或放款银行的信用来进行的话，那么，只有在支付十镑或二十镑以下的款项的时候才需要货币。这种情况和下面一种情况是一样的，即假如有很多二便士银币，那么兑换所需的铜币量就要少于六便士银币为数很少的那种情况。银币为六便士的时候只需要较少的铜币就足供兑换之用了。

19. 根据以上各点，我认为，即使国内货币过多，如果国王将所有多余的货币存入自己的金库，并允许人民用他们最容易拿出来的实物来缴税，那么，对社会、对国王都有好处，就是对私人也无害处。

20. 另一方面，如果征税过多，使得货币量减少到不能应付经营国内产业的需要，那么，由此而来的害处就会是作业减少。这和人口减少或人民的技能及勤劳程度衰退是一样的。因为，如将一百镑当作工资支付给一百个人，就会生产出价值一万镑的商品，可是，如果没有这种使他们继续就业的动力，则这些人就会无所事事，变成无用了。

21. 我认为，如果各种税收都直接用于购买本国所产的商品，则它们对全体人民并无害处。它们只是使某些人的财富和财产发生一些变化；明显的就是使这些财富和财产从占有土地而游手好闲的人手里移转到聪明而勤勉的人手里。举一个例子说，如果某个地主将自己的土地以每年一百镑的租金出租给农场若干年或若干代，而政府为了维持海军需用，对他每年征课二十镑，那么，结果就是：他每年缴纳的二十镑，将被分配给海员、造船匠及其他与海军有关的行业。如果这个地主自己经管他的土地，那么，由于被征课的田赋占其地租收入的五分之一，他就会按此比例向他的转租人增加地租，或是将他的家畜、谷物及羊毛的售价提高五分之一，并且依靠他的人也会这样做，这样他就能够在一定程度上收回他所缴纳的田赋。但是，如果所征收的税款全部被投入海中的话，那么，最终结果不外是每个人都必须多劳动五分之一，或是削减消费五分之一——这就是说，如果国外贸易能得到改善，人们就要多劳动；如果国外贸易不能改善，人们就要削减消费。

22.我认为，在一个治理良好的国家，这种租税是一种最坏的租税。但是还有一些国家，它们对求乞和行窃没有什么预防方法，因而求乞和行窃成为无业的人们的可靠的生活之道。我认为，在这些国家中，过苛的税课甚至会造成生活必需品极端而难于克服的缺乏。同时，由于这种缺乏来得非常突然，所以无知的人们就会无法找到生存之道。这种情况在自然法则支配之下必然会立即迫使他们不惜进行抢掠和撞骗来救活自己。而这又必然引起死刑、切断肢体和监禁的处分，因为依据现行法律，这些行为乃是危害国家以及危害个别受害者的罪行。

第四章 论各种征税方法。第一，划一部分领土为王领地，以供各种公共开支之用。第二，征收赋税，即征收田赋

假定各种使公共经费增加的原因，能够尽可能减少，同时人民对于政府和国防所需的经费，以及为维护君主和国家的荣誉所需的经费，都愿意承担他们所应负担的份额。那么，现在就要提出如何能够最容易、最迅速、最能使人不知不觉地征收这些经费的各种办法和措施。在这样做的时候，我想先分析一下近年欧洲各国所施行的主要征税方法，说明其便利和不便利之处。此外，也想谈一下其他一些比较不重要和不大常用的方法。

2.假定移居到某个地区的一定人数的居民，在计算之后得出结论说，每年需要两百万镑作为公共经费之用。或者假定这些居民比别人更加勤敏地从事他们的工作，他们经过计算，认为应将他们所有土地和劳动所提供的收入的二十五分之一扣除下来，充作公共用途。（这一比率恐怕十分适合于英国的情况，这一点容后再说。）

3.现在的问题是，用什么方法筹集上述的两百万镑，或收入的二十五分之一。我们建议的第一种方法，就是就土地本身来加以划分，换句话说，就是从英格兰及威尔斯所有的全部两千五百万英亩土地之中，划出可以提供两百万镑法外地租（Rack-rent）的一部四百万英亩左右的土地（这约占全部土地的六分之一）；将这四百万英亩——就像过去爱尔兰那四州[①]被充公时，把它们保留下来那样——作为王领地。不然的话，就采取另一种方法，即征课全部地租的六分之一作为租税。这个比例和爱尔兰的投机家及士兵作为免役税（Quit Rents）缴给国王的金额大约相等。在这两种方法中间，后一种方法显然更好些。因为对国王来说，这一方法更加安稳可靠，而且有更多的承担纳税义务的人。不过，征收这种赋税所花的人力和经费，应力求节省，以免抵消它对第一方法所具有的优点。

4.在一个新的国家，大概适宜于采用这种方法。如在爱尔兰，人们甚至在还没有占有任何土地的情况下，就对这种方法达成协

① 这四州是都柏林（Dublin）、基尔德尔（Kildare）、卡罗（Carlow）和科克（Cork）。——赫尔

议。因此，今后凡是在爱尔兰购买土地的人，都不必承担课加于他们身上的免役税，这情况就和土地面积减少了许多，或是购买土地的人都知道这片土地要缴纳什一税，因而不必再承担免役税一样。一个国家如依据原先协议，把地租一部分保留下来，用以支付它的公共经费，而无需作临时或突然的额外征课，那它无疑是幸福的。因为这种临时或突然的额外征课乃是租税负担沉重的真正原因。上面已经说过，在这种情况之下，并不仅是地主要纳税，凡是吃一个鸡蛋或吃他自己土地上所长的一棵葱头的人，以及凡雇佣食用这类鸡蛋和葱头的工匠的人，也都要纳税。

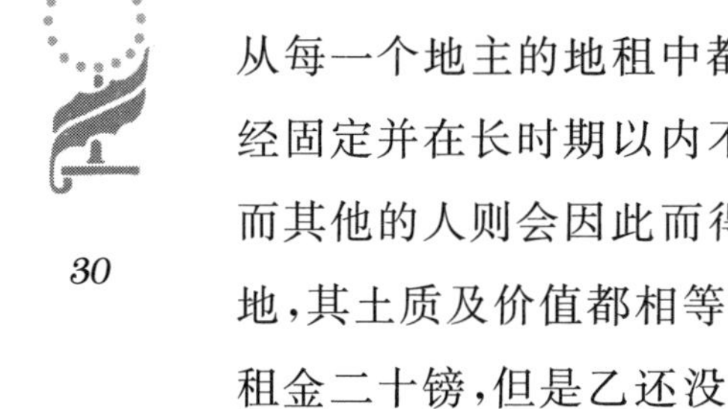

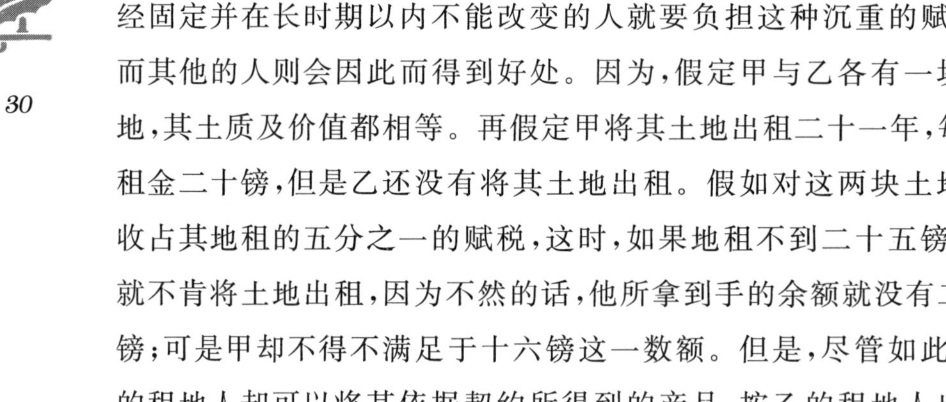

5. 但是，假如上述方法是在英格兰提出的话，换句话说，假如从每一个地主的地租中都征收一个完整部分的话，那么，其地租已经固定并在长时期以内不能改变的人就要负担这种沉重的赋税，而其他的人则会因此而得到好处。因为，假定甲与乙各有一块土地，其土质及价值都相等。再假定甲将其土地出租二十一年，每年租金二十镑，但是乙还没有将其土地出租。假如对这两块土地征收占其地租的五分之一的赋税，这时，如果地租不到二十五镑，乙就不肯将土地出租，因为不然的话，他所拿到手的余额就没有二十镑；可是甲却不得不满足于十六镑这一数额。但是，尽管如此，甲的租地人却可以将其依据契约所得到的产品，按乙的租地人出售其产品的价格出售。其结果，就会这样：第一，乙的地租的五分之一归国王所有。国王所得的税收比原来更多。第二，乙地的耕种人所得到的利益，比没有这种田赋时更多。第三，甲的租地人或耕种人所得到的利益，等于国王与乙的租地人两方面所得到的利益。第四，田赋最终是课在地主甲和消费者身上。这么一来，田赋就变成对消费行为征课的不划一的国内消费税，而怨言越少的人，负担越重。最后，有些地主可能得到利益，只是那些地租预先确定的地主却要蒙受损失；而且这种损失是双重的，这就是说，一方面他们的收入不得增加，另一方面他们所食用的粮食价格却上涨了。

6. 另一种方法，就是从房屋租金中征课。房租比地租更不确定。因为房屋具有二重性质：一方面它是支出的媒介，另一方面又是收益的手段。比如，伦敦的商店如与所属同一建筑物中漂亮的餐厅比较，前者不论从其容量或建筑费而言都显得不如，可是其价值却大得多。同样，地窟及地下室都比安适的住室价值大。其理由是，后者要花费开支，前者却有利益收入。因此，就性质说，后一种房屋要用评估地租的方法来评估；前一种房屋要用评估国内消费税的方法来评估。

7. 这里想附带谈一下：我国为限制房屋的兴建，特别是为限制房屋在新地基上面的兴建，有时对房屋征课不平衡的捐税[①]，借以限制城市的发展；因为人们认为像伦敦这样过大而又过度发展的都市对君主政治是很危险的，虽然在统治权掌握在像威尼斯这些地方的市民手中的情况下，它们可能要比较安全些。

8. 然而，我们认为，这种限制新建筑物兴建的办法并不能达到目的。因为，建筑物是随人口的增加而增加的，人口如不增加，建筑物就不会增加。解除上述危险的方法，应求诸人口增加的原因。

① 1656 年法令第 24 号，斯考贝尔编：《法令汇集》(H. Scobell, *A Collection of Acts and Ordinances of Generel Use*)第 2 卷，第 484 页。这条法令旨在防止伦敦近郊建筑物增加得过多。参阅肯宁汉：《英国工商业的发展》(W. Cunningham, *The Growth of English Industry and Commerce*)第 2 卷，第 174 页。——赫尔

如果人口增加的原因能得消除，则其他问题就会迎刃而解了。

那么禁止在新地基上面建筑房屋的实际效果是什么呢？我认为，这就是使城市保持并固定在它的原来位置和原有的地基上面。可是如果鼓励建筑新房屋，那么这个城市就会像所有大城市那样，在不知不觉之中，不必经过很多年，就会离开原有位置和地基而向外发展。

9. 原因是，人们都不愿意拆毁旧房屋来建筑新房屋。因为如把旧房屋连其地基作为新房屋的地基的话，则所花代价过于高昂，同时这既有限制，又不方便。因此，人们都在新的和没有限制的地基上面建筑新房屋，而对旧房屋，在它们未到无法再修理的地步以前，都只是马马虎虎地加以修理。这些旧房屋到了无法修理的时候，不是变成流氓的巢穴，便是随着时日的消逝而变成荒地或菜园。像这样的例子，就是在伦敦附近也所在皆是。

假如大城市的位置自来就容易移动的话，那么它将会向什么方向发展呢？在我看来，就伦敦来说，它必然向西发展。原因是，风在一年之中差不多有四分之三的时间从西面吹来[①]，西区的住宅不大有充满整个东区的烟雾、蒸气以反臭气。这种臭气在烧煤的地方，是非常厉害的。如果因此之故大人物的宅邸都会向西边移动，那么，依靠他们生活的人的住宅，自然也会步其后尘慢慢向

① 埃维林(J. Evelyn)曾提议由议会立法规定所所有使用煤炭的工厂都搬到离伦敦五六英里的泰晤士河下游去。其理由是，如距离比这近，不单会有害于陛下王宫所在地，而且在我们的九个月的刮季节风（我们很可以这样称呼令人讨厌的西风）的时候，世界少有的这种最堂皇最美丽的风景会完全为乌烟瘴气所包围。见埃维林：《吹烟》(*Fumifugium*)，1661 年版，第 16 页。——赫尔

西移动。我们现在在伦敦就看到这种情况。在伦敦，贵人们的旧宅现在都变成交际厅或被改成公寓了，而所有的宅邸都向西方移动。因此，我深信再过五百年，国王的宫殿将移到切尔西（Chelsey）附近，白厅的旧建筑物将按其实际情况改作别用。因为，在原有地基上建筑新皇宫，就庭园及其他宏伟的建筑说来，都过于狭窄，不利于工程的进行。因此，我倒觉得，以后建筑的宫殿与现在房屋拥挤之处的距离，将会像当初威斯特敏斯特旧宫离伦敦城的距离一样，在那时，弓箭手一走到拉德门就把弓张起来，而在泰晤士、舰队街及霍尔本之间的空地，也像现在芬斯伯利广场一样大。

10. 我承认这种题外之论对租税问题毫无关系，而且它本身也是没有什么用处的。我们连一日之中要发生的事情都不知道，为什么要为五百年以后的情况担忧呢？而且我们也不会在那个时候到来之前全部移居到美洲去，而让这里像今日许多有名的东方帝国的所在地那样，遭受土耳其人蹂躏，化为一片荒芜。

11. 但是我认为确切不移的事情是，只要英格兰有人居住，则人们的最大的居住地区就将在现在的伦敦附近。我们知道，泰晤士河是本岛最便利的河流，而伦敦又处于泰晤士河最便利的地方，所以它的交通方便，有利于都市发展。由此看来，我们应该雇用我们所有的游闲人手来修筑公路，建筑桥梁、堤道，并疏浚河流。这些想法又叫我回头来谈我们刚才离开的课税方法的问题。

12. 在联系到赋税来详细论述各种租金之前，我们需要对前述的土地和房屋的租金以及货币（我们把它的租金叫做利息）所具有的神秘的性质加以分析。

13. 假定一个人能够用自己的双手在一块土地上面栽培谷物；

即假定他能够作为耕种这块土地所需要的种种工作，如挖掘、犁、耙、除草、收刈、将谷物搬运回家、打脱筛净等；并假定他有播种这块土地所需的种子。我认为，这个人从他的收获之中，扣除了自己的种子，并扣除了自己食用及为换取衣服和其他必需品而给予别人的部分之后，剩下的谷物就是这一年这块土地的当然的正当的地租；像这样七年的平均数，或者说，形成歉收和丰收循环周期的若干年的平均数，就是用谷物表示的这块土地的一般地租。

14. 但是，我们进一步需要解决的一个连带的问题可能是，这种谷物或地租值多少英国货币呢？我认为它值多少货币，就看另一个在同一时间内专门从事货币生产与铸造的人，除去自己费用之外还能剩下多少货币。也就是说，假定这一个人前往生产白银的地方，在那里采掘和提炼白银，然后把它运到另一个人栽培谷物的地方铸成货币，并假定这一个人在从事这些工作的同时，也能得到生活所必需的食物和衣服。我认为这个人的白银和另一个人的谷物，价值一定相等。假定前者所有的白银为二十盎司，后者所有的谷物为二十蒲式耳，那么，一蒲式耳谷物的价格就等于一盎司白银。

15. 即使从事白银的生产可能比从事谷物的生产需要更多的技术，并有更大的危险，但是结局总是一样的。假定让一百个人在十年中生产谷物，又让同数的人在同一时期中生产白银。我认为白银的纯产量就是谷物全部纯收获量的价格，前者的等同部分，就是后者等同部分的价格，尽管从事白银生产的人既不会全都懂得提炼及铸造的技术，也不会全能免除在矿山中劳动所带来的危险和疾病。黄金和白银的价值之间的正当比率也是依据这种方法来规定的。不过在许多情况下，这种比率往往被错误地规定了，它有时过高，有时过低，影响及于全世界。这种错误（顺便说一下）就是我们以前感到黄金过多，现在又感到黄金不足的原因。[①]

16. 我认为这是各种价值相等和权衡比较的基础。但是我承认，就这一点而言，在基础上面的作法和具体实践中，是变化多端、极其错综复杂的。关于这一点，后面再说。

17. 全世界都用黄金和白银来衡量各种物品，但主要是用白银。因为不宜有两种尺度，所以在许多物品中，比较适宜于充当尺度的，就必然成为唯一的尺度。这就是说，人们就用一定重量的纯银来衡量各种物品。可是，我从最老练的专门家们所作的各种报告中得知，衡量白银的重量和评定它的成色是有困难的；即使它的成色和重量不变，它的价格也会上涨和下落。在某一个地方可能因离矿山远或因其他偶然原因而比在其他地方贵，在现在也可能比前一个月或前几天贵；而且在不同时期，由于白银的增加和减少，它对用它来评定价值的各种物品的比率也会发生变动。在这种情况下，我们就应该在不贬低黄金和白银的卓越效用的情况下，努力研究某些其他自然标准和尺度。

18. 我们用各种名称来称呼黄金和白银，例如在英国，我们就用镑、先令和便士来称呼它们；所有的黄金和白银都可以用这三种名称中任何一种来称呼、来理解。但是，关于这一问题，我要指出

---

① 1661 年 6 月 10 日禁止黄金出口的法令公布了，但黄金的出口并没有停止。于是国王和枢密院乃采纳专家的意见，将金币的价值提高。1661 年 12 月 20 日，又宣布禁止车辆镀金，作为进一步的补救办法。鲁丁：《英国及其附属国的铸币史》第 2 卷，第 4 页。——赫尔

的是，所有物品都是由两种自然单位——即土地和劳动——来评定价值，换句话说，我们应该说一艘船或一件上衣值若干面积的土地和若干数量的劳动。理由是，船和上衣都是土地和投在土地上的人类劳动所创造的。因为事实就是这样，所以如果能够在土地与劳动之间发现一种自然的等价关系，我们一定会感到欣慰。如果这样的话，我们就能够和同时用土地和劳动这两种东西一样妥当地甚或更加妥当地单用土地或单用劳动来表现价值；同时，也能够像把便士还原为镑那样容易而正确地，将这一单位还原为另一单位。因此，如果我们能够发现世袭租借地(fee simple of land)的自然价值，那即使我们的发现不见得比发现上述使用权(usus fructus)的自然价值好多少，我们也会觉得喜慰。这一点我们且试谈如下。

19. 在发现地租或每年的使用权的价值之后，我们就要问，一块世袭租借地的自然价值(用我们平常的说法)相当于多少年的年租？如果我们说一个无限的数字，那就等于说一英亩土地的价值等于相同土地一千英亩的价值，这是不合理的。一单位的无限大和一千单位的无限大是一样的。所以，我们必须确定一下某种有限的数字。在我看来，这种有限的数字，就是指有限的年数。我认为这种年数就是一个五十岁的人、一个二十八岁的人和一个七岁的人可以同时生存的年数，也就是祖、父、孙三代可以同时生存的年数。[①] 很少有人会挂虑再下一代的子孙。因为一个人做了曾祖

① 参阅维塞尔：《自然价值》(F. Wieser, *Natural Value*)，第159—160页。——赫尔

父，他就已接近死期，因此一般说来，在直系亲属中能够同时生存的，只有上述三代人。虽然有的人四十岁就做了祖父，但也有些人要到六十岁以上才会当祖父。这种说法，也适用于其余的人。

20. 所以，我认为任何一块土地自然所值的年租年数，等于这三代人通常可以同时生存的年数。我们估计英格兰这三代人可以同时生存的期间为二十一年，因此土地的价值也大约等于二十一年的年租。假如他们自己认为这一种计算有错误（死亡统计表观察者认为他们是这样[①]），那么他们就会改变为另一种计算，除非由于考虑到错误是普遍性的，同时又关联到许多互相依赖的事体，因而不容许他们作这种改变。

21. 我认为，在所有权有保障，并能确实可靠地享有年租的地方，土地的价值就等于二十一年的年租。但在其他一些国家，由于所有权更有保障，人口更多，而且对土地价值以及这三代人同时生存的期间都有更正确的了解，土地的价值大约等于三十年的年租。

22. 有些地方的土地，则因附属在它上面的某些特别荣誉、快乐、特权以及法律上的权利，所值的年租年数要更多一些。

23. 另一方面，有些地方（例如在爱尔兰），土地由于下述各种原因，所值的年租年数却要少一些。我在这里所说的这些原因，在任何其他地方也都是造成地价低廉的原因。

第一，在爱尔兰不断发生叛乱（在这种叛乱中，你如被打败，则一切都完了；如你战胜，也难免遭受盗贼的骚扰），而且先来的英国

---

① 格兰特并没有直接讨论这一点。参阅格兰特：《对死亡表的考察》，第11章。——赫尔

官员对后来的英国官员心怀嫉妒，不肯支持。英国派遣官吏前往爱尔兰，自开始迄今，为时不过四十年。但是，自从英格兰人第一次到来时就有的严重骚动，从来就没有间断过。

24.(2) 人们对于别人的财产不断提出各种各样的勒索要求；同时一方面由于这四十年来许多在那里当权的总督和官吏们常常意存偏袒，另一方面由于人们常常伪造证词并滥用庄严的宣誓，因而这些勒索行为能够很容易地找到各种借口。

25.(3) 居民稀少。那里的居民没有超过该地区所能供养的人数的五分之一。在这些居民中，只有小部分从事劳动。而且像其他国家中那样勤劳的人，则为数更少。

26.(4) 爱尔兰的财产(不动产和动产)大部归在外所有主所有，这些在外所有主把从爱尔兰榨取的收益汇出去，却不还回一文。因此，虽然爱尔兰出口多过进口，但贫困现象却愈来愈严重。

27.(5) 法律难于执行。许多掌握实权的人往往利用职权来袒护自己，并且袒护别人。除此之外，犯罪和欠债的人为数很多，这些掌握实权的人不论在审判方面，或在执行职务方面，都尽可能照顾和其同类的人。此外，这里的财政状况又不能给深谋善断的审判官和律师以应有的鼓励，这就使审判工作变得非常没有标准，因为无知的人比那些懂得轻率及独断行为所造成的危险的人，是更容易犯行动轻率和独断独行这些毛病的。但是所有这些情况，如及时加以注意是可以改善的，这样，在数年之内使爱尔兰提高到和其他各国等同水平，同样值得敬重，并不是不可能的。因为下面我们要讨论利息，对这个问题，拟在别处作更详细的讨论。

第五章　论利息

对于出借的但只要提出要求就能随时取回的任何物品，贷者要收取利息，借者要付出利息，这是什么道理呢？我不明白。货币或者用货币规定其价值的其他必需品出借之后，如借者只能在他所选择的时期和地点偿还，因而贷者不能随意按其所要求的地点和时期取回，在这个时候，贷者就可以毫无顾虑地索取利息，这又是什么道理呢？我也不明白。但是，假如一个人在不论自己如何需要，在到期之前都不得要求偿还的条件下，出借自己的货币，则他对自己所受到的不方便可以索取补偿，这是不成问题的。这种补偿，我们通常叫做利息。

2. 有时一个人对另一个居住异地的人提供货币，并约定在一定日期在该地交付，如果违约则要罚巨款。对这种汇款的报酬，我们叫做汇费，或因地区不同而产生的利息。①

例如，在最近内乱的烽火中，通往卡莱尔(Carlisle)的道路，满布士兵和盗贼，水路非常长，既困难又危险，而且时时不能通行。在这种情况下，在卡莱尔需要货币的人，为了保证于一定日期把一百镑货币由伦敦汇到卡莱尔，他有什么理由不让别人收取汇费呢？

3. 可是，这里就发生了这样的问题：利息和汇费的自然标准是

① 这种利息和汇费的对比，是不能成立的。在利息的情况下，收回货币的人得到报酬；在汇费的情况下，汇出货币的人得到报酬。参阅《货币略论》，问题第 29 至 32。——赫尔

什么？说到利息，在安全没有问题的情况下，它至少要等于用借到的货币所能买到的土地所产生的地租；但是，在安全不可靠的情况下，除单纯的自然利息之外，还必须加上一种保险费。这种情况，会很合理地把利息提高到低于本金的某种高度。如果英国现在确实没有上述的安全保证，所有贷款或多或少都有危险，手续麻烦，费用也多，那么，我认为不论在什么地方，什么时候，要违背俗世的习惯，努力于限制利息，都是没有理由的，除非制定这种法律的是借者而不是贷者。但是，制定违反自然法则的成文民法是徒劳无益的，关于这一点，我已在别的地方说过①，而且就各方面举出了例证。

4. 关于汇费的自然标准，我认为，在和平时期，汇费最高不能超过为运送现金所花的劳动。但是，假如某地有危险，或这一地方比另一地方需要货币更为迫切，或是关于这些情况的说法真假难辨，那么，汇费就要受到这些因素的影响。

5. 和这种情况相同的，就是我们所略而未谈的关于土地价格的一些问题，因为，正如货币需要大汇费即高一样，谷物需要大，其价格即上涨，因而生产谷物的土地的地租，以至最后土地本身的价格也都上涨。例如，假如维持伦敦或一支军队所需的谷物，必须从远离四十英里的地方运来，那么，在伦敦或离这支军队驻扎地一英里以内的地方栽培的谷物，除其自然价格之外，尚应加算将谷物运输三十九英里所需的费用。对鲜鱼、水果等容易腐烂的物品，尚应

① 据配第子嗣、《配第文稿》编者兰斯道温（Lansdowne）推测，这里所说的别的地方，是指收集于其所编的《配第文稿》第一卷中《论利息》及《利息》二文。——译者

另加算保证避免发生腐烂危险的保险费。最后，对在当地（例如在菜馆）食用这些食品的人说来，他所支付的价格，除了上述费用之外尚应加算各种附带费用，如房租、家具的耗损费、侍者的报酬、厨师技艺和劳动的报酬等。

6. 因此，结果就是，靠近人口稠密的地方（即为了维持其居民生活而需要很多土地的地方）的土地，由于上述理由，比距离远而土质相同的土地，不仅能产生更多的地租，而且所值的年租总数也更多一些。因为在那种地方占有土地能够享到特别的快乐与荣誉。理由是 Omne tulit punctum qui miscuit utile dulci①（把效用和快乐化为一体，是人所共赏的）。

7. 在讨论了地租、土地价值和货币的标准之后，我们现在回头来谈征收公共经费的第二种方法，即征收一部分地租的方法（一般把它叫做征税）。其次谈一谈计算这种地租的方法。这种计算方法不是以少数人在无知、轻率、不了解情况，或是在情感冲动或酒醉的情况下互相进行的买卖为根据的。但是我承认，如果就三年期间（或是在土地方面所发生的一切偶然事故周转一次的周期中）所做的一切买卖求出平均或共同的答数那就可以达到这种目的，因为这个数额是依据各种临时估计综合计算出的。现在我要详细列举各种原因，以便对这个数额作一分析计算。

8. (1) 因此，我建议按教区、征税区等行政界线和由海、河、岩石或山岭等所构成的自然特征两方面，测量所有土地的形状、面积及位置。

① 见霍莱士：《论诗的艺术》（Horace, *De arte Poetica*），第 343 页。——赫尔

9.(2) 我建议依据一块土地平常所生产的产品来评定各单位土地的性质。因为,有的土地就比别的土地更适宜于生长某种木材、谷物、豆类或根类作物。同时也应依据这块土地上所播种的作物的每年产量以及这些作物互相比较(而不是和货币这个共同标准比较)所显出的相对优越性来评定土地的性质。例如,假定有一块十英亩的土地,我认为我们应首先明确它是适宜于栽培牧草,还是适宜于栽培谷物。如果适宜于栽培牧草,那么应该明确这十英亩土地和另一块十英亩的土地比较,所生长的牧草是多还是少,以及它所生长的一定重量的牧草所饲养的家畜是多于还是少于另一块土地所生长的等量牧草所饲养的家畜。不过,不要把这些牧草和货币比较。因为,如果和货币比较,则这些收草的价值就会因货币的多寡而增减(自从西印度群岛被发现以来,货币数量的变动是很大的),同时也会因居住在这块土地附近的居民人数多少以及他们生活奢侈和俭朴的情况而增减。不仅如此,它也会因这些居民的社会、自然及宗教见解的不同而增减。例如,在一些天主教国家里,在四旬节的前期,鸡蛋几乎没有价值(因为在四旬节之前,鸡蛋的质量和味道是很差的);在犹太人看来,猪肉一文不值;在不敢吃食刺猬、青蛙、蜗牛、菌类等物的人们看来,这些东西有毒,或者不利于身体健康,所以也都一文不值。又如列万特出产的葡萄干以及西班牙出产的葡萄酒,由于敕令[①]宣布它们使本国财富蒙受巨大损失要加以禁止,所以也就都没有价值。

10. 我把前者叫做对土地的固有价值的研究,而后者则是对土

① 见查理二世十二年律令第十八号第八条。——赫尔

地的附带的或附属的价值的研究。现在来讨论后者。我们说过，货币数量的变化会使我们按某些名称或符号(镑、先令及便士就是这些名称或符号)来计算的各种商品的价格发生变动。例如：

假如一个人在能够生产一蒲式耳谷物的时间内，将一盎司从秘鲁的银矿采出来的白银运到伦敦来，那么，后者便是前者的自然价格。如果发现了新的更丰富的银矿，因而获得二盎司白银和以前获得一盎司白银同样容易，那么，在其他条件相等的情况下，现在谷物一蒲式耳售价十先令，和以前一蒲式耳售价五先令，同样低廉。

11. 因此，我们似乎需要有计算我国货币的方法(我认为我有这种方法，而且这种方法在短期之内就能办到，不需要什么费用，也无需调查任何人的钱包；关于这一点，容在下面讨论)。假定我们知道英国在二百年以前有多少黄金和白银，同时也能够知道现在有多少黄金和白银。不仅如此，我们还知道当时的货币单位和现在不同，当时铸造三十七先令所需的白银，现在可铸六十二先令。[①] 此外我们还知道含金量、铸造时所花的劳动、重量及成色的公差以及国王所征收的铸币费当时和现在的不同；也知道当时和现在的劳动者工资的差异。但是，即使掌握了这些情况，如单用货币来计算，也无法说明当时和现在我国财富的差异。

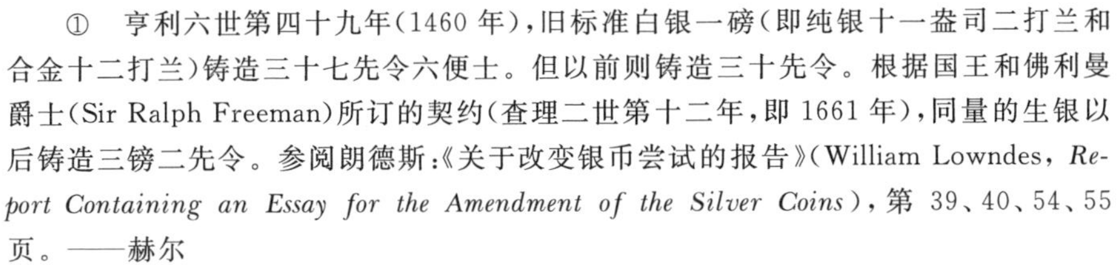

① 亨利六世第四十九年(1460年)，旧标准白银一磅(即纯银十一盎司二打兰和合金十二打兰)铸造三十七先令六便士。但以前则铸造三十先令。根据国王和佛利曼爵士(Sir Ralph Freeman)所订的契约(查理二世第十二年，即1661年)，同量的生银以后铸造三镑二先令。参阅朗德斯:《关于改变银币尝试的报告》(William Lowndes, *Report Containing an Essay for the Amendment of the Silver Coins*)，第39、40、54、55页。——赫尔

12. 所以，除了前述各种事项之外，我们还必须知道人口数目的差异，才能作出如下的结论：不论过去和现在，如果将一国的所有货币平均分配于所有人民，而每个受赠人如果用这些货币雇用大量的劳动者，则他就会变得更加富裕。因此，我们需要了解我国现在和过去人口及金银块的情况。我认为，我们过去有多少人口和金银块，是不难知道的，而现在和将来有多少人口和金银块，是更容易知道的。

13. 再进一步说。假如我们具有上述的知识，那我们就能够确定伦敦附近的土地的附带价值。就是说，我们首先大致计算一下伦敦附近各郡，即埃塞克斯、肯特、萨利、密德塞斯、赫特福德每年所出产的食物及衣服的原料有多少，再计算一下住在上述五郡及伦敦市内的这些物品的消费者的人数。假如我们发现住在上述各地区的消费者多于住在面积相同的其他地区的消费者，或者更确切地说，多于住在出产同量粮食的面积相同的其他地区的消费者，那么，我认为，这五郡的粮食一定比其他地方贵；而在这五郡之内，粮价也会因它们距离伦敦有远有近（或更确切地说，因费用有高有低）而有贵贱的不同。

14. 因为，如果上述五郡确已尽一切努力生产出所能够生产的商品，而商品供应仍嫌不足，那就必须从远处运来所需的商品，以供应市场需要，这样一来，距离较近的各郡物价一定会相应地上涨。或者是，如果上述各郡花费比现在所花的更多的劳动来改良土地，使土地丰产（例如，以犁代锄、以定植代散种，拣选优良种子以代不分好坏杂乱选种，用时事先加以浸渍以代不作任何加工拿来就用，用盐施肥以代用烂草施肥，等等），那么地租就会因收成的

增加超过所用劳动的增加，而成比例地上涨。

15.现在劳动的价格必须是确定的。(我们知道，这是法律规定的，法律对各种劳动者的计日工资都定有限制。)如果不遵守这种法律[1]，或是不使法律适应时势变迁而变化，那是非常危险的。这将有害于为改善本国产业情况的所有努力。

16.此外，判断是否应该采用上述改良方法的标准，就是要看在自然生长这些食物的地方，或是在不必多花力气耕种就能生长这些食物的地方，采集这些食物所需的劳动，是否不少于实施这些改良方法所需的劳动。

17.对于上述种种论点，可能有人反对说，这些计算即使不是不可能，但也是非常困难的。对这种论调，我只作这样的答复:这些计算确是困难的，特别是在人们既不动手，也不动脑去进行计算，或是又不许别人作这样计算的情况下，尤其如是。然而尽管如此，我却认为，如果不进行这种计算，则产业将成为一种靠不住的事业，任何人都不能对它运用思考了。考虑如何使本国产业发展，和为了掷骰子取胜，而花很多时间来考虑如何拿骰子，如何摇动它们，要用多大力气把它们投下去，并从哪一个角度投到桌面上一样，都同样需要智慧。但是，现在我国一些人从邻人手中(不是从土地上或者海洋中)赚到一些东西，都是由于偶然，而不是由于智慧，是由于别人估计错误，而不是由于自己判断正确。在这种情况下，信用在一切地方——不过伦敦特别严重——也都变成完全空幻的东西;对人们所有的财富或实际资产毫无所知，那就不能了解

① 肯宁汉:《英国工商业的发展》第2卷，第199—200页。——赫尔

人们是不是可靠。可是，我认为，信用的性质是只有依靠判断人们的能力（靠其技能和勤勉来赚钱的能力）才能加以确定的。因此，这又要求，了解人们的资产的方法必须可靠，使人们尽其能力清偿他们的债务的方法，也应该依靠法律的严格执行来加以保证。

18. 这里我本应详细阐述一种似非而是之论，来证明这样一种论点，就是说，尽管比较穷困的有进取心的人一般都比别人更加勤勉，但如果每一个人都能随时将其资产状况写在他的前额上，那么我国的产业就会因而大大发展。不过这个问题我想在别的地方再讨论，这里不谈。

19. 另一种反对对地租及土地价值作如此精确计算的说法就是，这会使元首过于精确地了解每个人的资产情况。对这种论调，我的答复是：如果国家经费能尽可能削减（这主要取决于议会中人的努力），如果人民愿意并且准备缴纳这些经费，如果采取措施，使人民在没有现金的时候，也可以用他们的土地和商品的债权来缴纳税款，最后，如果身为君主的人知道征收的税额如超过自己的需要，对他也非常不利（这点前面已经证明过了），那么，这种极精确的了解又有什么坏处呢？而且就每个纳税者所负担的比例来说，谁还会希望乘混乱的机会，营私作伪，来减轻自己的负担呢？难道他们不怕这一次得到好处，下一次却要吃到苦头吗？

第六章　论关税和自由港

关税是对输入或输出君主领土的货物所课的一种捐税。在这些国家中，关税税率为二十分之一，它不是按商人之间所通行的各种商品的市场价格征收的，而是按国家——和有关方面作了协商之后——所规定的另一种固定价格征课的。

2. 人们为什么既要对君主缴纳进口税，又要缴纳出口税，其自然根据是什么，我无法推测。但就君主允许其他国家所需要的某些货物出口这一点而言，他收取一些报酬，似乎还有些道理。

3. 因此，我认为，关税最初是为了保护进出口的货物免遭海盗劫掠而送给君主的报酬。如果在货物遭到海盗劫掠时，君主对这种损失负有赔偿责任的话，我相信这种看法是完全正确的。我觉得这种每百镑征收五镑的税率，是由于商人计算到在达成这种协议之前他们遭遇海盗劫夺往往损失更大，才确定下来的。所以，归根到底，关税原是一种保险费，它是为了防备遇敌蒙受损失而投保的，正像现在流行的对于海险、风险、气候引起的危险、船险以及其他一切危险所投的保险一样；也像在某些国家人们用房屋年租一小部分为房屋投保的火险一样。但是，不论关税是什么，它是在很久以前就由法律加以明文规定的，在它被取消之前，人们没有理由不缴纳它。但是我希望能在这里作为一个无用的好探求事理的人，就关税的性质和标准作一番讨论。

4. 对出口货物征收关税的标准，应该是这样，即这种关税应使外国人所需要的我国商品的售价，在计算出口商的合理利润之后，要比他们从别的地方购买同类商品更便宜一些。

例如锡是支配国外市场的本国商品，这就是说，它的生产和输出之方便与容易是没有其他东西能与比拟的。

假设在康沃尔(Cornwall)生产一磅锡只需要花费四便士，而这种锡在法国最靠近英国的地方每磅能卖十二便士。我认为我们应该把这种特别利润，看成是国王所有的一种财源，或是一种拾到的财宝(Tresor Trouvé)，国王应该分享它的一部分。他可以通过对锡征课出口税拿到这一部分，但这种关税，一方面既要保证劳动者能得到生活资料，同样地土地所有者能得到优厚利润，另一方面还要使这种锡在外国的售价比任何其他地方输出的锡来得便宜。

5. 对在国内消费的锡也可以作同样的课税，除非情况不允许作这样征税。例如法国国王就不能在盐的产地征收盐税(Gabel)。

6. 不过我也要指出，如果走私和行贿所花的费用以及被捕的危险，总合起来不超过这种税额的话，那么，这样高的捐税就会使人们不向海关呈报这种货物，或是不肯为它缴纳税款。

7. 因此，征收这种性质的税课的标准是，除非地方当局确能贯彻执行法律，否则应使守法的人比违法的人负担要更轻，更有保障，并更加能够得到利益。在某些情况下，地方当局是容易贯彻执行法律的；例如，在附近没有小河而且每次潮水上涨时间只有两小时的小港口装运马匹出口，要逃避捐税是很困难的，因为马这种动物不能伪装，不能装入布袋或铁桶之中，同时装运时一定要有声响，并需依靠许多人手。在这种情况之下，人们就会守法交税。

8. 对进口货物征收关税的标准是：

(1) 对于已经加工完成马上可以消费的一切商品课税时，税率不妨高到使其售价稍稍高于国内生产或制造的同类商品——假如其他条件相同而能够自行供应的话。

(2) 对容易引起奢侈行为或犯罪行为的非必需品所课的税额，可以高到足以限制人们使用这些东西，这样做可以起禁奢法的作用。不过，也应注意不要使人们觉得走私比纳税更为合算。

9. 与此相反，对所有尚未完成，尚须进一步加工的商品，如生皮、羊毛、海狸皮、生丝、棉花、工业所用的工具及原料以及染料等，课税应该从轻。

10. 如果这类关税的征收能够加以严密执行的话，君主也许会出人意料地一种跟着一种地任意加以征收。但是，因为这类关税不能征收得很严密，所以只要情况允许人民安全地逃避关税，人民就不纳关税，只要情况允许人民逃避法律，人民就不遵守这些法律。

11. 这类关税的不方便之处，有如下数点：

（1）这类关税是对未完成尚不能使用的东西，即尚在制造中的及尚在进一步加工中的商品征课的，其不经济，不下于用幼嫩的树木（而不是用腐朽的或脱掉枝叶的树木）做燃料。

（2）征收这类关税，需要很多官吏，特别是在港湾多、潮水便于随时装运货物的地方，尤其如此。

（3）人们很容易通过行贿、互相勾结、藏匿商品及伪装商品等等作法，来进行走私。对这些不法行为，发誓或课处罚款的办法是无济于事的；而且即使在被发现之后，人们也有种种方法可以少受或且不受上述处罚。

（4）对英国自产而用来和外国货交换的少数商品所征课的关税，只能弥补本国人民全部开支——这种开支每年大概不下五千万镑，其中包括王国的公共经费在内——的极其微小的一部分。因此，除此之外，尚需施行某些其他税制。可是，要施行某种其他税制——即使是最好的税制——则整个关税事业就可以完全取消了。所以，关税这一税制不方便之处之一，就在于除关税之外还需要有别种税制。

12. 作为补救这个缺点的办法，我提出这样一种浅薄的方案，就是对所有出入口的船只征收吨税，以代替对进出口货物征收的关税。这种吨税，是对每个人都看得见的东西征课的，只须极少数的人手就能征收。而且这种税收只是运费的一部分，这一部分是从全部消费额中扣除的，足够支付一切公共开支。这一部分约等于百分之四左右，即从五千万镑中每年抽收二百万镑。

13. 另一种方案，就是变关税为一种保险费。这种保险费可以增加和调整，以便国王能用它来保证货物不致因遭遇海险和受到敌人侵犯而蒙受损失。如果实施这种税制，那么，全国人民都会关心所有这些损失，同时商人为了自己的利益，也会更加乐意申报自己所要投保的商品，并且乐于缴纳费用。

14. 但是，可能有人反对说，即使废除了关税，然而为了防止违禁品的进口和出口，总是需要有和现在一样多的官吏。因此，我想举出下面两三个重要例子，以说明这种禁令的性质。

15. 要禁止货币出口，那几乎是无法实行的。这种措施可以说是徒劳无益。在这种措施之下，偷运所具有的危险，不是变成为了免遭逮捕而缴交的保险费，就是变成对检查人员行贿而付出的所谓和解费的额外费用。例如，假如在五十次偷运行为中有一次被捕，或是对偷运出口的货币每五十镑，通常要付出默许费二十先令，那么，用这笔货币买进的商品，在卖给消费者时，售价至少要贵百分之二。可是，如果贸易不能负担这种额外费用，那么，人们就不会任意将货币偷运出口。假如这种禁令行之有效，它倒可以成为一种限制奢侈的法令，使一般国民的消费开支不至超过他们的收入。因为，如果我们禁止货币出口，并且除货币之外，又不能输出本国农产品或工业品，那么，事实上就等于禁止所有外国货进口。再假如我们平常出口的数量都足以抵偿所购买的一切外国商品，但是现在由于我国土地及劳动的情况变得异常衰退，我们所能出口的商品只能偿付通常进口额的一半，那么，禁止货币出口也确能起到限制奢侈法令的作用，使我们进口的外国货不至超过原先消费额的一半。所不同的，只是在这种情况之下，进口或不进口哪一类商品，任由商人作出抉择，而在施行限制奢侈法令的情况之下，这种事情，则由国家考虑而已。例如，假定我国出口比进口少四万镑，并假定我们必须削减(比方说)价值四万镑的咖啡豆或相同价值的西班牙葡萄酒的进口。在这种情况下，货币出口的禁令将使商人可以随意抉择少进口哪一种商品，或少进口这一种商品和另一种商品的一部分。而限制奢侈法令则要国家根据下面一些情况作出决定：我们是应该对将咖啡运进我国的国家给予鼓励和优惠，还是应该对将葡萄酒运进我国的国家给予鼓励和优惠；用在咖啡上面的开支和用在葡萄酒上面的开支，哪一种对我国人民为害最大，等等。

16. 据说从货币自由出口所得到的利益，只有下述一点。就是，假如从英国运出价值四万镑的布匹的一只船，同时也运出四万镑的货币，那么，商人就更能坚持自己的条件，从而可以贱买贵卖，获得利益。但是，我愿顺便指出，商人是靠牺牲他所运用的货币的利息和　　[1]才得到这种力量的。如果利息每百镑为五镑的话，

① 原书为空白，1679 年版添上“利益”二字，或者可以添上“汇费”二字。——赫尔

则他与其利用上述的货币来加强自己的力量，倒不如将自己的货物每百镑少卖四镑，来得合算。关于这一点，尚有值得讨论的地方，但我们先来讨论羊毛这一重要问题。

17. 由于荷兰人的操作技术比较好，劳动得比较辛勤，生活比较节俭，同时所收运费、税款及保险费也比较少，我国的毛织业终于吃了败仗。因此，我们英国人非常愤怒，很想采取禁止羊毛及白土(earth)出口之类的十分激烈手段，以为报复。[①] 但是，采取这种措施，会使我们受到的损失加强于我们在上述贸易方面所受的损失。所以，为了恢复我们的理智和重新开展贸易起见，在我们能够对这个问题决定采取哪些措施之前，必须先研究下面几个问题。

(1) 我们经常要向外国购买谷物，可是国内又有许多游闲人手，同时我们甚至连少数劳动者所生产的毛织品都卖不出，人们对此颇有意见。在这种情况之下，我们减缩牧羊业，使更多的人口从事农耕，岂不更好吗？因为，这样一来，第一，肉将涨价，这对鱼的生产将起鼓励作用，而这种鼓励将是前所未有的。第二，我国货币将不至那么迅速地流出国外去购买谷物。第三，我们手中的羊毛不至像今日这样过剩。第四，我国的游闲人手可以从事农耕和渔业生产。但是，如果这些人口从事牧羊的话，则一个男人，靠着他

① 1660年8月15日，下院希望国王发出布告，禁止羊毛、带毛的羊皮、棉纱及漂布用的白土出口，并提出为这个目的而草拟的法案。这一法案被通过，而成为查理二世第12年第32号法令。在下一次会议上又提出了类似的但更激烈的法案，那是在1662年3月4日。这一法案于次年5月才正式成为法律，即查理二世第14年第18号法令。在配第写此文时，这个法案或许正在审议之中(见《下院议事录》第8卷，第120、236、378、414、432页)。——赫尔

自己和牧犬的力量，就能照管数千英亩的土地，这样一来，将更加造成羊毛过剩。

（2）假如我们不缺乏谷物，也没有游闲人手，而且手中所有的羊毛多到自己消费不了。在这种情况之下，羊毛无疑宜于输出，因为，这种情况意味着熟练的职工早已用到一种比较有利的产业上面了。

（3）假如荷兰人胜过我们，是由于他们的技术较高，那么，将他们较优秀的劳动者吸引过来，或是将我国的聪明人士送往那里去留学，岂不是很好吗？如果能够办到，那么，采取这种措施显然要比无尽无休地讨论那些违反自然、想要阻遏风浪的办法更加合乎情理。

（4）如果我们要使本地的食物比荷兰更加便宜，那就应该取消沉重的、无意义的、过时的课税和官职。我认为这种做法，也比那种想促使水流高过于它的自然源头的办法来得高明。

（5）总的说来，我们应该很好地考虑一下这种情况，就是高明的医生并不乱给病人用药；相反，他们都密切注意并遵循自然的运动，而不用他们自己的猛烈药方来反抗自然的运动。同样，在政治问题及经济问题上，也必须用同样的方法。因为，Naturam expellas furca licet usque recurrit[①]。（人虽能一时强胜自然，但自然仍将恢复其威力。）

18. 但是，如果荷兰人在毛织业方面比我们好不了多少，也就是说他们只比我们稍胜一筹，我认为我们只要禁止羊毛出口就足

① 见霍莱士：《书札》(Horace, *Epistle*)第 1 卷，第 10 章，第 24 节。——赫尔

以改变这种形势。但是,我自己既不是商人,又不是政治家,情况是否是这样,只好让别人去判断。

19. 关于禁止进口问题,我认为,只要进口没有显著超过出口,就没有禁止进口的必要。因为,尽管我们不同意拿质量优美而为生活所必需的毛织品去换进使人堕落的酒类,可是,假如我们没有别的办法销售本国的毛织品,那么,拿毛织品去换进酒类或更坏的物品,要比停止生产毛织品好一些。的确,一时将一千人的劳动产品用火烧掉,也要比让这一千人由于失业而失去劳动能力好一些。简单地说,对这一点如果要进一步加以讨论,那就要成为一种关于制定限制奢侈法令的理论与性质的讨论,以及关于如何结合当时和当地情况英明地应用这些法令的讨论了。

20. 自由港问题也是关税问题的一部分。设自由港(对经营贸易只顾本国利益的国家,即运出本国过剩商品而只输入本国所必需的商品的国家说来)不单毫无用处,而且有害。因为假定人们将酒运进一个自由港,储藏在那里并偷偷将其卖掉,然后用污水将酒桶装满再将酒桶装载上船,一俟船只驶进海面,就把酒桶开孔,使水流干。在这种情况之下,酒税就被逃避过去了;除此以外,还会有很多方法。[①]

21. 也许有人会这样说,我们经营贸易固然只应为本国利益着想,但我们的港口由于比别国的港口更为便利,会有更多的船只出入,因此,如将这些港口开辟为自由港,即使不对货物征收任何关

① 配第所要反驳的论点,见于《自由港,它们的性质与必要性》(*Free Ports, the Nature and Necessitie of them Stated*),著者署名 B. W.,伦敦 1652 年版。——赫尔

税，我们也会因海员及旅客的开支、劳动者的工资、仓库的租费等等而增加收入。但是，我却认为，对将我国港口作上述使用的船只课以这种小额关税也是合理的；完全不要期望从上述仓库的租金和搬工及车夫的工资中得到收益；因为这些收益，是本来可以从其固有的动因中得到的。

22. 但是，如果我们能够充当其他各国的贸易商，那么，（如前所述[①]）就没有理由对在制造中的商品和在进一步加工中的商品征收关税。至于像上述酒类那样的逃税行为，我确信通过征收国内消费税的办法，是能够加以克服和避免的。

第七章　论人头税

人头税是一种课于人身的税制，它或是绝对而无所轩轾地课于每一个人，或是按某些人所共知的称号或功勋标志而课于每一个人。这些称号，有的是一种纯粹的荣誉，有的是谋求来的或由上级委派的官职，有的是一种特权，或是一种身分。按称号而征收的人头税是不考虑由上述的称号、官职或特权而产生的富裕或贫困、收入或支出、得益或损失的。

2. 近来征收人头税的方法甚为纷乱。例如：对某些单身富人按最低税率收税，而对某些连生活必需品都感缺乏的勋爵士（Knights），却征税二十镑。这种情况是由下列一些原因所造成

---

① 见本章第11节。——赫尔

的:就是,政府想鼓励一些好虚荣的人(这些人希望在收据上写上绅士〔Esquires〕称号)以绅士身分纳税;想让某些人以医学博士或法学博士身分缴纳十镑,可是这些人从这些资格上得不到丝毫收入,也不想从事这类业务;想让一些贫穷的商人强充伦敦同业公会会员,缴交其无力负担的税款。最后,它还想让一些人按他们的资产纳税,而他们的资产是由对该项资产毫无所知的人估价的,这就使某些破产的人有机会骗人,使世人相信他们拥有很多财产,这些财产是通过勾结估税官而由估税官故意加以评定的。①

3. 由于这种混乱以及专断独行、漫无规章和职权混淆不清等等情况,因此无法估计这种药膏是否适用于这种伤口;同时对有关税款的收纳是否计算正确,也无法加以检查或审核。

4. 因此,我将完全不谈这种复杂的征税方法,而来更明确地谈一谈人头税。首先谈一谈一律课于每一个居民身上的单纯的人头税。这种税课在接受施舍的人身上的,由教区缴纳;课在未成年儿童身上的,由其双亲缴纳;课在徒弟及其他没有工资收入的人身上的,就由师傅或行东缴纳。

5. 这种税的缺点,就是非常不公平。能力不同的人,都一样纳

① 配第这里所指责的复杂人头税是遵照1660年9月查理二世第12年第9号法令征收的。它规定应在十二日以内缴交,要筹集四十万镑以充军队遣散费之用。不过,到11月24日为止,实际缴交的数额不过二十五万二千一百六十七镑一先令四便士(见《众议院议事录》第8卷,第196页)。为了补救这项不足,同年又提出了两个补充法案,但因议会于该年12月29日解散,这两个法案没有通过。讨论这种法案的议会程序,是非常麻烦的。参阅《众议院议事录》第8卷,第38—234页各处。关于逃税的例子,参阅配皮斯:《日记》(Samuel Pepys, *Diary*),1660年12月10日,第1卷,第283页。——赫尔

税，而负担子女费用最多的人缴纳得最多。换一句话说，越穷的人，课税越重。

6. 它的好处有如下几点。第一，征收敏捷，而且花费较少。第二，人口数字总是人所共知的，所以能够准确计算出所要征收的数额。第三，它会刺激所有的人让他们的子女按其特长从事某种有益的职业，以便子女们用自己的收入来缴交自己的人头税。

7. 第二种人头税是课于每一个仅有空头的荣誉称号可没有任何官职和特权的人。这些称号为公爵、侯爵、伯爵、子爵、男爵、从男爵、勋爵士(Knights)和绅士(Esquires，即世袭爵士的长子)，以及世家子弟(如果他们自己这样称呼的话)之类。这种税法比前一种税法要公平得多。因为有这些称号的人，大部分都是相应地很富裕的。即使他们不很富裕，尽管他们不想或不能自己花钱来购买高人一等的地位，像他们这样的显贵人物也会高人一等并享有地位。我的意思是说，有这种称号的人，因为享有称号，即使他们的人头税比一般平民高，也是合算的。

8. 不仅如此，由于对人口数目有确实和多方面的计算，这种税制的征收既容易、迅速而又不需要很多经费。同时，由于这种税制能够预先加以估计，所以可以按照君主的需要来加以调节和收取。

9. 至于各种官职，它们大部分的确都是很高贵的。但是执行这些职务是要烦劳心神的，而这些高贵的地位，就是以这种烦劳为代价的。例如充任参议员(比如伦敦市参议员)，的确是一种荣誉，然而，许多人却愿意支付五百镑以求能够不担任这种职位，就是因为这个缘故。

虽然如此,对人们谋求来的官职或已经接受的官职(尽管人们可能辞掉它)课税,并不是不适当的。另一方面,假如某个有称号的人士(Titulado)[1]愿意放弃其称号并且永远不再恢复它,那么就不应该强制这个人士按其称号缴纳人头税。

10. 特权和身分的称号,不应该成为缴付人头税的条件,因为它们不一定也不大可能意味着在缴付的能力,而且它们本身还带有各种各样的不平等。但是,如果某些人由于有了开业许可证而挣到很多钱的话,那可以想象得到,他们也会相应地多花钱。在这种情况之下,张开国内消费税这个网就一定能够将他们捉捕到手。这种办法对前述官职也是适用的。

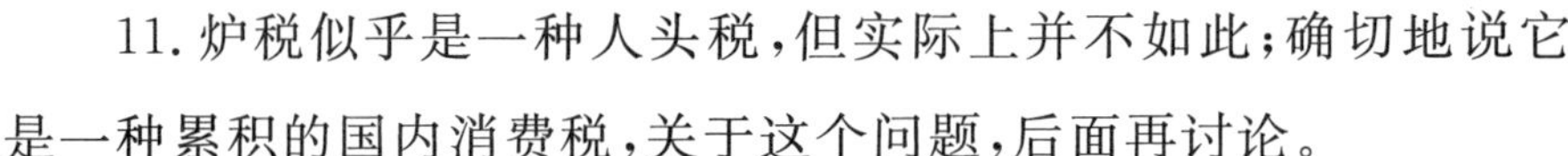

11. 炉税似乎是一种人头税,但实际上并不如此;确切地说它是一种累积的国内消费税,关于这个问题,后面再讨论。

第八章 论彩票

得到各种称号的人,可能预见到他们会像上面所说那样因其称号而负担捐税(虽然由于议会的一个院完全由有称号的人士——Tituladoes 组成,另一个院的大多数成员也是这类人,这种

---

[1] 在 1659 年爱尔兰户口调查中,"除了单纯的人数之外,还把小教区和街道的主要或著名的住户列在英文西班牙文混合名称 Titulado(有称号的人士)之下"。参阅哈定:《爱尔兰人口调查最早发现的手稿》(Hardinge, *Earliest Known MS. Census Returns of the People of Ireland*),并参阅吉尔伯:《都柏林古代记事年表》(Gilbert, *Calendar of the Ancient Records of Dublin*)第 4 卷,第 xiii 页。——赫尔

税制，可能不会在议会中通过）。因此，他们好像一开头就同意这种加课在他们个人身上的捐税。

2. 在发行彩票这种措施之下，虽然个别人有希望发财，但是，总的说来，却是买彩票的人自己向自己课税。因此，彩票实际是对那些不幸而自我陶醉的呆子们所课的一种捐税。换句话说，它是课加在对自己的运气有充分信心的人，或迷信一些算命者和卜卦者的人身上的一种捐税（这些算命和卜卦的人给他们占卜中彩的时间和地点，保证他们一定会得到成功，并指出他们可能在预卜命运之处的西南方中彩）。

3. 现在世界中这种呆子很多，由于这个缘故，如果认为凡是想欺骗人的人，都可以欺骗容易受人欺骗的人，那是不适当的。相反的，应该像对待精神病患者和白痴那样，法律倒应该规定元首应对这些呆子提供保护，要不然，那就规定某个得到元首宠爱的人，可向元首请求允许他们利用这些人的愚蠢以得到好处。

4. 由此看来，彩票这种东西，只有在下列情况之下才宜允许发行，那就是当局必须规定人民对自己的错误所应缴纳的份额，并应注意不让人民被骗得太多和过于经常，因为他们往往会被骗去很多钱并且经常如此。

5. 发行彩票这种措施，只宜用来征收小额款项，只宜用来征收对于公私两方面都有好处的经费，如疏浚河流、建设桥梁和修筑公路等方面的经费，而不能用来征收维持陆军和装备舰队所需的经费。因此，关于这个问题，我们在这里不作进一步讨论。

第九章　论献金

用献金(Benevolence)来筹集资金,似乎既不是强加于人,也不至向人强索税款多过他认为他所能缴纳的数额。但是,事实上并非完全如此。因为,在献金这种制度之下君主和显贵人物所加的威胁,往往具有一种压力,这种压力并不轻于这样一种压力,即因不交某种课赋或附加捐而有被扣押的危险。同时,还常常有这样一种危险,即讨厌的阿谀者和告密人诬称献纳人不赞同政府所持的征收这种献金的理由,因而引起政府对献纳人的不满。这种危险比他因与所有其他的人一起按照适当比例缴纳一定税额而蒙受的损失(前面说过,这种纳税不会使他贫穷),更为经常。

这种制度有利之处是:当政府开支只和某些人有关而和其他的人无关的时候,可以不至为了一部分人的利益而向全体征收租税(例如,前次在 1638 年与 1639 年同苏格兰人发生争吵,和这事件最有关系的,只是教会的高级僧侣)。有时有这种情况:一部分人比别人得到更多更厚的恩惠,像 1660 年陛下复辟时,需要特赦令[①]加以特赦的人们所得到的恩惠就是这样。有时某些人明显地比别人有更好的得到收益和利益的机会,如自上述的陛下复辟以来,牧师得到极大的好处,就是例子。在所有这些情况之下,都无

① 见查理二世第 13 年,法令第 1 号,第 4 项(1661 年)“对陛下作自由和自愿捐献的条例”。——赫尔

妨提出征收献金的建议。不过，在任何情况下，它都有不便之处。它不便之处主要是：

（1）如果某个人所捐献的金额，少于心怀嫉妒的旁观者认为他所理应捐献的数额的话，那就会像上面所说的那样受到君主和显贵人物的威胁并引起他们对他不满。

（2）献金这种捐税，在许多情况之下，会将全体国民分成许多类别；或最低限度它会使各类人民的财力为不需要知道这种财力的一些人了解得十分清楚。同时，它也会使人们（和上述情况相反并且是有意的）把这种财力的真实情况掩蔽起来，并逃避统治者利用这种调查财力的方法而打算采取的措施。

（3）有些人可能出于特殊原因而捐献巨款。就是说，他们作这种捐献是由于想迎合喜欢这种事情的显贵人物的心意，并希望从显贵人物所给的恩惠中得到补偿。他们这样做是会有害于别人的。

（4）一些日趋没落的拥有资产的人（尽管他们日趋没落，但他们却喜欢生活过得优裕，显得十分阔绰，由于他们对别人表示慷慨大方，得到别人的报答，所以他们从结交许多朋友中得到这些人的保护，甚至得到法官袒护），往往通过缴纳这种献金，来给靠辛苦劳动才有些积蓄的人树立很不适当的榜样。这些日趋没落的拥有资产的人是不怕缴纳这种献金的，因为这能提高他们的信用，能使他们借到更多的钱；然而，到了最后，这些破产者所负担的全部献金，都要转嫁到维持公共福利的勤俭的爱国者头上。

第十章　论刑罚

普通施行的刑罚，除死刑、切断肢体、监禁、当众侮辱、一时体罚、严刑拷打之外，还有罚款。我们拟就这最后一种的处罚作详细讨论，至于其他的刑罚，则只止于研究它们能不能换处罚款。

2.有些罪行，依据神的戒律，应该罚处死刑。对这种罪行，必定要惩处以死刑，除非我们认为这些戒律只不过是犹太共和国的民法，虽然它是由神规定的。许多近代国家，的确有这种看法，所以他们不像犹太人那样对通奸之类的罪行处以死刑；然而他们却对小小的偷窃行为，处以死刑，而不是处以若干倍的赔偿费，这是有点奇怪的。

3.依据以上的假定，我想提出以下几个问题：用极端的死刑来惩罚犯了大罪而无可救药的罪犯是否合理？

4.用严刑拷打、当众执行的死刑来恐吓人们，使其不敢干犯叛逆之罪（这种叛逆罪会使成千上万无辜而有用的人死亡和陷于惨境），是否合理？

5.用秘密执行的死刑来惩罚那些隐蔽不为人所知的罪行（如死刑公开执行，这些罪行就会为人所周知），是否合理？或是用这种死刑来及时扼杀宗教上的某些危险新说（使罪大恶极的人忍受所能忍耐的苦难，会使这种新说广为流传并受到鼓励），是否合理？

6.割耳、割鼻等等刑罚，目的在于给罪犯以永久的侮辱，而枷号示众，目的则在于加以暂时的侮辱。这些处罚以及其他类似的处罚(顺便说一下)曾使一些可以挽救的罪犯自暴自弃,而变成不可救药的人。

7. 切断身体的一部分——例如手指——可以使一贯滥用其善于使用手指的特长的人,如作扒手、伪造印信及文书等等的人,不能再犯这种罪行。切断身体其他部分,可以用来惩罚和防止通奸、强奸、近亲通奸等行为。比较轻的体刑,可以用来处罚无力缴纳罚款的人。

8. 监禁的目的与其说在处罚有罪的人,勿宁说在处罚嫌疑犯。就是说,司法官吏把他们监禁起来,就可以有机会根据他们的态度来研究,他们是犯了偷窃等轻罪呢,还是可能犯像叛国罪或谋反罪那样的大罪。但是如果监禁是依据判决执行的,而不是判决以前的暂时拘禁的话,我认为只应该把下述一些人隔离起来,使其无法与人交谈:这些人就是说话能迷惑人,行动能影响人,但将来有希望悔悟改正,或对某些现在还没有出现的工作有所用的人。

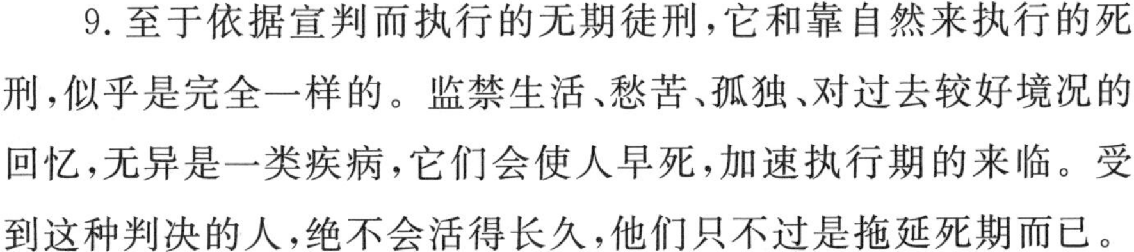

9. 至于依据宣判而执行的无期徒刑,它和靠自然来执行的死刑,似乎是完全一样的。监禁生活、愁苦、孤独、对过去较好境况的回忆,无异是一类疾病,它们会使人早死,加速执行期的来临。受到这种判决的人,绝不会活得长久,他们只不过是拖延死期而已。

10. 我们认为,土地为财富之母,而劳动则为财富之父和能动的要素;所以我们应该记住,国家杀其成员,切断成员肢体,将其投入监狱,就无异于处罚国家自己。由此看来,应该尽可能避免这类处罚,把它们改为能增加劳动和公共财富的罚款。

11. 由上述理由看来,如果有钱的人犯了杀人罪,则与其将两手处焚刑,为什么不罚他缴出他所有财产的一部分呢?

12. 对于无力缴交罚款的窃贼，与其将其处死刑，为什么不罚他们做奴隶呢？他们如成为奴隶，就可以强制他们从事他们体力所能负担的最繁重的劳动，和过他们所能忍受的最低的生活。这样做，对社会说，就增加了两个人手，而不是失去一个人手。如果英格兰人口不足（假定不足一半），我认为除了要设法使人口增加一倍以外，就是要使现有的人口加倍地工作；换句话说，就是要使某些人成为奴隶。关于这一点，容在别处讨论。

13. 此外，假如盗贼和骗子有能力缴纳罚款，则与其将其处死刑、枷号示众或鞭笞，为什么不课以若干倍的损害赔偿费呢？但是人们要问：（譬如）对扒手应该罚以多少倍的赔偿费呢？我认为，为了得到这个问题的答案，不妨对从事这种职业的坦率的能手作一调查，看看他们在扒窃中前后一共被捕多少次。如果扒窃十次，只被捕一次，则罚他七倍，对他还是有利的。即使罚他赔偿十倍，他虽然没有所得，但也没有损失。因此，罚他二十倍（也就是使其所负担的危险加重一倍），也不过是罚他加倍赔偿。这二十倍，可以说是恰当的比率，可作为标准。

14. 摩西律法中说要赔偿两倍、三倍、四倍甚至七倍，其意义不用说就在于此。因为如果不这样的话，人们也许会把偷窃看成非常正当而合法的职业了。

15. 其次的问题，就是在这许多倍的赔偿费中，应交多少给被害人。对这个问题，我这样答复：绝不可超过十分之一，最多只宜高到这种程度，以使被害人今后更加小心谨慎，自行预防；十分之三奖给发现人，剩下的部分，充作公共开支之用。

16. 第三，对于通奸罪的处罚，大部分不用罚款，也不宜换处其他刑罚，但可使其受辱，而且只是在极少数人面前使其受辱。这种侮辱方法，即使施诸声名还很好的人，也会使他永久变得冷酷无情。我们知道，当人们处身悬崖绝壁以致头昏眼花的时候，他们是不会考虑声名的。人们所以会犯这种错误，往往是由于发疯、苦闷、精神错乱或丧失理性，也可能是由于情感冲动，但绝不是由于不是深思熟虑的结果。

17. 此外，根据“谁犯罪，谁受惩罚”的原则，如果非法同居的罪行的实际目的，是要防止生育的话，那么，就可让犯这种堕胎罪行的人，用自己双手为国家加倍劳动，以赔偿另一双手的损失，或是让他缴纳和这有相同效果的罚款。现在许多英明的国家，常用这种方法来处罚防不胜防的犯罪行为。不过，福音书对在人世上应该如何处罚这种罪行并没有特别启示，它只不过宣布这些人在来世不会受欢迎而已。

18. 我还可以举更详细的例证。但是，如果我以上所说的话是合理的，那就已十分够了。如果不合理，即使举更多的例证，也没有用处。因此，我只想再举一个最适合于我们目前情况的例子，那就是，处罚宗教上异端坦白者的方法。

19. 假如法官相信他如容忍伪信者，就是触犯神的话，那他的确可以处罚伪信者。由于相同的原因，人们如果要得到信仰自由和公认的信教自由，那他们就要付出代价。另一方面，法官亦可承认伪教邪说。这种事实至少由所有国家的惯例看来，是很明显的。因为一切国家，对外国使节——即使他们奉派前来，目的只在谈判暂时的琐碎事务——都赋予自由，尽管他们所信的宗教是极其令人厌恶的。

20. 因此，由于法官可以明许或是默许他所认为宜于信奉的宗教，同时也可以惩处他认为不宜信奉的宗教；由于国家如将臣民处死、切断肢体、或投入牢狱，则它不单处罚了自己，而且也会使各种邪说广为传播；所以，在这一方面，罚款乃是阻止人们在信仰方面妄背正道的最适当方法。这种方法完全不会有过于苛刻之嫌，相反的，只要信仰自由和国家的安宁协调一致，它反会鼓起人们对信仰自由的希望。因为无论哪一种异端分子，都不要希望不遵守公共安宁秩序，会得到宽容。如果他们真的愿意遵守公共秩序，那么，他们就不会对于要他们严格遵守这种义务的法官表示不满，也不会由他们自己所引起的事故而负担许多费用而抱怨。

21. 其次，既然有理由容许某些有良心的异教徒有信教自由，同样，对伪信者，特别是对滥用神圣宗教以掩盖其世俗企图的伪信者，也有理由加以严厉处理。可是，除了按适当比例处以罚款以外，还有什么更容易更有效的方法来区别这两种人呢？对一心一意信奉神，埋头于自己的职业，终日劳动十小时的人说来，难道不肯为这种自由而多劳动一小时吗？这正和信心坚定的人要比信心动摇的人每日多祈祷一小时的情况相同。换一句话说，穿每码价值二十一先令的毛织品的人，为了得到信仰自由的利益，难道不肯穿每码价值二十先令的毛织品吗？不肯这样做的人，不论他们如何自吹要为神而牺牲，但都不是真正信神，或是肯为神受苦的人。

22. 关于这一点，也许会有这种反对论调：即使对某些不良的宗教可以加以容忍，但是不宜对一切宗教都加以容忍，即不宜对和公共安宁不相协调的宗教也加以容忍。对这种论调，我作如次答复。

第一,任何和国教分离的教派,无论它多么小,都不会和所希望的统一与安宁完全一致。即使这些教派是十分有良知的,但对社会说来,却可能危害最大。例如文讷[①]和其同谋者之采取行动,确系出自心灵上的动机,这可由他们从容赴义的事实得到说明;但是,他们坚决认为国王是王位和耶稣基督的权能的篡夺者,这却是社会的罪恶,不能加以宽恕,也不该和别的信仰同样对待。

23. 然而,在另一方面,不管邪说的力量有多大,事实上都无须动用死刑、监禁或切断肢体这些刑罚,就能加以抑制使它不至危害国家。简单地说,最危险的邪说无过于不相信灵魂不灭的邪说了;这种邪说,使人变成禽兽,丧尽良心;只要人们能够避开人类的法律所规定的刑罚,它就会使人无恶不作,无所畏惧,同时也会使人对一切人所注意不到的邪念和企图,完全失去戒心。不过我认为,即使是对这种异端分子,用以下的办法来加以处罚也就很够了,即:把他们当作禽兽来看待,使其一无所有,因为他们对于他们所用的取得财富的方法是没有任何良心的;不让他们作证人或提供证词,因为他们根本不会说实话;不让他们有任何荣誉和官职,因为他们只考虑自己,不想保护别人;除此之外,也可使他们作最大限度的体力劳动。国家从这种劳动中所得的好处,就是我们所说

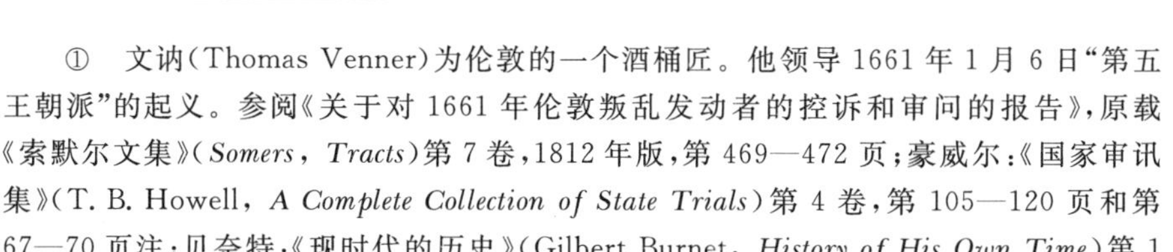

① 文讷(Thomas Venner)为伦敦的一个酒桶匠。他领导1661年1月6日"第五王朝派"的起义。参阅《关于对1661年伦敦叛乱发动者的控诉和审问的报告》,原载《索默尔文集》(*Somers*, *Tracts*)第7卷,1812年版,第469—472页;豪威尔:《国家审讯集》(T. B. Howell, *A Complete Collection of State Trials*)第4卷,第105—120页和第67—70页注;贝奈特:《现时代的历史》(Gilbert Burnet, *History of His Own Time*)第1卷,第160—161页。——赫尔

的罚款，而且是最丰厚的罚款。

24. 至于危害性还不这样大的其他各种邪说，因为它们是得到许可的，可以根据法官所了解的可能发生的危险的大小，以及预防这种危险所需的经费的多少，而分别课以适当的罚款。

25. 我们所讨论的是，如何预防和纠正宗教上的各种邪说，可是前面所谈的都是处罚有罪的羔羊的办法。我认为还应该指出的是，在所有这些情况下，也不宜让牧人自己完全自由。因为，在我国不收学费的学校非常多，各大学及其他方面都有大量经费，足可把适宜于保卫国教的一切学识传授给许许多多人，同时又有很多为此目的而设立的图书馆：不仅如此，在教会中占很高地位的人也为数很多，而且他们所拥有的财富、荣誉和权力，都是别的地方所不能比拟的。在这种情形下，假如羔羊由于我们牧师的懒惰、形式主义、无知和生活不检点而迷失方向、患皮肤病或是被狼狐所吞食，而认为挽救所有这一切的方法，应该只是对陷入迷途不知回头的羔羊加以恫吓，或是将患皮肤病的羔羊连毛带皮都剥去，那是不可理解的。相反的，全能的神一定会向牧人本身索取被狼狐吞食的羔羊的鲜血。

26. 因此，如果牧师由于遇到某些人脱离教会，而不得不损失脱教者所负担的那部分什一税(脱教者所负担的那一份什一税并没有免除，只是全数由国家取去而已)，而脱教者不仅要为分裂教会的罪行缴付一定罚款，而且要负担新的教会和牧师所需的费用，我认为这样负担就会更加公平。

27. 不仅如此，明辨是非的人都不认为，我们的牧师所以能够享有他们现在所拥有的崇高地位，仅仅是由于他们会说教，对有关宗教上的见解讲得比别人高明，或是能够用教父或圣经的言语表达自己的见解。毫无疑问，我们给予他们以崇高的荣誉，乃是因为他们是神圣的榜样，在克己、禁欲以及苦行方面以身作则，使我们能按照神的教训以他们为模范。因为，如果他们所做的事情只止于在教坛上说教的话，那么，人们就会认为这些说教早已印成文书，所印份数已超过实际需要一万倍以上，而且今后还可能出现更动人的说教，那又何必给他们以那么大的荣誉呢？使罗马教永久继续下去的是修道院的纪律，而可能使它灭亡的则是红衣主教和教长的奢侈生活，这是大家都承认的事情。

28. 因此，在上面就教会问题所作的论述中，我们的要旨就是：如果牧师的养成所不过大，则对教会的安宁就会有很大的好处；如果教士的生活是严肃的，则他们和人民就会融洽相处。此外，当整个教会由于成员脱教而受到损失的时候，则让牧师担负这种损失的一小部分，以使他们对这种损失有所体会，这也是合乎情理的。但是，所有处理这些事情的方法和准则，我想让和它有关的人们来考虑，这里不谈。

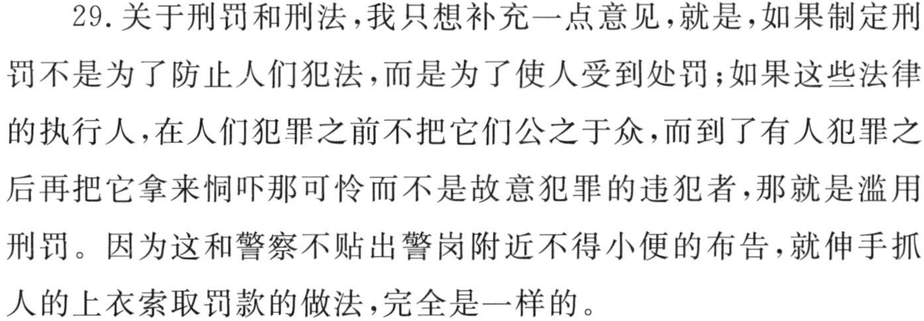

29. 关于刑罚和刑法，我只想补充一点意见，就是，如果制定刑罚不是为了防止人们犯法，而是为了使人受到处罚；如果这些法律的执行人，在人们犯罪之前不把它们公之于众，而到了有人犯罪之后再把它拿来恫吓那可怜而不是故意犯罪的违犯者，那就是滥用刑罚。因为这和警察不贴出警岗附近不得小便的布告，就伸手抓人的上衣索取罚款的做法，完全是一样的。

第十一章　论独占和官职

所谓独占(照这一词的含义说),就是独有的贩卖权。凡是握有这种权力的人,在自己的权力之内,都可以按照自己所喜欢的条件或所喜欢的价格,或既按照这种条件同时也按照这种价格,出卖他所控制的商品。

2.独占的一个突出的例子,就是法国国王所征收的盐税(Gabel)。法国国王由于征收这种盐税,他就可将花一文买进的东西以六十文卖出。盐这种东西,不论对任何阶层的人说来,都是普遍需要的,富人需要盐,穷人也需要盐。因此,如果所有的人用盐量都相等,或不管用与不用,所有的人都必须买盐(有些地方就是这种情形),那么,盐税就和前面所说的绝对的人头税具有相同的效果。但是,如果像常有的情况那样,人们所用所食的盐量不相等,或是人们除了食用之外,没有多买盐及多支付盐款的义务,那么,这种盐税只是一种累积的国内消费税,如果盐的质量一律相等,尤其具有这种性质;如果换一种情况,那么,盐税就是一种特殊的捐税,换句话说,就是一种独占。

3.设立独占制度的用处和理由如下:

第一,保护发明权。法律对各种发明赋与一定期间(例如,在英国为十四年)的独占权,以作对发明的奖励。因为有了这独占权,发明人就能够按自己的发明得到世人赞誉的程度,获得不同程度的报酬。

但是，应该注意，新发明通过独占获得报酬，是极少见的。因为，尽管发明人往往自我陶醉于自己的功绩，认为世人会侵犯或妨害他的权利，可是，据我观察[①]，实际上大多数人都未必使用这些新技术，因为这些新技术本身还没有经过彻底的考验，而且它们所经历的时间，还不能证明它们没有潜在的缺点。因此，当新发明最初被提出来的时候，所有的人都要加以反对，而可怜的发明人也就免不了受到所有性急的聪明人所加诸的责难，而得不到好处。所有的人都对这种发明吹毛求疵，没有人会说它已经合用了——除非发明人按照他的意见加以改良。发明人经得住这种磨难的，百无一人。就是渡过这种磨难的人，最后也不得不考虑别人的各种意见，加以改进。所以，就整个发明说，没有一个人能说这是他自己的独创，并且，究竟哪一部分和他们有关系，意见也不一致。不仅如此，等到意见一致，通常已经过了很长的时间，在这期间之内，可怜的发明人不是已经死亡，就是为进行这种发明而负的债务弄得毫无办法，被出资与他合作的人骂为骗子，或斥为败类。于是，这个发明人也就完全失败而销声匿迹了，他的抱负也随着全部化为泡影。

第二，独占在一定时间内可能有实际效用，也就是说，在开始采用一种新制品时，需要十分精密的操作方能把它做好，可是大多数人却不知如何制造它，在这一段短时间内，独占就可能有实际效用。例如，假定有某种得到大多数人好评的药品，别人不能制造得

① 配第曾发明过一种复写机，并从上院领到专利执照（日期为 1647 或 1648 年 3 月 7 日），这执照有效期间为十七年。他发表了一种意见书，想以此发明为基础，“组织辛迪加”，但显然没有成功。参阅菲滋摩利斯：《配第传》，第 10—13 页。——赫尔

那么完善，只有某一个人才能十分精美地把它制造出来，在这种情况之下，就可以允许这个主任技师在一定时间内(即在别人在他指导之下，积累了充分经验，而能够和他一样完善地制造这种药品之前)拥有这种药品生产的独占权。理由是：第一，在人们既不能用他们的感官来辨别这种药品的好坏，也不能依靠他们的理智来判断这类药品的最后效果的情况下，有了这种独占权，社会上就不至杂乱无章地制造这种药品。第二，别人可能得到精通这种药品制造方法的人的充分教导。第三，精通这种药品制造方法的人，会从传授知识中得到报酬。不过，由于不能通过这种独占筹得大笔税款，所以这一类的独占和我们所讨论的问题关系不大。

国家设置各种官职，对官职付给薪俸，也具有和独占相同的性质；不过前者是与行为和职务有关，后者则是与物品有关。对官职也和对独占一样，有赞成和反对的两种说法。

随着国家的强大和繁盛，各种事务、活动甚至语言，也都越来越繁多；我们知道，繁盛帝国的语言是非常丰富和优雅的，而山区小地方的言语，则和其相反。随着我们国家活动的增加，官职(即专门执行或完成这些活动的权力和能力)也同样增加了。可是，与此相反，随着官职的事务增加，执行这些职务所遇到的困难和发生错误的危险，却相应地减少了。因此，在最初设置官职时，这些官职只是由最有能力、最有创见而头脑最灵活的人(即能够应付一切紧急困难事件，并能根据自己的一系列观察，结合自己职务上的各种偶然事故，总结出法则和原理，并以之教导后裔的人)来担任的，但现在都是由最平凡、最肤浅和最愚蠢的副职人员或助理人员担任了。

最初对官职支付高薪(这些薪给当时还认为很低微)，是为了酬偿行政官员的能力、信誉及勤劳。但是，现在尽管行政官吏的干练水平和信用有了降低，可是支给高薪的措施却仍旧不变，而且这种薪给的数目又增加了好几倍。因此，现在由这种官职（它变得十分简单，很容易作，任何人都能胜任，就是完全没有经验的人也能胜任）所得到的收益，也和其他年俸一样，被拿来按年或按代买卖了。像法院那些地方的优厚收入炫耀夺目，有“法律界的异彩”之称，可是当这种异彩放射得最令人目眩的时候，却正是法学教授和司法人员最清闲的时候。虽然这种官职的累赘无用已为人所注意，但是人们却把它当作是购买它的人所享有的一种自由所有权（freehold）而加以容忍不予撤销了。

这类官职在本国为数很多；这类官职无论是由于它们每年提供的收益，或将其出卖若干年，都会对国王提供一笔收入。这里所说的这类官职，它们的薪俸大（因为规定薪俸时，这种官职还很少）数目多（因为它随着事务的增多而增加了），而且极平庸的人员就能够胜任，是很容易出卖的。因为一切工作，经过长期从事之后，都会变成容易，同时也可避免初期所易犯的蒙蔽、失信及管理不善等错误。

所以，这些官职，就是对那些不能和不想避免通过它们来解决纠纷的人所征收的租税。它们的产生起因于人们面临和陷身于决斗的灾难，在这种决斗中，无论哪一方面胜利，它所引起的灾难都是很大的。[①] 的确，人们不论是为维护正义，或是为抑制邪恶，并

① 配第最近避开了一场决斗。参阅埃佛林：《日记》（Evelyn, *Diary*），1675 年 3 月 22 日，第 2 卷，第 403 页；沃尔克编《保德雷安书信》中的奥布莱手稿（Aubrey in Walkers, *Bodleian Letters*）第 2 卷，第 485 页；菲滋摩利斯：《配第传》，第 151—152 页。——赫尔

不一定都要诉诸法律。明智的邻人们所发挥的作用，并不下于能力并不怎么高明的陪审员；而且人们也可以和现在向自己的律师谈话一样地向仲裁人申诉理由。因此，这些官职是对好争吵的人所征收的一种自愿缴纳的租税，它正和对善良的好喝酒的人征收酒的国内消费税一样。

第十二章 论什一税

什一税（Tythes）一词，和十分之一（Tenths）这个词相同，它本身的含义，不外是当作租税而被征收的或是被扣除的一部分财富。这正如把对进出口商品所课的关税叫做二十分之一税，或有时称为吨税或磅税一样。因此，尚应说明的，就是这里所谓什一税，不单指上述当作租税的一部分财富，同时也指它的用途。后者如牧师的俸禄，前者如从中取得这种俸禄的物质。这种物质就是水陆两地的直接产物，或是人们花在水陆两地上面的劳动，技术及资本所产生的收入。同时什一税也指缴纳方法。就是说，它是用实物缴纳的，而不是（除非由于特殊和自愿的原因）用货币缴纳的。

2. 我们说过，用来缴纳什一税的物质是土地的直接产物；如它征收谷物，则这种物质就是已经成熟即可收割的谷物，而不是面包。面包系将谷物打碎、簸扬、磨成面粉，加水调和烘烤而制成的。

3. 什一税也可以用家畜缴纳。用来缴纳什一税的家畜，则是从多产的家畜所生长大到离开母畜能够独立生活的幼畜中，经过二次挑选手续挑选出来的。对于只生一只幼畜的家畜，则征收货币作和解费。

4. 什一税也可以用刚剪下来的羊毛缴纳。如以打鸟、钓鱼为职业(不是单纯为了消遣),则用鸟或鱼缴纳,其余类推。

5. 此外,在大城市里,什一税是一种用货币缴纳的和解费,它是对用交过什一税的原材料从事生产的工匠的劳动和所得到的收益征课的。

6. 所以,不论在任何地区,什一税都会随该地的劳动的增加而增加;同时劳动则会随人口的增加而增加。英格兰的人口,每两百年约增加一倍,所以在过去四百年中,它大约增加了四倍。在英格兰人民的开支中,大约四分之一是来自本国全部土地的地租,因此其他的四分之三则来自劳动和资本。

7. 这样看来,现在的什一税应该是四百年前的十二倍。这种情况,如按不同时期将国王账簿中牧师俸禄的数字加以比较,就可以看得清楚。不过,这里应该减掉一些东西,因为土地和劳动收入的比例,是随劳动者人数的变化而变化的。因此我们勿宁说现在的什一税大约只是四百年前的六倍;换句话说,现在的什一税所能支付的劳动者的工资,或是所能供养的人口,是四百年前什一税所能支付的工资或是所能供养的人口的六倍。

8. 但是,假如当时教区和现在一样多,各教区的牧师比现在多,而且教徒兼为牧师的人也比现在多,并且当时的宗教,因为忏悔、安息日及仪式等比现在多,所以比现在更加麻烦,同时事务也比现在多得多(最近宗教上的重要工作,只是同时对数以千计的听众作简要讲道,而不作很多个别忏悔和信仰问答,也不照顾死人),那么,很明显,现在的牧师要比当时的牧师富有得多。当时作牧师，是一种苦行，现在做牧师（感谢上帝），生活既阔绰又豪华。要不然人们就不会说，当圣杯是用木头做的时候，牧师有如黄金，而当圣杯是用黄金做的时候，牧师就变成木头了；换一句话说，在人们看来，和前面所说的法律在律师无事可做的时候最绚烂一样，宗教在牧师苦行最深的时候最昌盛。

9.但是，不管教会的财产增加多少，我对它并无嫉妒之意。我只希望，教会将采取一种使自己能够稳当而安宁地享受财产的方法。这方法之一，就是教会培养牧师不可超过现在所分到的牧师俸禄所能容纳的程度。换句话说，如果在英格兰与威尔斯，牧师的职位只有一万二千，那么，就不应当由于认为如改变分配方法，教会的财力也许能够维持二万四千名牧师，而培养二万四千名牧师。如果那样，那是不安全的。因为那时没有得到俸禄供养的一万二千人就会想方设法自谋生计。对他们说来，最容易做到的，就是对人们说：那一万二千名牧师毒害或斲丧他们的灵魂，错引他们上天堂之路。这些穷困的人由于受到强烈引诱，往往会采取这种手段，而且做得很有成效。我们已经看到，这一类定额以外的说教者，和在职牧师相比，每周都多做若干次，一日多做若干小时的说教，而且每次都说得更为激烈。因为 Græculus esuriens in Cælum, jusseris, ibit（环境所迫，饥饿的希腊人也会上天）。[①] 这种激烈，这种痛苦，这种狂热和靠特别捐款而维持的生活，使人们认为做这些事情的人比别人来得更正统，比别人得到更多的神的援助。现在大家不妨考虑一下，被认为得到灵感的人们该不该得到帮助，以使

① 朱文纳尔：《讽刺诗》(Juvenal, *Satiae*)第3卷，第78页。——赫尔

他们能领取牧师俸禄。但是，这些事情，由最近的经验看来，实在太明显了，没有什么可以怀疑的。

10. 如果人们问，如何才能办到这点呢？换句话说，我们有什么办法能够知道，应如何调整苗圃使其适应果树园的要求呢？关于这一个问题，我认为：如果英格兰包括高级僧侣在内有一万两千名的牧师俸禄的话，那么，每年为葡萄园①大约培养四百人，就可以维持葡萄园的需要而不至过多。因为依据对死亡统计表所作的考察，②在一万两千名成年人——这些人达到充当牧师的年龄，并且具备作牧师所必须具备的有关自己以及别人的理论知识和实际经验——中间，每年死去的人数，约略等于这个数目。

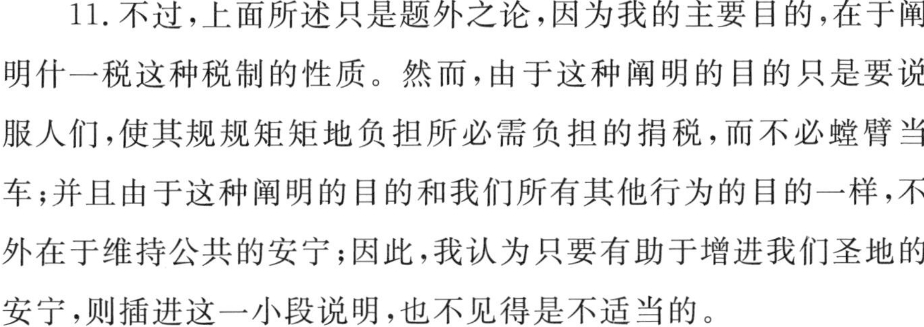

11. 不过，上面所述只是题外之论，因为我的主要目的，在于阐明什一税这种税制的性质。然而，由于这种阐明的目的只是要说服人们，使其规规矩矩地负担所必需负担的捐税，而不必螳臂当车；并且由于这种阐明的目的和我们所有其他行为的目的一样，不外在于维持公共的安宁；因此，我认为只要有助于增进我们圣地的安宁，则插进这一小段说明，也不见得是不适当的。

12. 我们再回头来谈作为一种捐税或赋税的什一税。我认为在英格兰，尽管它在设立的初期可能是或似乎是捐税，但在现在，它却完全不是了。同时，国王在爱尔兰所征收的免役地租，现在是租税，但是在下一个时代也不会是租税，因为在那时，每个人都可在缴付国王的征课之后，按自己地租剩下的余额来决定自己的开

① 意指教会。——译者

② 参阅格兰特：《对死亡统计表所作的考察》，索引，第 96 页。——赫尔

支。这样就不至发生因意外负担而引起的一些问题。因为租税之所以变成沉重的负担，只是因为添加在人们的其他的开支和花费之上的这种租税的征收出于人们意料之外并来得非常突然。这对于不能了解它的人是不能容忍的，甚至会使人拿起武器来反对它；也就是说，会使人为了逃避地上的小灾难而投身于地狱之火，这就引起战争及其严重后果。

13. 现在什一税并不是租税，我只是把它看成租税的一种形式或范例来加以论述，认为它几乎可以被指定来支付全国公共经费和教会开支的最公平、最不偏颇的租税。因为，按什一税规定，全国所有的谷物、家畜、鱼类、鸟类、水果、羊毛、蜂蜜、白蜡、油、亚麻、大麻等，作为生产这些物品的土地，技术、劳动及资本的产品，都要以其一部分拿来交税。只是对房屋、棉布、酒类，皮革、羽毛及它们的制成品征收的税额，并无固定比率。这样说来，农村所缴纳的什一税和都市缴交的相较，是有区别的。但是，如果把这种区别重新(de novo)加以规定，我认为也不至立即就会因此而发生大规模的骚动。

14. 如果将现在缴交什一税的物品划出一完整部分用**实物**形式交给国王，是有所不便的。因为，国王的地租收入，也像圣教团的收入(Dividend in Colledges)一样，会随这些物品价格的涨落而增减；如果圣教团收入的变动是起因于某些物品——人们的地租是按这些物品的市场价格用货币缴交的——的缺少，那是另一问题。然而，所有这些物品就全部说，是会互相平衡的。歉年或丰年是单就作为一般人的主食的谷物来说的。可是，使谷物缺少的同一原因，很可能使其他对国王说来同样有用的东西丰富起来；这和一种东西可以弥补他所缺乏的另一种东西一样。

15. 还有一种不方便的情况，是在爱尔兰观察到的。这种情况就是，对牧师俸禄用货币支付，而什一税却用实物交给国家。在这种情况之下，由于实际上不可能按实物来接受什一税，所以就把它包给出价最高的人。于是在这种买卖中，发生了很多欺骗、勾结，甚至串通舞弊的行为。但是，如果这种做法，只是一时权宜之计，并没有打算继续实行，则这些不良现象，或许能够得到纠正。

16. 第三种不方便的情况，前面已说过，就是需要别种的税制，来征课用缴纳什一税的物品制成的工业品。然而也许有一种性质和这种税制相同的税制，它不需要靠其他税制来弥补其不足。这种税制，如加实施，则将使从事这种工作的官吏都有事可做，而那些由于长期清闲而将成为懒虫的人（这些人不论在任何一个国家里实际上也就是寄生虫），就不为社会所需要了。

第十三章　论几种零星的筹款方法

假如人民对某种租税感到厌烦，立即就会有设计者提出别的方案。他宣称并使人相信，他能够提出一种税制保证一切公共经费有着落，而不必依靠现行税制。譬方说，假定田赋是令人讨厌的税制，人民对它十分厌恶，这个设计人就说，即使没有这种田赋，也有办法，于是他就提议创设人头税或国内消费税，要不就是设立某些新的官职或独占。这么一来，他就吸引一些人，这些人听信他所说的话；而对他的言词最听得入耳的，就是这样一些人，他们不能从目下所施行的税制中得到利益，而希望在新制度下能得到官职。

2. 下面我想列举一些我在欧洲各地看到的零星的筹款办法。

第一，在一些地方，国家也像银行一样充当经营所有或大部分货币的公共出纳员，而从中取得所有存到他们手中的货币所生的利息。

第二，国家有时也作公共的贷款人，如经营贷款银行和公立当铺。同时如果备有地籍登记簿的话，则能更有成效地经营这些业务，并能获得更多的收入。

第三，国家有时也作公共的保险人。或者是根据英格兰关税最初所设想的目的，只对在海上受到敌人侵犯的危险作保险，或者是对所有敌祸、天灾、海险及船只所遇到的灾难作保险。

第四，国家有时也控制特定商品的贩卖权，并占有其全部收益。如布兰登堡公国(Duke of Brandenburghs)对琥珀①、过去爱尔兰对烟草的控制，法国对盐的专卖之类。

第五，国家有时也作公共募捐人，如荷兰政府就经常筹募捐款。但是在荷兰，这种捐款只用来救济隐蔽的贫困，以免这种贫困的事实被人发现而成为国家的耻辱；凡是已公开的、家喻户晓的贫困，很少受到这种救济。

第六，有的地方，未成年人、疯子及白痴完全由国家照顾，国家担任这些人的保护人。

第七，在其他一些国家，国家设立并维持剧场和公共娱乐场

① 关于普鲁士琥珀独占的历史，参阅特斯多夫：《从教团时期直至今天普鲁士琥珀的开产与加工》(W. Tesdorpf, *Gewinnurg und Verarbeituurg des Bernsteins in Preussen von der Ordenzeit biszur Gegenwart*)，第6—22页。——赫尔

所，它对演员发付薪金，并占有这些场所所得到的利润的大部分。

第八，有的地方，国家对房屋保火险，对每所房屋每年收取小额的保险费。

第九，有的地方对用公共经费建筑并保养的桥梁、堤道及轮渡码头的通行征收通行税。

第十，有的地方，死人要对国家作一定的捐献。有的地方，对结婚也实行此种办法。有的地方，对生男育女也实行此种办法。

第十一，有的地方，对外国人，尤其对犹太人，作特殊课税。这种做法对人口过多的国家是适宜的，但在情况相反的地方，则不适宜。

3. 就犹太人说，他们是能够负担巨额捐税的。因为他们很少和基督徒共进饮食，他们自己过着节俭甚至吝啬的生活而不以为耻；这就使他们能够比其他任何商人更便宜地出售商品，能够避免国内消费税（它是按照人们的消费负担的）。而且由于他们所买卖的商品多为汇票、珠宝及货币，他们干欺骗勾当受到惩罚的机会比别人少，所以也能逃避其他租税。又由于他们随处安居，不论到什么地方都不做需要负责的事情，所以到处有便宜可得。

4. 第十二，直到今日仍然施行着这种税制，即对人们财产——包括不动产与动产、官职、特权以及无形的财产——征收某一完整部分，如五分之一或二十分之一。施行这种税制，会引起许多欺骗、串通舞弊、压迫和争吵事件。例如，有的人为了希望更能得到别人的信任而故意多负担捐税，而其他的人则为了能少纳捐税而进行贿赂。同时，这些捐税的征收，也是不可能靠着留下的足迹（像壁炉的灰槽）来加以核对、检查或探索的。因此，我不耐烦为了反对这种税制而多费唇舌。我宁可马上以滑稽的口吻作结语如下:那是一文不值的,不,不只一文不值,而且是十分讨厌,极不体面的。

第十四章　论货币价值的提高与贬低

国家(我不知道根据什么不成熟的意见)有时提高或贬低本国货币的价值,希望通过这种做法来增加货币的数量并使它比原来值得更多一些,换句话说,想用货币买到更多的商品或劳动。所有这些做法实际上就是国家向它对之已经负有债务的人民课税,或是国家侵吞它所欠人民的债款。这种措施对所有靠养老金、固定租金、年俸、津贴以及捐款维持生活的人,也构成相同的负担。

2.要充分说明这个道理,我们需要跳进充满货币神秘的深海。关于货币的秘密,我已在别的地方讨论其他题目时讨论过;这里我想尽力之所及阐述一下赞成和反对提高及贬低货币价值的理由。首先来讨论货币价值的贬损。

3.依照其原材料价值流通的铜币及锡币,其价值不至贬低。铜币与锡币之所以比银币不方便、低贱,只是因为它们比较笨重和不便于携带。

按照精巧铸工和原材料二者的价值流通的铜币(这种铜币上面的肖像和纹章刻印得非常精巧,使它好像是纪念章),价值也不至贬低。不过,如果这种铸币过多,则又当别论(我这里不确定过多或过少的标准，以后我要说明将精炼的一磅白银铸成货币时，把它分割成若干块才算最适合，以及一百磅白银可铸若干枚铸币，那时再研究这一问题）。因为，铸工精巧除供观赏之外别无用处，这种铸币如果数量过多，它就会由于变得毫不出奇而贬值了。

4. 私人为便利零星买卖中找钱需要而铸造的私铸货币（如果这些人很可靠并能够拿出白银来换回它们的话），其价值亦不会贬低。

5. 但是我认为，金币中所掺的铜和银如果过多，金币的价值就要贬低；金的自然性质过于柔软，充作货币会磨损得很快，为了增强它的硬度，掺和一些铜或银是必要的，但不能过多。同时，银币中掺和的铜如果过多，银币也会贬值。为了使银能得到足够硬度，在铸造时经得住锤、压等等，掺上一些铜是必要的，但也不能过多。

6. 所以，像荷兰的先令、斯提佛（Stivers），法国的苏尔兹（Soulz），爱尔兰的庞加尔（Bon-galls）等都是贬值的货币，它们大部分价值小，但形体却很大。为什么要铸造这些货币呢？它的第一个理由或借口，就是这些铸币体积大，便于使用，其中所含的银量不容易磨损。

7. 另一个理由（除了我们必须按上述程度掺和金属之外）就是要防止金匠和买卖金银的商人把它熔化，或外国人将它输运出口。这种货币，不论谁把它熔化或者输运出口，都一定要蒙受损失。因为，假定一枚二便士的斯提佛含纯银一便士，如果买卖金银的商人为了提取纯银而把斯提佛熔化，那么，他就会由于这种分解，而损失其中所含的铜和提炼白银所花的费用；而且外国人也不会把它运到别的地方去，因为在别的地方，这种银币原有的地方价值就消失了，而按固有的价值计算，就要受到损失。

7.[1]可是，反对这种货币的理由是：第一，伪造的危险比较大，因为人们赖以（不必经过化验）判断货币材料质量好坏的色泽、声音和重量过于混乱，使与其有关的一般人民在买卖上不能依靠这些记号和标志来使用它们。

8.第二，如果这种小额货币，即一枚二便士的货币的面值偶尔提高或贬低百分之十二、百分之十五或百分之十六，这时就会由于这种分数而引起一定损失，因为这种分数是一般民众无法加以计算的。又如，假定这种货币只贬值百分之十，百分之十一或百分之十二，这时一枚二便士的货币就会只值一便士半，实际贬低了百分之二十五。就其他各种货币的比率而言，情况亦莫不如此。

9.第三，如果这种货币的不便之处非常严重，以致非将其改铸不可，那就会引起我们前面所说的买卖金银的商人熔化它们时所受到的一切损失。

10.第四，如果二便士银币的含银量，只有一先令银币平常含银量的八分之一，则商人对原来只卖标准货币一先令的同一商品，就会索取这种货币十五便士。

11.所谓提高货币价值，就是和以前相比将一磅重的标准银分割成更多的枚数，如原先一磅标准银分割成二十枚，现在则分割成六十枚以上，原先的货币叫做先令，现在的货币也一样叫做先令。不然便是另一种情况，那就是用更大的名称，来称呼已经铸好的货币。实行这种提高的理由或借口是这样的：提高货币价值会使货

① “7”字重复，各版本均如此。——赫尔

币流入国内，使它的材料变得更加丰富。可是这种提高，实际将产生什么后果呢？假定政府宣布一先令货币价值二先令，那么除了所有商品的价格上涨一倍之外，还会有别的情况出现吗？如果政府宣布劳动者的工资等等都不得随着货币价值的这种提高而提高，则这种法令，只不过是要在劳动者身上加上一种租税，强使劳动者损失一半工资。这种措施不单是不公平的，而且也是行不通的，除非劳动者能够依靠这一半工资而生活（而这是不可想象的）。在这种情况之下，规定这种工资的法律，就是很坏的法律。法律应该使劳动者只能得到适当的生活资料。因为如果你使劳动者有双倍的工资，那么劳动者实际所做的工作，就只等于他实际所能做和在工资不加倍时所做的一半。这对社会说来，就损失了同等数量的劳动所创造的产品。

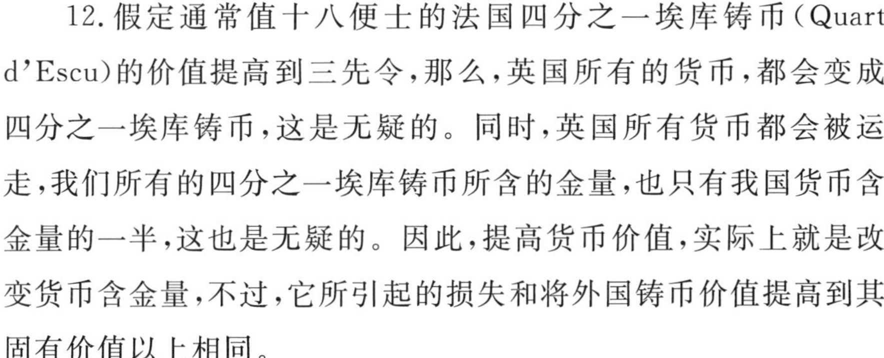

12. 假定通常值十八便士的法国四分之一埃库铸币（Quart d'Escu）的价值提高到三先令，那么，英国所有的货币，都会变成四分之一埃库铸币，这是无疑的。同时，英国所有货币都会被运走，我们所有的四分之一埃库铸币所含的金量，也只有我国货币含金量的一半，这也是无疑的。因此，提高货币价值，实际上就是改变货币含金量，不过，它所引起的损失和将外国铸币价值提高到其固有价值以上相同。

13. 但是，假如为了纠正这种情况，我们将四分之一埃库铸币的价值提高一倍，并禁止我国货币出口和它交换，情况又如何呢？我认为，这种禁止并无效果，而且也无法实行。即使它能够实行，则这种铸币价值的提高，实质上只是使我们把用提高了价值的四分之一埃库铸币购买的商品，以通常价格的一半出售；这将为需要这些商品的人带来因提高货币价值而产生的全部利益。因此,抑低我国商品的售价,将诱使外国人大量购买我国商品,这和提高他们货币的价值的情况相同。但是,不论提高货币价值,或抑低商品价格,都不会使外国人使用我国商品超出他们的需要以上。因为,即使他们在头一年里买去不用而又过多的商品,以后他们就必定会相应地少买。

14. 如果上述各点符合真实情况(它们大体上符合真实情况),那么,为什么古时以至现代许多明智的国家都常常实施这种办法,以作吸引货币流入各自领土的手段呢?

我认为,这在某程度上可归因于人民的愚蠢与无知,他们不能及时理解这个问题。我这样说,是因为我发现许多十分聪明的人虽然都知道提高货币价值没有很大意义,但却不能立刻领悟这一点。我们且举英格兰一位没有工作但口袋里有钱的绅士为例来说明。当这位绅士一听到爱尔兰一先令价值提高到十四便士的时候,他就会比以前更加迅速地跑到爱尔兰去购买土地。他为什么会这样呢?这是因为他没有立即理解到原来用相当于六年年租的价格可以买到的同一块土地,现在得用相当于七年年租的价格才能买到;另一方面,爱尔兰的卖主也同样不能立刻领悟到应相应地将土地价格提高的道理,可是由于他的愿望只在于达成交易,所以就以相当于六年半年租的价格出卖;不仅如此,如果这种差额很小的话,人们就是经过很长时间也不能看得很清楚,因而也就无法严密地依照这种差额来调整他们的交易。

15. 第二,虽然我认为将外国货币价值提高一倍,和将我国商品售价降低一半之间实质上没有什么不同,但是,如果以用外国现金支付为默认的条件来出卖我国商品的话，则我国的货币将会增加。因为，这时提高货币价值与降低商品价格之间的差异和以现金交易与以货换货之间的差异相同，以货换货，售价自然要高一些。换句话说，这种差异等于现金交易与延期付款的交易之间的差异；以货换货在性质上成为付现没有固定日期的交易。

16. 例如，假定英国毛织品每码卖六先令，法国帆布每埃尔(ell)卖十八便士。问题是，为了使英国货币增加，是将拉国货币价值提高一倍呢，还是将我国毛织品售价降低一半？这两种方法效果是不是完全相同？我认为前一种方法比较好。因为前一种方法（或方案）带有取得外国货币的条件，而不是像以货换货那样拿回帆布。这两种买卖方法的不同，是人们一致承认的。因此，如果我们能够将国产商品价格降低一半，同时只是为了取得邻国货币才这样做的话，那么，通过把邻国货币价值提高一倍，我们也能得到上述因现金交换和以货换货之间所存在的差异而产生的利益。

17. 但是，要根本解决这个问题，必须用实际的而不是用想象的方法来计算商品的价格；为了说明这种实际的方法，我提出下述假定。首先，假定某一地区住有一千人；又假定这些人口足够耕种整个这个地区所能生产的谷物；再假定这些谷物就是我们的全部生活必需品，像我们在主祷文中把面包当作我们的全部生活必需品一样。此外，还假定生产一蒲式耳这种谷物所需的劳动，和生产一盎司白银所需的劳动相等。再假定以这块土地的十分之一和人口的十分之一（即一百人）就能为全部人口生产充裕的谷物，而土地地租（其求得方法前面已经讲过）占全部生产物的四分之一（这种比例和实际情况差不多，这由某些地方缴付四分之一收成以代地租的事实可以看出来)。又假定虽然这种耕种只需一百人,但有两百人参加这种工作,同时虽然每人有谷物一蒲式耳就够了,但因味道好之故,一般人都用了两蒲式耳,并把这两蒲式耳谷物磨成面粉。这样,我们就会得出以下几个结论:

第一,土地的优劣,或土地的价值,取决于该土地所生产的产品量和为生产这些产品而投下的简单劳动相比,是多于投下的劳动量还是少于投下的劳动量。

第二,谷物与白银之间的比率,只表示人为的价值(artificial value),而不表示自然的价值。因为,这种比较是把自然有用的东西和本身是不必要的东西相比较。这种情况(顺便说)也就是银的价格不像其他商品价格变动得那么大的原因的一部分。

第三,自然价值的高低,决定于生产自然必需品所需要人手的多少。谷物的价格,在一个人能生产十人所需的谷物的时候,要比一个人只能生产六人所需的谷物的时候,来得低廉。同时,它也因人们由于受气候影响有时要多消费一些,有时要少消费一些的情况,时而上涨,时而下跌。但是,政治上的廉价(Political Cheapness)则取决于任何行业中超过实际需要的多余人手为数不多的那种情况。也就是说,一百个农民所能做的工作,如果由两百个农民来做的话,谷物价格就会上涨一倍。如果把这个部分和多余的开支的部分算在一起(即除上述上涨的原因之外,再加算一倍所需要的费用),那么自然价格就成为四倍;这四倍的价格就是依照自然基础而计算出来的实际的政治价格(Political Price)。

如果将这种政治价格以人工的共同的标准银币来衡量,就可以得到我们所寻求的价格,即实际的市场价格(true Price Current)。

18. 但是，几乎所有的商品，都有其代用品，而且，几乎所有的商品，都有能适应各种状况的用途。因此，新颖、奇巧、式样好以及效果好坏不得而知的情况等，都会使商品的价格上涨或下降。因此，除了上述的永久的原因之外，尚需要加进这些偶然的原因。而商人的本领就在于能够明断地预见和估计这些情况。

把这种题外之论结合到实际上，我认为，要使货币增加，就有必要知道应如何抑低和提高商品售价，以及应如何抑低或提高货币价值；这就是上述题外之论的目的。

19. 在结束本章全章之际，我要指出，提高或降低货币价值，是一种对人民很坏而且不公平的课税方法。它也是国家趋于衰弱的象征；这样的国家，就是稻蒿也要抓住，它为了使赝品变成真品，不惜不体面地在铸币上面刻上国王的头像，并把实际不存在的东西说成存在，从而破坏了公共的信义。

第十五章　论国内消费税

人们应按照从公共安宁中所分享到的好处和利益，即按照他们的财产或财富，缴纳公共经费，这是任何人都承认的。不过，财富有两种，一种是实际的，另一种是潜在的。一个人是不是真正实际上富有，要看他在吃、喝、穿、戴方面，或在其他方面实际得到的享受如何而定。有的人尽管有着庞大的财力，但如果他对这些财力不加以利用的话，则他的富有只能说是潜在的或假想的。这种人与其说是自己财富的所有人,勿宁说是为别人而操劳的管家和司库。

2.因此,结论就是,每个人都应该按照他所得到和实际享受的多少而纳税。这样首先应该做的,就是计算一下在本国全部支出总额之中,每个人的开支占多少,其次,计算一下在这总额之中,公共所需的部分占多少。不过,这两方面(特别是前者)的计算,非常困难,这是任何人都能想象得到的。

3.其次,我们必须加以考虑的,对消费课税的完整概念,就是指当每种必需品成熟到能够消费时才对它们课税。换句话说,在谷物未制成面包之前,在羊毛未织成毛织品,或更确切地说,在未制成衣服之前,不对它们课税;这样在课税时就能把羊毛、毛织品及裁缝以至针线的价值都包括在内了。但是,这样做是非常麻烦的,难于进行。所以,我们应该编制一份天然产品及人工制品的目录,详列最容易加以计算的、最接近消费阶段的、同时在其本身上或在装贮它的容器上能够加盖官印的商品。然后,我们再计算一下每一件商品,在被实际消费之前,尚需要再花多少劳动或费用,这样,就可计算出应交的税额。例如,假定有两种不同的材料,一种为制窗帘用的花布,价值一百镑,另一种为制上等男衣用的衣料,价值一百镑。我认为对衣料征课的国内消费税应比对花布征课的高一些。因为制窗帘用的花布只需缝合就能使用,而衣料却需要裁缝、线、丝、针、顶针、钮扣和其他许多零碎的东西。这些东西的国内消费税应该加在衣料的国内消费税之上一同征收,除非它们的价值很大(钮扣、花边、丝带的价值就可能很大),值得分别课税,并值得列入上述的目录之中。

4.加在衣料中的物品应该尽可能只限于用在衣料上面的物品,或很少用在其他物品上面的物品(如某些特殊花边)。就谷物说,为制造面包而花的磨工费、筛工费及酵素费等等就应该加在谷物上面加以课税,除非如前所述,这些项目中有些更适宜于分别征税。

5.由此发生了一个问题,就是对出口的本国商品应不应征收国内消费税,或为偿还出口的本国产品而进口的商品应不应免税?我认为前者无此必要。因为这些商品并不是以实物形式在本国消费的。但是,对为偿付这些货物而从国外运进并在本国消费的货物,假如出口货物没有征税的话,就必须课税。因为这样,我们对所消费的货品就只缴一次税,而不至缴二次税。不过如果运回金块,将其铸造货币的话,就没有缴税之必要。因为货币会带来要缴纳这种税的其他商品。但是,如果这种金块被铸成餐具及其他家庭用具,或是炼成金丝、金花边,或是打成金箔,那么,它就要纳税。因为,金块被制成这些东西之后,它就被消费,而完全被用掉了。这种情况于打花边和镀金时可以看得很清楚。我认为我们通常称做关税的那种捐税在时间上前后倒置,原因就在于此;因为关税是在消费以前缴纳的。

6.我们已经几次谈到累积的国内消费税,它意指将许多物品总括在一起作为一种商品加以课税。例如,假定制造特效药或消毒药所用的许多药材,只用来制造这两种药品,在这种情况之下,对这两种药品中的任何一种课消费税,则全部药材也就一定随同那种药品一起被课了消费税。因为这些药材相互之间都保持着一定的比例。就毛织品说,对毛织品课消费税,制造技术、工具和羊毛也就同时被课了消费税，其余类推。

7. 但是，有些人曲解这种累积的意义，而主张将所有物品累积于某种在他们看来最接近于所有开支的共同标准的物品课税。他们所提出的方案的主要目的如下：

第一，为了把国内消费税这个名称伪装起来；因为有些人讨厌这个名称，他们既不知道缴税和吃饭一样是不可或缺的，也不认为这种征收国内消费税或摊派的做法符合自然的正义。

第二，为了避免征收的麻烦和免花征收的费用。

第三，为了使商业稳定和确实可靠。关于这些问题，在以后讨论某些赞成和反对国内消费税的理由时再谈，现在先谈一谈人们所拟议的几种累积的国内消费税。

8. 有人提议，啤酒是宜课国内消费税的唯一商品。这是依据人们所有的其他开支和所饮啤酒的数量形成一定比例这个假定而提出来的。这种主张当然不能成立，特别是当浓啤酒所交的国内消费税，比淡啤酒多五倍（如目前就是这样）或更多的时候，尤其如此。因为穷苦的木匠、铁匠、毛毡织工等等所饮的浓啤酒，要比有地位的绅士所饮的淡啤酒，多上一倍，因此他们必须缴交十倍的国内消费税。不仅如此，累积于这些工匠所饮的啤酒中的物品，只是少量的面包、乳酪、皮衣、牛颈肉、一周吃两回的内脏、腐烂的鱼、不加黄油的不新鲜豌豆等类食品。但是，累积于有地位的绅士所饮的啤酒中却有许许多多自然与人工所能生产的物品。不仅如此，这种征税方法，纵使管理得很完善，也和以前所讨论的绝对人头税——它也只是一种累积的国内消费税——一样，既不公平，也不方便，而且也不那么容易调查。

9. 对啤酒所作的提议，也可适用于盐、燃料及面包等物品。所有这些方案，实行起来，都会碰到同样的不便，因为有的人消费这些商品比较多，有的人又消费得比较少；而且许多家庭（按建议租税按户包给别人而不管家庭中成员的人数）往往随着财产或其他产业的消长，有时人口多，有时人口少。

10. 在所有累积的国内消费税中间，炉税或烟囱税似乎是最好的租税。这仅仅因为它作为一定收入的基础，是最容易、最明确、最适合的。炉子不像人口那样容易移动，所以它的数目容易调查；而且纵使它已经无用或成为多余，而缴付小额的炉税也比将炉子改制或拆掉来得轻而易举。炉子又是无法藏匿的东西，因为大部分邻居都知道它的所在。此外，在新建房屋时，人们既愿意花四十先令制造烟囱，那么，他自不会因要缴纳二先令的烟囱税而不要烟囱。

11. 这里必须注意，炉税必须极其轻微，否则人们就不胜负担。对一个一年收入一千镑的绅士说来，缴纳一百个烟囱的烟囱税（有一百个以上烟囱的大宅第，为数并不多），比劳动者缴交两个烟囱的烟囱税，要来得轻而易举。同时，还要注意，如果只是房东缴纳这种烟囱税的话，那么就不是对所有物品征收的累积的国内消费税，而只是只对一种物品（即对房屋）征收的特殊国内消费税了。

12. 赞成征收国内消费税的理由，有以下数点。

第一，每个人按其实际享受缴税，符合自然的正义。因此，这种税几乎对任何人都不加强制，而且它对满足于过最低的生活的人说来，是极其轻微的。

第二，这种税如果不是包给别人而由国家直接征收并且征收得很合理的话,则足以促人勤俭并且是唯一的富国之法。这种情况,从荷兰人、犹太人和所有靠经营商业而获得巨富的人的事例中,可以看得很清楚。

第三,人们不至对同一物品缴纳两倍或两次税。因为不论任何物品,都只能消费一次。可是,假如换一种情况,人们不单要缴纳田赋、烟囱税、称号税以及关税(所有的人都缴纳关税,不过和关税有主要关系的是商人),而且还要缴付献金和什一税——这种情况是屡见不鲜的。假如实行国内消费税这种税制,那么,任何人都只须负担一种租税,正确地说,只需要缴纳一次租税了。

第五[①],实行用这种税制,就能够随时对国家的财富、出产、贸易及实力作出精确的计算。所有这些理由既不是赞同免对每个家庭征税,也不是赞同将全部租税的征收包给别人,而是要求由一些专职的官吏来征收这种租税,这样其征收费用将不到现有许多租税的征收费的四分之一。因为给地方官吏增加额外的麻烦和危险,对他们来说就是一种苛税;这种苛税比叫他们花些微代价去雇佣一些有经验的人来代替他们工作还要沉重。所有这些也就是反对国内消费税的共同理由。

13.这里,我原应再谈一谈征收国内消费税的方法,不过,关于这一点,可参考荷兰的做法,故这里略而不谈。我也许还应说一下如何培养可以取得公众信任的人才以担任现金出纳员、商店管理员、征收员等等职务。但是,对这个问题,待有更充裕的时间和有更适当的机会时,再行研究,这里也就不谈了。

① 任何版本中,都无“第四”。——赫尔

献给英明人士

目　　录

原　　序

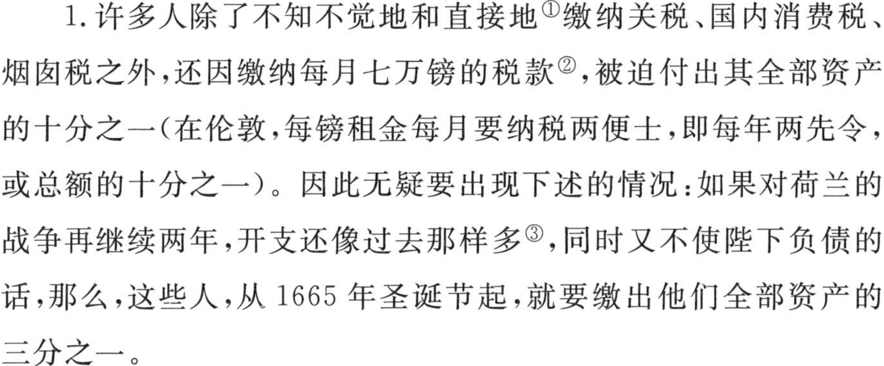

1. 许多人除了不知不觉地和直接地[①]缴纳关税、国内消费税、烟囱税之外，还因缴纳每月七万镑的税款[②]，被迫付出其全部资产的十分之一（在伦敦，每镑租金每月要纳税两便士，即每年两先令，或总额的十分之一）。因此无疑要出现下述的情况：如果对荷兰的战争再继续两年，开支还像过去那样多[③]，同时又不使陛下负债的话，那么，这些人，从1665年圣诞节起，就要缴出他们全部资产的三分之一。

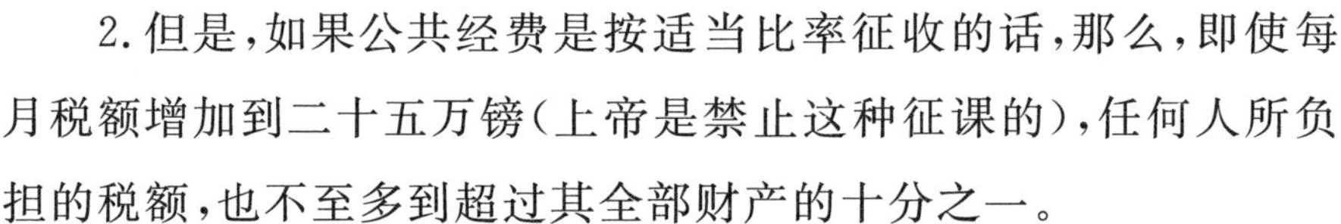

2. 但是，如果公共经费是按适当比率征收的话，那么，即使每月税额增加到二十五万镑（上帝是禁止这种征课的），任何人所负担的税额，也不至多到超过其全部财产的十分之一。

3. 这就是说，按照现行税法交税，人们所负担的税额，比其应当负担，或是需要负担的要多四倍。这种不平均情况，乃是人们对

① D版本为“间接地”。——赫尔

② 根据查理二世13年法令第2号第3条规定，自1661年12月25日起，每月征收七万镑的税款，为期十八个月。——赫尔

③ 这显然是指根据查理二世16年及17年法令第1号规定加以征课的税收，每月征课额为六万八千八百十九镑九先令，自1664年12月25日起开始征收，共征收三十六个月。此外，查理二世17年法令第1号又规定，自1665年圣诞节起每月再征课五万二千八十三镑六先令八便士，为期二十四个月。——赫尔

各种租税感到不满的真正和根本的原因；而当税额很高或过大的时候，人们一定会有这种不满情绪。可是，如果用正确的方法并按恰当的比率来征课的话，这种不平均，就能够像上面所说的那样得到纠正；同时也许还能够对于人口、人口的增加与减少、他们的财富及国外贸易的情况，作出正确的估计。

第一章　对王国财富的各种估计

1. 在英格兰和威尔斯，住有男、女成人及儿童约六百万人；他们的衣、食、住及其他一切必需品所需的开支，每人每年为六镑十三先令四便士，或每日约为四便士又二分之一，一年共达四千万镑。

2. 英格兰和威尔斯共有土地两千四百万英亩(每英亩价值六镑一先令八便士，相当于十八年的年租)；这就是说，这些土地每年提供地租八百万镑，它们能以一亿四千四百镑的价值出卖。

3. 在伦敦市的特许行政区(Liberties)内，有房屋二万八千幢，每幢租金每年为十五镑，其价值相当于十二年的年租。也就是说，它们每年提供房租四十二万镑，它们的价值共达五百零四万镑。

特许行政区以外但在死亡表所包括的地区之内，有四分之一以上的①房屋，它们的价值大概不会超过此数，也就是五百零四万

① "四分之一以上的"(1/4 more)显然应改为"同样多的"(as many more)。这样订正可以说明本段末尾"它们的价值大概不会超过此数，也就是五百零四万镑"这句话。同时这一数字(五万六千幢)，也和配第在《两篇论文》(*Two Essays*)及《五篇论文》(*Five Essays*)中对1666年伦敦的房屋数目所作的不同估计(即六万五千幢或六万六千幢)相差不远。不仅如此，单从这样一些变更中，我们也可以认为，配第把英格兰房屋价值估价为三千万镑是正确的。经过上述订正之后，他的估计数字应该是这样：

特许行政区内的房屋

28 000 幢，价值　　　　5 040 000 镑

镑。

4. 从各报告书看来，整个英格兰和威尔斯所有的烟囱，差不多等于伦敦特许行政区内所有烟囱的十倍，其中，死亡表地区内的烟囱，占了五分之一。①

5. 所有的城市以及市镇中的房屋，按幢数说，大概为伦敦所有房屋的二倍；但是，从价值上说，绝不会超过伦敦的房屋。

6. 同时，各城市和市镇以外的房屋，按幢数计算，可能比各城市和市镇（伦敦除外）内的房屋多一些，但是它们的价值绝不会超过各城市和市镇中的房屋。

7. 因此，英格兰房屋的价值可以估计为三千万镑。② 同时，这些房屋的价值，如果按烟囱来计算的话，那么，伦敦房屋的价值可按每只烟囱十二便士，郊外房屋可按每只烟囱十便士，其他城镇房屋可按每只烟囱六便士，上述地区以外的房屋可按每只烟囱四便士，加以估计。

8. 英格兰等地所有的船舶约为五十万吨，如将这些船舶所有

特许行政区以外，死亡表所包括的地区内的房屋 28 000 幢，价值	5 040 000 镑
各城市及市镇内的房屋 112 000 幢，价值	10 080 000 镑
城市及市镇以外的房屋 112 000 幢以上，价值	10 080 000 镑
总计	30 240 000 镑

——赫尔

① S 版本为“十五分之一”。——赫尔

② 1719 年版本为“三亿一千万镑”。——赫尔

的武器及装备[①]包括在内加以计算，每吨估计值六镑的话，则这些船舶共值三百万镑。

9. 上述两千四百万英亩土地所饲养的家畜及其所属的荒地的价值，值上述土地价值的四分之一，就是说，包括马、牛、羊、豚、鹿、鱼池、猎场及养兔场在内，这些家畜及荒地的价值共值三千六百万镑。

10. 王国的金、银铸币，约值六百万镑。

11. 货物、商品、银器及家具，估计值三千一百万镑，再加上船舶及货币，一共值四千万镑，也就是说，全部共计值两亿五千万镑。

12. 有人认为在上面估计中间，最不可靠的，就是把动产评价为三千万镑以上，但是，依据下列理由我却认为这种估计大体是正确的。

(1) 所有店铺、仓库、地窖、堆栈及谷仓所藏的物品，连同家具、衣着、装饰品等物在内，其价值理应不会少于贮藏这些东西的房屋的价值。

(2) 如把所有家畜的价值三千六百万镑加在这些动产三千一百万镑上面，合计就为六千七百万镑；但是这两项合在一起，也不够应付全国一年零九个月的开支。我们把全国的开支估计为每年四千万镑。我们认为它不会少于此数。

(3) 在对所有银器、铅、铁、铜、锡、木材、木板、树木、丝绸、麻布、花布、棉织品、毛织品、皮革、各种谷物、盐、各种酒、油和其他液体、杂货、香料、药品以及珠宝、窗帘、铺盖和其他装饰品等(如一一

① 在D版本中，“武器及装备”作“通常的装备”。——赫尔

列举则不胜其烦）的价值，逐一加以估计之后，我认为上述的估计是有根据的。

(4) 伦敦市区所具有的财富，通常被估计为全国财富的十五分之一。[①] 我们把全国财富估计为两亿五千万镑，因此，伦敦所占的那一部分就为十六又三分之二百万镑。我认为这一数字可以很容易地根据以下估计求得：如前所述，把房屋价值估计为五又六分之一百万镑，船舶价值估计为一百五十万镑（本国船舶一半属伦敦所有），并把房屋内部物品的价值估计为大约等于房屋价值的两倍。我曾就许多房屋作了考察，我发现这里所作的最后一种估计并无不妥之处。

最后，假定在伦敦特许行政区中的房屋（价值为五百万镑）内部的物品价值一千万镑，那么，把王国所有其余房屋（其幢数如前所述约为伦敦房屋的十倍）内部的物品的价值估计为此数的两倍（也就是两千一百万镑），我认为并不会过多。

13. 如果价值一亿四千四百万镑的土地，每年产生收益八百万镑，则其他财产如折算成为土地，一定能够产生收益五又九分之八百万镑以上。但是，因为货币和其他动产比土地每年能产生更多的收益（换句话说，按收益每年百分之六计算，这些财产在十七年中就能增加一倍），所以其收益不止是五又九分之八百万镑，假如收益是七百万镑，则全部年收入就是一千五百万镑。

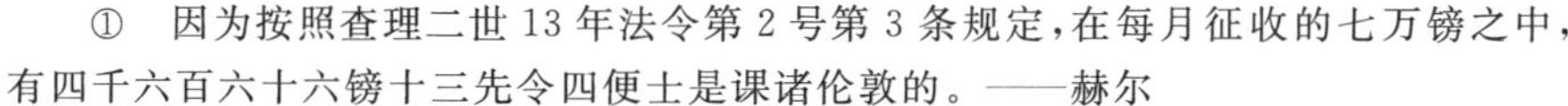

① 因为按照查理二世 13 年法令第 2 号第 3 条规定，在每月征收的七万镑之中，有四千六百六十六镑十三先令四便士是课诸伦敦的。——赫尔

第二章　论人口的价值

假如每年本国的资产或财富的收入只有一千五百万镑，而支出达四千万镑的话，那么，不足的二千五百万镑，就要靠人民的劳动来提供。这数目只须全部人口的半数(三百万人)，每人每年生产八镑六先令八便士，就能达到。除去五十二个星期日以及节日、患病和休养等假期二十六天，每人每日生产七便士，就可以了。

2. 如果这三百万人中，六分之一每日只赚二便士，六分之一每日赚四便士，六分之一每日赚八便士，六分之一每日赚十便士，其他六分之一每日赚十二便士，那么平均就为上面所说的每日赚七便士。[①]

3. 既然每年只产生一千五百万镑收入的王国资产值两亿五千万镑，那么，产生两千五百万镑收入的人口就值四亿一千六百万镑又三分之二百万镑。虽然每个人的价值约等于八年的年收入，但是，整个人类的价值则和土地相同。因为，人类在性质上是永久的，这是我们所习知的。

4. 如果六百万人口值四亿一千七百万镑，那么，每个人就值六十九镑；而其中三百万劳动者，每人值一百三十八镑，按每日大约十二便士计算，这等于七年的年收入。在这里并没有计算劳动者生活维持费以外的剩余收益。

---

① 为使这个估计完全，并能得出每日赚七便士的平均值，需要加上“其他六分之一每日赚六便士”这几个字。——赫尔

5. 由此可见，假如由于瘟疫，死亡人数比平常多十万人的话，则王国便会受到将近七百万镑的损失。那么，如果能拨款七百万镑，以预防这种多到一百倍的损失，那不是好得多吗？①

① 这似乎是配第“关于减少伦敦时疫的方案”（日期为1667年10月7日）的胚胎。现从菲滋摩利斯《配第传》第121—122页转引这个方案如次：

1. 伦敦死亡表地区内的十万零八千幢房屋住有六十九万六千人。

2. 在瘟疫流行的年份（二十年发生一次），有六分之一的人口死于瘟疫，有五分之一的人口死于其他各种疾病。

3. 防止瘟疫传播的方法，就是将市区半英里以内的可疑患者及瘟疫患者的住屋封闭。

4. 在环绕伦敦市中心半径三十五英里的地区内（或离伦敦一日路程的地区之内）所住人口和所有房屋，数目应和伦敦相等。

5. 把六个人运到离伦敦一日路程的地方，费用应为二十先令。

6. 使一个家庭在乡村居住三个月，需要四先令，因此，叫一个家庭搬到乡村去并在那里居住，平均需要五先令。

7. 在我们所害怕的最严重的瘟疫时期里，受到感染的最多也只有两千家。如采用这个方法，则会减为一千家，而所需的经费不过五万镑。

8. 下一次伦敦发生瘟疫时，感染致死的人口可能达到十二万人，每人按七十镑计算，则损失共达八百四十万镑。如采取上述措施，损失可减为四百二十万镑。

9. 因此，付出五万镑，可以节省四百二十万镑，约为一比八十四。

10. 在英格兰平原所发生的瘟疫中，人口死亡从未达六分之一。

11. 住得十分拥挤的贫苦人民在瘟疫中死亡的最多。

12. 瘟疫在发生后三个月内，最为严重，三个月后逐渐减轻，气候一寒冷，则减轻最快。

13. 人们一般都用杀狗、在街头纵火或食用药品等方法，自行治疗。但这些方法，都不见得有效。

14. 应在直径七十英里的地区内，选择十所宽大、间数多、互相隔离而有池水和花园的房屋，于七日前预先通知居民，令其搬进居住。

15. 应随时准备运送嫌疑患者所需的车辆或马车。

16. 对染患瘟疫的家庭供给药品，费用由患者负担。

17. 为各户准备祈祷书。

提案——如果每周死亡达一百人，那就是开始发生瘟疫。假如在今后一年之内，死亡统计表中因各种疾病致死的人不到十二万人的话，尊贵的教长，对每减少一人，可以得到二十先令，如果死亡超过十二万人，则对每多出一人要付出十先令。

对迁移的家庭，每家给以十镑以作来往费用及支付四个月的房租之用。或是暂时给以……资助。尊贵的教长对这一点要作出保证。——赫尔

6. 我们说过，最近因瘟疫而引起的死亡率，使王国蒙受了重大损失。但是，有些人却认为这些死亡倒及时地为王国清除了毒气。为了澄清这种说法，我要指出：

7. 假如瘟疫能很好地分清，哪些人服从而守秩序，哪些人既不服从又不守秩序，或者说，能很好地分清，哪些是工蜂，哪些是雄蜂的话，那么问题便告了结了。但是，假如它不分青红皂白地毒害人命，则它所引起的损失，就相当于我们从生存的人身上所得到的利益。因为，如前所述，使英格兰具有六亿镑以上的价值的，就是这些人。十分明显，如果只有一个人逃避了瘟疫的灾难的话，那么，全部土地及土地上所有的东西的价值，不过只等于这个人的生活资料而已；而且这个人也很可能成为将会侵犯他的下两次瘟疫的牺牲品。

8. 我们所谓国家财富，资产及储备，都是以前或过去劳动的成果，不应该把它们看成和现有的各种能力有别，而应把它们和现有的能力作同样的评价，让它们对公共需要也同样提供捐献，这样，才算合理。因此，在所有应加征收的金额中，土地及资本应负担三份，被视为完全没有财产的人负担五份，全部共分为八份。

9. 如果国民开支为四千万镑，而在这全部开支之中，拨四百万镑（也就是十分之一）专供政府需要之用，那么这就和现在已经加课在许多人身上的负担一样，也是一种沉重的负担。何况在这四百万镑之中，只有一百万镑用作日常开支，而临时战费却占了三百万镑，就是说，临时战费一项月达二十五万镑，等于七万镑的三倍半。同时由于征收方法和征收比率不合理，目下许多人因凑集这笔经费而负担的租税，竟超过其所有的财产总额的十分之一。

10. 劳动者每日劳动十小时，每周吃饭二十次，即工作日每日吃三次，星期日吃两次。因此，很明显，如果他们能够星期五晚间不吃饭，并将上午十一时至下午一时的两小时吃饭时间，缩短为一小时半的话，那么，劳动就会增加二十分之一，消费就会减少二十分之一，从而上述的十分之一，就能够筹集出来，最低限度，这种做法，比拿起武器来抗交上述租税，要来得安逸。

第三章　论王国的各种支出和收入

1. 王国在海军、兵工厂、卫戍部队、陆军、坦吉尔、牙买加、孟买、驻外使馆、养老金及教育方面所花的日常开支，以及国王及其家族的开支（包括国王、王后、公爵等的家庭用度，他们的零用钱、服装、礼服、金币、马师、马房、武器库、营房、狩猎园、守卫住室、金银匠、珠宝等各方面的开支）估计大约为一百万镑。其中，估计二十万镑用于海军，六万镑用于兵工厂和制造火药，二十九万镑用于陆军及卫戍部队，四十五万镑用于其他方面。

2. 与此相对，收入方面计有王领地收入七万镑，邮政收入两万镑，铸币费及锡的优先购买权收入一万两千镑，鹿园收入四千镑，法院收入六千镑，第一次收成收益金一万八千镑，全部共为十三万镑，再加上关税（税率为百分之二）收入十七万镑，全部共计为三十万镑。其中不包括货物税、酿酒特许费、毛织品检验费、对酒类进口所课的税收、国内消费税、烟囱税、土地税、人头税及其他各种征课。这些收入的筹集和分配如下。

第四章　论分摊租税的方法

1. 如果要在上述三十万镑以外再征筹一百万镑的话，那么，其中三十七万五千镑，就要征诸资产，六十二万五千镑，要征诸人民。

在征诸资产的	375 000 镑之中，
征诸土地的	216 000 镑
征诸家畜等物的	54 000 镑
征诸动产的	60 000 镑
征诸房屋的	45 000 镑
共计	375 000 镑

2. 要从八百万镑的地租中征筹二十一万六千镑，则需要征收地租的三十七分之一又三十七分之一的二十七分之一，[①]如果计算征收费的话，我们可以把它说成三十六分之一。

3. 要从价值三千六百万镑的家畜上每年征收五万四千镑，则需要每年征收全部畜产价值的六百六十六分之一，如果考虑到征收所花的各种费用，则宜征收六百分之一。

4. 对动产征收的六万镑，情况也和上面一样。

5. 对价值三千万镑的所有房屋，每年征收四万五千镑，或对伦敦特许行政区内的房屋（它们约值五百万镑，每年租金为四十二万

① “地租的三十七分之一又三十七分之一的二十七分之一”，系二十一万六千镑对八百万镑的比值，“三十七分之一的二十七分之一”，为八百万镑除以二十一万六千镑，得商数三十七，剩下的八千镑余额对二十一万六千镑的比值。——译者

镑）征收七千五百镑，则只需要征收每年租金的五十六分之一。由这个数额来看，如每幢房屋按五个烟囱计算，每只烟囱每年征税不至超过十二便士。在特许行政区以外的地区，每只烟囱征收十便士，就会得到这一数目。在城镇中，每只烟囱征收六便士，其他地区每只烟囱征收四便士，也会达到这个数字。

6. 至于向人民征收的六十二万五千镑，它不过需要对每人每年征收二先令一便士而已。这可分为对每人征收人头税六便士和国内消费税十九便士。后一项不到每人平均支出六镑十三先令四便士的八十四分之一，所以，征收消费品价值的八十四分之一，加上上述人头税六便士，每年就能征收六十二万五千镑。

第五章　论货币，经营全国产业需要多少货币

1. 人们也许会问，假如每年需要筹集四百万镑，那么原有六百万镑（我们认为我们有这个数额）够不够应付产业周转和流通的需要呢？我认为是够的。因为支出为四千万镑，如果周转期间短，假定为一星期（像比较穷苦的工匠和劳动者手中的货币就是一星期周转一次，他们都是在每星期六收到货币又付出货币），那么，一百万镑的五十二分之四十，就能达到这个目的。但是，如果周转期间为一季（照我国习惯支付租金和征收租税为一季一次），那么，就需要一千万镑。假定各种支付的周转期间一般在一星期至十三星期之间，则一百万镑的五十二分之四十加上一千万镑，以二除之，就

约为五百五十万镑。因此,如果我们有五百五十万镑,也就足够了。

2.假如英国臣民的半数一年之中休息七十八日,在所有其余的日子里,每日平均挣七便士,同时,假如他们多劳动二十分之一,少消费二十分之一,那么,他们就能够使国王维持双倍于现有的兵力,而一般人所受的损失也不会大于目下许多善良的人由于在处理私事时疏忽行事或是犯了错误而受到的损失。这一点,我在上面已作了说明。尽管近二十年来货币数量大见减少,但是所有的货币却足以应付管理完善的国家执行各种任务的需要。

但是,货币不够,则也不难用可作其等价物的物品来代替它。因为,货币不过是国家的脂肪。如其过多,就会使国家不能那么灵活行事;如其过少,也会使国家发生毛病。的确,像脂肪能够使筋肉的运动滑润、弥补营养不足、补平身体上的缺陷、使身体健美一样,货币在国内能促进国家的活动;当国内发生饥馑之时,它能够从国外运进食物;而且因其可分割之故,能够用来计算各项账务,并美化整个国家,固然最能得到它的好处的,乃是那些最有钱的人。

第六章 课税不合理的原因

1.在公共税收这个重大问题上,发生错误的原因有下述各点。第一,过于重视货币。但是货币对于王国的全部财产来说,不过是六与六百六十七之比,也就是说,不及百分之一。第二,将所有的租税，都加课在过去的财产上，而忽略了现有的能力，可是后者多于前者，其比例是四百十七对二百五十。第三，在计算伦敦市区的全部动产（包括船舶在内）的时候，将房屋的价值至多只估计为其应有价值的一半。所以发生这种情形，是由于伦敦的房屋都归教会、商业公司和士绅所有，但其租税则由市民（他们是这些房屋的租户）缴纳。第四，一方面给贫民以虚假的仁慈（他们现在对各种经费，每人每年负担不到一先令），可是另一方面又残酷地不给他们以工作机会，让他们游手好闲，不事生产；由于我们不愿意雇用他们，他们有的人沉溺于坏的习惯，有的人则贫困不堪，过着极不安定的生活。第五，有人认为要使各种规章十分确切是不可能的，认为这不过是一种空想。因此，便制定不很确切的规章，并凭情面和意气加以应用。这样一来，全部纳税人中有四分之一无故要缴纳四倍于他们所应缴纳的税额，这会使他们十分愤慨，以致为非作歹，其为害之烈，绝非其他四分之三没有受到影响但不知感恩的人所能补救的。

第七章　各种租税的附带利益

1. 我们除了要使各种租税公平合理之外，还要通过公平合理地征收关税、人头税、国内消费税、烟囱税、土地税以及动产税，来得到以下的好处。

(1) 我们如把关税从二十分之一减为五十分之一，就可以明确地计算国外贸易及其差额。因为通过征收关税和增加罚款，这些计算就可以不那么含混不清了。

(2) 绝对而普遍的人头税,使我们能够算出王国的庞大财富和实力——即人口。

(3) 根据烟囱来对房屋课税,可以使我们明了这些房屋的改善和倾圮情况。

(4) 国内消费税可以使我们明了家庭开支和浪费情况。

(5) 各种土地税应按土地的全部价值征课,不应按每年的租金征课。这样,房产所负担的税额,就不会多于地产所负担的税额,也不会过分少于商品所负担的税额。同时也会使抵押的土地缴纳它们所应负担的税额;因为许多债权人并不像一般人所想象的那样苛索利息。

(6) 对动产征课的捐税(假如它像在别的国家那样依据宣誓征课的话),能够使最不容易弄清的这一部分财产变得十分清楚。

2. 根据称号和职位征收的人头税——尽管这里略而不谈——也值得考虑。这种人头税可以使人不会过急地追求和其身份不相适应的高位,从而可以鼓励有真本领的人努力上进。

3. 以上我们将历来不变的原有收入,一直估计为每年只有十三万镑;同时假定通过关税(不包括保护税[Wards]、酒类进口税、毛织品检验费及其他已经废除的捐税)征收到的税款,不超过十七万镑(即不足现在征收额的一半)。此外我们还规定了每年通过征收人头税、国内消费税、土地税、动产税以及烟囱税来筹集一百多万镑所宜采取的各种比率。

第八章　论海军、陆军及卫戍部队的开支

接下来，我们应该说明，如果每年征收三百万镑或每月征收二十五万镑（以凑成每年总收入三百三十万镑），那么，我们能够用这笔收入为国王和臣民的治安、安全及荣誉，做些什么事情。

对这个问题，我认为，考虑到海军的现状，有两百万镑就可以支付五万人在军舰中八个月的费用，和三万人在军舰中其余四个月的费用。我认为海军有这么多经费——连武器及军港的开支计算在内——其力量差不多就可以双倍于我们在欧洲所曾见过的最优良的舰队。同时，维持一万两千名步兵，三千名骑兵，加上拨给国内卫戍部队的十万镑和拨给坦吉尔等地卫戍部队的六万镑，总共也不会超过六十万镑。因此，尚余七十万镑，供其他各项开支之用。在这些开支中，皇室开支从我所看到的所有账目看来，每年不到五十万镑。同时，征收这些经费所需的费用也不会超过三十三分之一（就是说，这三十三分之一是付给五百个官吏的，这些官吏从事征收工作，从来无须离开其住所中心五英里）。他们每人和其下属所需的报酬每年不会超过两百镑。因为英格兰和威尔斯只有四百五十个面积十平方英里的小地区（Areots）。

第九章　应该心安理得地缴纳巨额租税的理由

我们已经说明，国王臣民的四分之一如果和现在一样艰苦努力地从事工作，就能够完成伟大而光荣的事业。当这次荷兰战争要求臣民每月负担二十五万镑最高税额的时候，我想再列举下述各种理由，以安定人心。

1. 在海军的全部开支之中，用于购买外国商品的支出不及二十分之一；如果人民各尽自己的本分，而地方长官又给他们指出节约办法的话，则这项支出可以不到四十分之一。

2. 贸易陷于停顿，固然问题重大，但它只不过是一与八之比，因为在我们的每年四千万镑开支之中，用于购买外国商品的也只不过五百万镑。

3. 国王的各项开支每年约为四十万镑，只占全国开支的百分之一；这是所有人民都感到欣喜并引以为荣的。

4. 全国所有的货币只有五百五十万镑，而全部居民的收入则达两千五百万镑。人们如稍稍多劳动一些，将这些劳动投在能从外国带回货币的制造业上，则每年增加一百万镑货币并不困难。

5. 英国的财富主要在土地和人口上面，这些财富占全部财富的六分之五。可是，荷兰的财富大部分在货币、房屋、船只及商品上面。现在假定英国在土地和人口方面三倍于荷兰（这是事实），而荷兰在其他方面两倍于我国（这是值得怀疑的），整个加以权衡，我国仍然差不多比荷兰富两倍。我希望了解荷兰的人研究一下这一点，并把它计算一下。

6. 在英国，每个居民都有四英亩以上的耕地、草地及牧场。并且这些土地非常丰饶，一个人从事耕种，就能获得十人以上的最低生活资料。因此，如果英国还有贫困现象，或是有人因贫困而被处绞刑，或困饥饿而死，那是由于缺乏教育而造成的。

第十章　如何使用人民，及使用的目的

我们说过，以人口的一半作极轻微的劳动就会使王国变得甚为富有，同时将大部分资金用于公共开支，就会提高王国的荣誉。但是，困难的问题，就是这些人应该从事什么工作。

对于这个问题，我大体上作这样的答复，就是说，应该用很少数的人手从事本国全体人民所需要的食物和必需品的生产。要做到这一点，就得加强劳动，或是采用节省劳动和便利劳动的方法；[①]采用这种方法，可以得到人们希望（人们对这种希望是很自

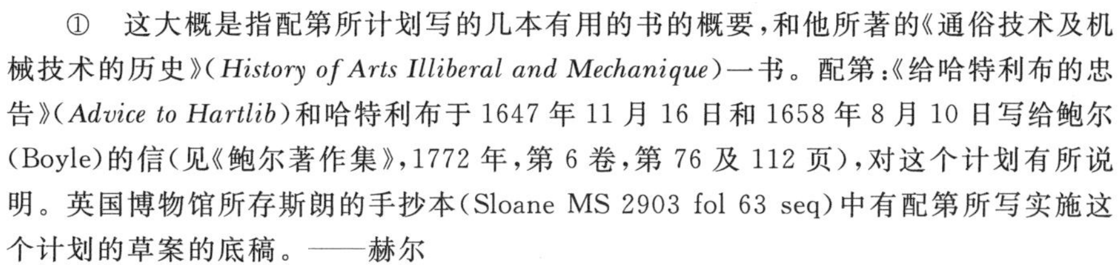

① 这大概是指配第所计划写的几本有用的书的概要，和他所著的《通俗技术及机械技术的历史》（*History of Arts Illiberal and Mechanique*）一书。配第：《给哈特利布的忠告》（*Advice to Hartlib*）和哈特利布于 1647 年 11 月 16 日和 1658 年 8 月 10 日写给鲍尔（Boyle）的信（见《鲍尔著作集》，1772 年，第 6 卷，第 76 及 112 页），对这个计划有所说明。英国博物馆所存斯朗的手抄本（Sloane MS 2903 fol 63 seq）中有配第所写实施这个计划的草案的底稿。——赫尔

信的)从一夫多妻制中获得的结果。[1] 因为假如一个人能做五个人的工作,则他就等于生产了四个成年劳动者。而且这种利益的价值如按年收益的年数计算,也不少于土地或其他我们认为最耐久的物品的价值。如果用这种方法来降低必需品的成本,而不是靠使它们的产量多于在它们尚未腐坏以前的消费量的办法,来降低它们成本,那么,别人就一定要用更多的别种劳动来购买这些必需品。因为,如果一个人能够比任何人都更有利地生产出足够整个社会消费的谷物,那么,他就会自然地独占谷物的生产,并且和其他十个人生产谷物超过实际需要十倍的情况相比,他在交换时就能够为其谷物索取更多的劳动。由于人们不是非从事谷物生产不可,上述的情况使得这个人的劳动大大涨价。

2. 靠着这种方法,我们也许能够恢复我国所失去的在棉织业中的地位[2],这种地位就是让荷兰人用这种方法抢去的。东印度人也是靠着这个方法,能够从世界的那一边以低于我们自己用本国原料制造的亚麻布的售价向我们提供。靠着这种方法,我们也许能够从法国得到大麻,并供给他们以麻布。(也就是说)假如我们生产麻布不多过市场需要,同时又是用最少的人工,并在最便宜的粮价的条件下从事生产的话,就能做到这一点。当我们生产粮食所用的人工比其他地方少,花费格外便宜时,这种情况就会出现。

3. 总的说来,我认为,我们应该尽力生产那些能够从海外赚取

---

① 见格兰特:《对死亡统计表的考察》。——赫尔

② 参阅《赋税论》,第 2 章,第 38 节脚注。——赫尔

并带回货币的商品。因为货币不论在什么时候，从什么地方流入我国，都能够满足我国的需要。但是，要使货币流入我国，只靠在国内储藏商品是办不到的；储藏商品的价值应该叫做暂时的价值，(换句话说)它不过是在当时当地有价值而已。

4. 但是，我们要到什么时候，才能停止这种巨大的努力呢？我认为，应该在我们所掌握的货币不论在算术比例上或几何比例上，确实多于任何邻国(即使为数很少)的时候；也就是说，应该在我们所有的储备足能供数年使用，并且拥有更多的动产的时候。

5. 那时我们应该做些什么事情呢？我认为，我们应该推断上帝的行为和意志，这种推断不仅要以肉身的闲适作为根据，而且要以肉体的快乐作为根据，不仅要以精神的安谧作为根据，而且要以心灵的宁静作为根据。这种工作就是人类在现世中的自然目的。它也为人类在来世中的精神快乐作了最好的安排。精神的活动，在其他一切活动中间，是最灵敏，最富于变化的。正是在精神的活动中间，才有快乐的形式和实质。我们享有这种快乐越多，我们就越能够使精神活动无止境地发展下去。[①]

① 1691 年 4 月一个名叫 G. W. 的人，为伦敦威廉·米勒(William Miller)印刷一本小册子，题名为《一个乡下绅士写给他住在城市的朋友、讨论配第爵士一本遗著〈献给英明者〉或〈最公平地征收租税的方法〉的一封信》(署名“H. G.”)。这个著者，将本书作了扼要叙述，并大体同意配第的结论。但他认为，配第把国家所需要的货币额估计得过少，并说地主所负担的租税，超过其所应负担的份额。因此在他看来，配第计划的缺点，在于没有建议对没有土地的人征收补偿税。——赫尔

货 币 略 论

货币略论

献给哈里法克斯侯爵

假定带有花边的新铸货币①二十先令根据习惯或法令重四金衡盎司。假定也应当重四金衡盎司②的伊丽莎白和詹姆士的旧币重三金衡盎司；并在三盎司与四盎司之间发生种种不同的变化，即没有一种旧币低于三盎司，也没有一种十足四盎司。

假定运进东印度去的，有很多正规的新铸币，而根本没有分量不等的轻的旧货币。

问　　题

问题一　分量不等的旧货币是否应当回炉重铸，使其划一？

回答　应当重铸，其原因在于由金银铸成的货币是贸易的最好的尺度，因而必须相等，否则它就不成其为尺度，因而也就不是货币，而只是单纯的金属，虽然它在被磨损和过度使用到分量不等以前，本来也是货币。

问题二　由谁出资重铸呢？

① 一般说来，英国这种货币最初是在1662年铸造的。朗茨：《报告》(Lowndes, *Report*)，第95—96页。——赫尔

② 大致的重量。事实上，十二金衡盎司的标准银铸成六十二先令。——赫尔

回答　由政府出资，像现在的情形一样。因为分量不等并不是货币的持有人造成的，而是政府疏于防范和惩罚这种糟蹋货币行为的结果；通过铸成新币，这种毛病就可得到纠正了。

问题三　新先令的重量和成色应当怎样？

回答　同现今其他的新币一样，并且同旧币在新的时候一样，因为按照法令，一切货币都必须相等，并且一切货币也只有在符合当初借款的原样时才有资格偿还旧债。

问题四　假如旧币二十先令只能铸成新币十八先令，应当由谁来担负这两先令的损失呢？

回答　不应该由政府担负，因为这样人们就会剪掉他们的货币的边缘。但是货币持有人本人必须担负这项损失，因为他本来可以拒绝收受分量不足的、有缺陷的货币，或者把它及时地用掉；现在由政府承担铸造费用，他能够以一盎司换一盎司，用分量不等的旧币换回划一的、美丽的新币，也就很不错了。

问题五　这次改革铸币以后，是否会有较前更多的白银输出英国，譬如说运进东印度，结果使英国遭受损害呢？

回答　多少会多一些。但是绝不会因此使英国遭受损害，而只会于它有利，因为，从前商人在拿出西班牙银币时只是由于银币的成色而受到尊敬，现在则除了成色以外，他还会因新币的铸造而受到尊敬。

问题六　现在商人常常把绛红布和白银带到东印度去，他今后不会只带新铸的银币吗？

回答　商人会以一百先令新币的代价尽量买进绛红布，然后仔细考虑，他在东印度用那一批布所能买进的丝绸，是不是比用另一笔同样的一百先令所能买进的更多。并且，根据这种推测来决定他是携带绛红布还是携带先令硬币，或者，如果他没有把握，就会携带一部分绛红布，一部分先令硬币。

问题七　但英国是否会因商人们运出上述的一百先令而穷下去呢？

回答　不会穷下去的，如果他用这一百先令购买能在西班牙卖一百多先令（也许是二百先令）的丝绸运回本国，然后把这二百先令带进英国，或者，如果他把一个英国人愿意花同样二百先令购买的胡椒运回本国。这样商人和英国都会因输出一百先令而获得利益。[①]

问题八　但是，如果新先令的重量只有原先的四分之三，那么商人岂不是根本不会过问新先令，因而也就不致叫人担心英国变穷了吗？

回答　商人还会像以前那样输出新币，不过他按缩减重量的新先令所卖出的胡椒或其他印度货物，只会等于他按旧先令所卖出的数量的四分之三，并且他以新币在印度买进的胡椒，也只会等于他以旧币买进的数量的四分之三；因此，除了在少数只按面值而不看重量和成色来接受货币的傻瓜中间，不会有什么差别。

问题九　如果新铸的先令缩小到它现在重量的四分之三，我们所拥有的货币是否因此会比现在多出三分之一，从而我们的财富也增加三分之一呢？

---

① 参阅托马斯·孟：《英国得自对外贸易的财富》，商务印书馆 1959 年版，第 4 章。——译者

回答　你确实会比现在多得三分之一的新命名的先令；但不会多得一盎司的白银，也不会多得货币；尽管同先前相比，你拥有更多的新币，你也买不到比先前更多的外国货；甚至也买不到更多的本国货；不过在开头时也许能从上述的少数傻瓜那里多买到一些。举个例子来说：假定你从首饰匠那里买进重二十盎司的银器一个，每盎司价六先令，共价六镑[①]或二十四盎司的银币；现在假定上述的六镑在重铸时从二十四盎司的重量减到只有十八盎司，但其面值甚至根据敕令也仍旧是六镑；难道你能设想，那个首饰匠会卖出他的重达二十盎司的精制的银器，来换取十八盎司的未经加工的白银吗？铸造货币的手艺是没有什么价值的。这同存在于其他一切商品中的荒谬现象一样，虽然那些荒谬现象不像在用和货币相同的原料制成的商品中所存在的那样明显。

问题十　当局不能明令规定，人们按缩减重量的新币所卖出的商品，必须同他们按比新币重三分之一的旧币所卖出的商品数量相等吗？

回答　行使这种权力的结果，将等于从一切人的手中拿走他们的在国外就是商品的财产的四分之一，并把它交给那些可以用四分之三的通常数量的白银来换取这种财产的外国人。而同一法令也将从债权人手里拿走在法令公布前本应归他所有的货币的四分之一。

问题十一　你是假定新币的重量减少四分之一，但如果假定只减少十分之一，情况又将怎样呢？

---

①　按照配第的假设，六镑共重二十四金衡盎司。——赫尔

回答　完全一样，因为"无论多些少些，都不会改变其实质"(Magis et minus non mutant speciem)。但是，如果你假定把一先令当作十先令或二十先令，那也许更好一些，这时那种荒谬现象本身就会非常明显，毋需提供那种在常识所不能辨别的小问题上必需提出的证明了。因为，如果国家的财富可以靠一纸命令而增加十倍，那么我们的行政长官以前居然一直没有宣布这样的命令，就未免太离奇了。

问题十二　有些要在外国购买商品的人，不会只把货币带出去，根本不出售或输出我们本国的商品吗？

回答　即使有些英国商人竟然这样地缺乏远见，外国商人也会用他们从本国带进英国的货币，或者用英国人认为比货币更合心意的那些商品来收购他们所需要的英国商品。这是因为英国商品的销路，完全取决于它们对外国人是否有用和外国人是否需要它们。可是，如果一个英国人不把铅运往土耳其，而是在舱底装了货币到那里去，因此放弃运载他可以在那里脱售的铅；并且，从土耳其开来的一艘船也在舱底装了货币，以便向英国购取最初本来可以由英国船运去的铅，他们这样办，是不是做了一件蠢事呢？不，一个商人的生意经就在于考虑这一切问题，使国王的任何关于铸币的重量和名称的命令，在外国人知道它的时候不致对他们有什么影响，并且在将来也不致对他本国的人民有什么影响，尽管就过去而言它在他们中间可能引起一些骚动。我们还可以说，一个负债二十先令的国王，与其掩盖他个人的特殊目的，宣布所有的地主今后只应收取十五先令的地租，而不应收取他们根据租约应得的二十先令，并宣布凡在**星期一**(关于缩小铸币的公告是在**星期二**

发布的)贷出一百镑的债主,在星期三只能收回两天前原来贷出的货币的四分之三、即七十五镑,那还不如干脆声明他只愿偿还十五先令来得好些。

问题十三　为什么我们已经磨损的、轻重不等的旧币现在不重新铸造并使之相等呢?

回答　要说明这一点,也许有很多不充分的理由;但我所知道的唯一具有说服力的理由是:分量不等的劣等货币可以防止贮藏,而重的、成色好的、美丽的货币却能鼓励少数胆小的人(但不是商界中人)把它贮藏起来。我们的不列颠半便士[①],由于形状美观,在普遍流通以前几乎都被人们当作纪念章而收藏起来;因为,如果当时这种货币只铸一百个,它们就会由于精致和罕见,每个值五先令以上,虽然按材料来说,还不值面值所表示的半便士。这里面就含有"精工胜过材料"(Materiam superabat Opus)的意思。

问题十四　为什么许多明智的国家曾经提高货币的价格、减少它的分量或者使它变成劣币,并且一再这样做呢?

回答　当任何国家做这些事情时,它像是破产的商人一样,这些商人同债权人谈妥,以十六先令、十二先令或十先令作一镑,或迫使债权人按照比市场高得多的价格接受他们的货物,来清偿他们的债务。这个国家把它一般的货币减少到原来重量和成色的四分之三,就等于是只偿付它应付款项的四分之三。这些办法是银行家和出纳员为了迎合这种国王和国家的亲信的不正当的打算而

---

① 利克(Leake)说,不列颠半便士是在1665年用铜铸成的,"但为了讨好一位邻国的君主,不久就把它们收回了;因此它们并不常见"。《英国货币》,第371页。但鲁丁不相信在1672年年底以前铸过这种货币。《编年》第2卷,第14—15页。——赫尔

设计出来的。

问题十五　虽然英国曾经遇到很大的困难，它却没有玩弄这种欺骗手段，这是否算是它的光荣呢？

回答　英国在国内和国际上都保持一种贸易的规则和标准，这是它的明智之处，因而也是它的光荣。

问题十六　可是，有没有使货币得以公正地和正当地提高价格的情况呢？

回答　有的，其目的在于调整和平衡各种铸币；因为，如果重量和成色都相同的两种铸币按不同的行情兑换，人们就可以提高一种铸币的价格或贬低另一种铸币的价格。但这种做法必须以尽可能了解清楚的全世界的估价为根据，而不能以任何个人的臆测为根据；在黄金和白银之间的关系上，也可以这样办。[①]

问题十七　比如，有一块地在六十年前售价为一千镑即一千雅可布斯[②]，现在这同一块地的售价为一千镑即一千基尼[③]，而基尼的重量只有雅可布斯的重量的六分之五；根据这个例子，你对土地价格的涨落是怎样的看法？这块地是否比六十年前便宜了？

回答　这看来好像能够说明这块地是便宜了。可是，如果黄金不是货币，而是一种类似货币的商品，并且只有白银才是货币，那么我们就必须弄清楚，当时一千雅可布斯所能购买的白银的数

① 配第对于这里所涉及的问题的意见，曾由利物浦（Liverpool）勋爵在《我国的铸币》（*Money of the Realm*，1880 年）第 137—141 页和达纳·霍尔顿（Dana Horton）在《银镑》（*The Silver Pound*）第 165—171 页中作了不同的解释。——赫尔

② 詹姆斯一世时铸造的英国金币，合二十至二十四先令。——译者

③ 英国旧日为对非洲贸易而铸造的金币（1663—1717 年），面值二十先令，但价值时有涨落。——译者

量，是否不比现今一千基尼所能购买的多。因为，如果是这样的话，那块土地在从前和现在虽然不是以等量的黄金成交，却是以等量的货币成交的，因此就上面所举的例子来说，那块土地的价格既没有上涨，也没有下跌。

问题十八　缩减货币重量或提高货币的价格，同降低货币的成色，例如把铜和银掺在一起，有什么区别？

回答　如果这种掺杂没有其他用途的话，那么第一种情况就比第二种情况来得好。因为，如果把含银四盎司的二十先令变成含银三盎司，这一改变总比那种为了在表面上保持以前的四盎司而在铸币中加进一盎司铜来得好些。因为，如果你要把上述的三盎司白银同铜搀杂在一起，那么在精炼的时候你就会损失铜和提炼的费用，这两笔损失加起来将超过百分之四。

问题十九　你反对铸造小额银币如一便士、两便士等等的理由是什么？

回答　理由是：小额货币的铸造花费很大，这种铸币本身容易丢失，也比较容易耗损；我们旧的小额货币现在几乎已经看不到了，而我们的四便士银币就含银量来说已经耗损到一个半便士了。

问题二十　对于纯由贱金属铸成的货币如法辛等等，你有什么意见？

回答　材料方面的欠缺应该由铸工的精致来弥补，以尽量接近货币的实价；如果这种货币既不含贵金属又未精工铸造，则由此所得的利益应成为国王收入的一部分。

问题二十一　铸造这种货币，究竟是用铜好呢还是用锡好呢？

回答　用铜比较合适，因为铜可以铸造最近似贵金属的和最为耐用的货币，虽然铜是舶来品而锡是本国的产物。假定铜和锡在英国价值相等；但如果一百重量单位的锡运到土耳其去所能换回的丝绸，同从瑞典换回的上述一百重量单位的铜价值相等，那么在这种情况下，本国货与外国货之间就没有什么差别了。

问题二十二　这个原则可以推广到适用于货币和生金银的自由输出，而这种输出是与我们的法律相抵触的。这样说来，难道是我们的法律不好吗？

回答　也许我们的法律违反了自然的规律，因而也是行不通的。因为我们知道，凡是富有货币和其他一切商品的国家，都没有奉行这种法律。相反地，那些以最严厉的处罚禁止输出货币和生金银的国家，却在货币和商品方面都很感缺乏。

问题二十三　是不是一个货币较少的国家就比较穷困呢？

回答　并不总是这样。因为，最有钱的人很少或者根本不把钱放在身边，而是把它变成或转辗变成很能赚钱的商品；同样地，整个国家也可以这样做，因为所谓国家，不过是联合起来的许多个人罢了。

问题二十四　一个国家，比如说英国，是否会货币太多呢？

回答　会有这种情况，正如某一个商人可能拥有过多的货币（我指的是铸币）一样。

问题二十五　有没有办法知道一个国家有多少货币就算够了？

回答　我想这是很容易推测出来的；也就是说，我认为，现有的货币量只要能够支付英国全部土地的半年地租、一季的房租、全体人民的一星期的开销、全部出口商品的四分之一左右的价值，也就足够周转的了。现在，政府如果叫人把这些项目计算出来，并查明它的铸币的数量(如把旧币回炉铸成新币，那就最容易查得清楚)，也就可以知道我们现有的货币究竟是太多还是太少了。

问题二十六　如果我们的货币太少，有什么办法补救呢？

回答　我们必须开设一家银行，这家银行如果经过妥善的估计，是差不多可以把我们铸币的效果增加一倍的。我们在英国具有开设一家银行的物质条件，使它提供充足的资金来推动整个商业世界的贸易。

问题二十七　如果我们的铸币太多，又该怎么办呢？

回答　我们可以销毁最重的铸币，把它变成金银器皿或用具之类的华丽餐具；或者把它作为商品，输出到缺少金银或希望获得金银的国家去；或者在利息高的地方放债生息。

问题二十八　什么是利息或息金呢？

回答　这指的是，你由于在约定的时期内，不论自己怎样迫切需要货币，也不能使用你自己的货币而获得的报酬。

问题二十九　什么是汇水？

回答　这是地方性的利息，即你为了要在最需要使用货币的地方获得你的货币而付出的报酬。

问题三十　银行家进行哪些业务活动？

回答　银行家的业务活动是吸收存款和放出贷款，买进和卖出汇票。他只有在担心受到失掉以社会称誉(即所谓信用)为基础的有利买卖的惩罚时，才是诚实的。

问题三十一　你刚才谈到了用非贵金属铸成的货币和法辛，它们一般说来是低于内在价值的，因此不应当让它们无限地增加。

我们有没有办法知道它们的必要量呢?

回答　我认为是有办法知道的。姑且以每户约需十二便士的法辛来计算;这样,如果英国有一百万户(我想有这样的数目),那么有五万镑上下的法辛就足够兑换了;如果这种法辛只为其内在价值的五分之一,那么全国只要付出一万镑的代价就能获得这种便利。但是,如果这种按户计算的办法不够准确,你还可以用另一个办法作补充:即估算一下目前在全国流通的最小的银币;这种银币的数量越少,法辛的数量也可以越少。法辛的用处只在于补助以白银支付的不足和核算账目。为了要达到核算账目这一目的,让我补充说明,如果你的有缺陷的旧法辛贬低到等于一便士的五分之一,你就可以用十进法来记所有的出入账了,因为就记账的方便和精确性来说,十进法是早就受人欢迎的。

问题三十二　你对于我国的限制利息的法律有什么看法?

回答　我对于这种法律的看法,同我对于限制货币输出的法律的看法一样;也许对于限制汇兑的法律的看法也是如此。因为,利息除了因暂时放弃货币的使用权而获得的报酬以外,总还带有一笔数额不定的保险费。例如在爱尔兰,有一个时期土地(最可靠的东西)的价格按两年的收益计算。那时候收取百分之二十、三十或四十的利息自然是很公道的,但法律却只准收取百分之十。在此以后,土地的价格涨到按十二年的收益计算,这时可靠的人不愿拿出高于百分之八的利息,而没有偿付能力的人则不顾法律的限制而自愿拿出百分之百的利息。再举一个例子,假定一个人拥有值二十年收益的一百镑的土地、值十二年收益的一百镑的房屋、值二年收益的一百镑的船舶、值六个月收益的一百镑的马匹,他所要的每年的保险费，一定是在出租房屋时比在出租土地时来得高，在出租船舶时比在出租房屋时来得高，在出租马匹时比在出租船舶时来得高，这难道不是显而易见的吗？因为，如果他的马匹值一百镑，他就不会以低于每天十先令的租金租出去，而他的土地所提供的按日计算的报酬，却连一个四便士也不到。租金和利息是同一回事。

政治算术

陈冬野译

关于威廉·配第的《政治算术》

古典政治经济学奠基人威廉·配第，活动于英国资产阶级革命和工场手工业发展时期。工业资本迅速发展的需要，以培根为代表的唯物主义哲学的传播，使配第逐渐摆脱重商主义的影响，应用研究自然科学的实验方法来研究社会经济问题，不仅把研究对象从流通领域转向生产领域，而且通过对大量统计材料的分析，从经济现象的表面，深入到经济现象的内部，**"研究了资产阶级生产关系的内部联系。"**[①]配第在研究中，最先提出了劳动决定价值的思想，有了劳动价值论的萌芽，并在这个基础上，作了说明工资、地租、土地价格和利息等的尝试；他实际上提出了关于剩余价值（他把地租看成剩余价值的真正形式）来自工人剩余劳动的思想因素。这些就为古典政治经济学的建立奠定了初步基础。马克思对配第在政治经济学上的贡献给予了高度评价，并认为配第所创立的"政治算术"是**"政治经济学作为一门独立科学分离出来的最初形式。"**[②]

这本《政治算术》，就是威廉·配第独创地应用算术方法来研

① 《马克思恩格斯全集》第23卷，第98页。

② 马克思：《政治经济学批判》，人民出版社1976年版，第37—38页。

究社会经济问题的典型著作。他在本书中，列举数字，论证英、法、荷三国的经济力量，试图探讨存在于当时这三个国家的经济现象中的共同规律。

但是，本书的写作，也像配第的其他经济著作一样，动机在于为当时的统治阶级出谋划策。它是在1671年至1676年之间写成的。在这时期，在国外贸易的刺激下，英国的工业资本开始有了长足的发展，手工工场日益普遍，羊毛生产蒸蒸日上，其他如造船、造币、玻璃制造、酿酒、炼铁等等工业都有所发展。这种情况，要求加速原始资本的积累。积累原始资本，除了加强对国内劳动人民的剥削之外，就是加紧掠夺殖民地和争夺国外市场。然而，当时英国的力量仍落在荷兰和法国之后，特别是国外市场和殖民地都在荷、法两国控制之下。因此，如何打垮荷、法两国的优势，争夺国外市场及殖民地，就成为英国资产阶级政府的当务之急。

在这种要求的推动之下，英国首先和荷兰展开了激烈的竞争。我们知道，荷兰在经过1609年至1656年的第一次资产阶级革命之后，生产迅猛发展，海外贸易甚为繁荣，航海业十分发达。当时荷兰商船遍航世界各地。它所有的商船吨数占全欧洲商船总吨数的四分之三，其造船业则居世界首位。荷兰不单垄断非洲、印度尼西亚、美洲等殖民地的贸易，而且还控制了北海和波罗的海等殖民地的贸易。在这个时期出入波罗的海的船只有70％属荷兰所有。针对这种情况，英国政府曾多次（1651年、1660年，1663年及1677年前后四次）加强航海条例，规定进口商品必须由英国船只装运，他国与英国殖民地通商，事先须经英国政府批准，英国的美洲殖民地与欧洲各国交易的货物必须在英国转口，以限制荷兰商船的营业，打击荷兰。这种经济上的竞争，终于引起了三次英、荷战争。（第一次英荷战争从1651年开始到1654年结束，第二次英荷战争从1664年开始到1667年结束，第三次英荷战争于1672年开始到1674年结束。）配第写作《政治算术》的时间，正值第三次英荷战争时期。

在这时期，法国在路易十四亲政之下，施行重商主义的经济政策，大力发展工业，建立商船队，纷纷创设海外贸易公司，以加强对外贸易和对殖民地的掠夺。当时如加拿大、美洲的路易斯安娜、西印度群岛均沦入法国之手，他如锡兰、印度、马达加斯加等许多地方也都为法国所囊括。在这种对外掠夺中，法国的侵略矛头首先针对荷兰，在经过两次对荷战争（第一次在1667年至1668年，这时作战对象为西班牙和荷兰，第二次在1672年至1678年）之后，法国掠取荷兰的一些领土，取得了对荷兰的优势。接着，它又转向英国。英、荷两国为了对付法国，乃和瑞典联合，结成三国同盟。但是，由于英国的查理二世和法国的路易十四勾结（他们二人为表兄弟，前者又依靠后者的财政援助），三国同盟终于破裂。（第三次英荷战争就是由于英、法两国勾结而引起的。）这时英国资产阶级反对王权的斗争有增无已，英国政府在国内动乱和对外战争的双重压力之下，财政困难日趋严重，不得不和荷兰妥协，而结束了第三次英荷战争。法国乃取荷兰而代之，它从英国的盟国变成了英国的主要敌国。

在面临上述荷兰和法国的威胁和国内资产阶级议会反对王权的斗争日趋尖锐的压力之下，英国政府为了应付财政困难，除了出卖国王的领地外，又增收租税。这种情况，加上内战的破坏和频年

歉收，造成全国生产衰退，地租下降，金银缺乏，失业问题日益严重。正如配第指出的："由于土地地租普遍下降，加上其他许多原因，整个王国日趋贫困；在整个王国中，以前黄金很多，但是现在，金、银都甚为缺乏；人民找不到可就的行业和职业，……赋税项目繁多而且税率沉重，……产业景况普遍可悲地衰退了。"（本书第4—5页）他又指出："在海军力量的竞赛方面，荷兰人正紧紧地在追赶我们，而法国人则正要迅速超过英、荷两国，看来他们既富有又强盛。"（本书第5页）因此，他认为，"英国的教会和国家正面临着和产业所面临的相同的危险"（本书第5页）。可见，不论在国内或国外，英国的统治者处境都日益困难。因此，他们普遍产生悲观情绪，彷徨无已。

但是，上面说过，随着生产的日益发展，争夺国外市场及殖民地，已成为英国统治阶级追求的主要目标，英国资产阶级政府的当务之急，就在于如何打垮荷、法两国的优势，以达到这个目的。因此，尽管他们处境困难，产生悲观情绪，他们的切身利益却迫使他们去清除这种悲观思想的阻力，以利于对外行动。作为资产阶级策士的配第，适应资产阶级的这种需要，乃写了这本《政治算术》，为英国资产阶级打气。他鼓吹："英国的事业和各种问题，并非处于可悲的状态。"（本书第7页）他号召英国的朝野人士（资产阶级）："次于对共同事业处于怎样的状况有真实的了解的事情，就是在任何可疑的情况下，都应往其最好的方面设想。……如果没有有力而又明确的根据，绝不轻易绝望。"（本书第4页）在本书中，配第应用算术方法，列举英、荷、法三国的经济数字，论证荷兰、法国不如英国之处，指出："对英国国王的臣民说来，掌握整个商业界的世界贸易，不但不是不可能的，而且是完全可以做到的事情。”（本书第90页）他鼓吹英国取荷、法两国而代之。本着他在其代表著作《赋税论》中所提出的主张，他对原始资本积累的各种手段（殖民地制度、国外贸易等等）作了进一步论述，鼓励英国资产阶级努力发展本国产业，争夺国外市场，获取财富（金、银、珠宝），以扩大英国的统治基础。正如马克思指出的：“**当荷兰作为一个贸易国家还占着优势地位，而法国似乎要变成一个称霸于世的贸易强国的时候，他在《政治算术》的一章中就证明英国负有征服世界市场的使命**。”①

在本书中，配第除了为英国资产阶级筹划如何对外争夺之外，还就如何掠夺殖民地人民向英国资产阶级献策。我们知道，当时爱尔兰和苏格兰是最早遭到英国统治阶级掠夺的殖民地，两国人民曾经不断地掀起反对英格兰殖民者的斗争。因此，英国的统治阶级自16世纪以来，就一直主张采取种族渗透和劫持的方法，来维持在这两个国家的统治。配第在《赋税论》中，对英国统治阶级的这种主张表示过赞同的意见，并为这种主张提出了具体的实施方案。在本书中，配第仍坚持这种主张，认为：“把爱尔兰和苏格兰高原地区的一切动产和居民迁移到大不列颠帝国的其他地方去”，“这样做，国王和他的臣民，不论在进攻还是防守方面，都将比现在更加富强”（本书第52页）。不仅如此，他在本书中，仍主张用军队来镇压爱尔兰人民，而且要爱尔兰人民负担镇压他们的英国占领军的经费。他指出：“即使要付出爱尔兰王国的所有租金的四分之一的代价，也必须在爱尔兰派驻一批军队。”（本书第73页）

① 《政治经济学批判》，人民出版社1976年版，第37页。

当时，贩运黑奴是英国殖民地贸易的主要内容之一，英国殖民者从这种血腥买卖中掠得了巨额的利润。在本书中，配第也鼓吹这种可耻的血腥贸易，宣称："把黑人（他们劳动量大，消费水平极低）运到美洲殖民地这件事，并不是不足取的。"（本书第77页）

不过，在本书中，配第在向资产阶级献策的同时，也提出了一些重要的经济原理，这些经济原理，在当时说来都是创见。

如上所述，配第在本书中，应用算术方法来分析社会经济问题，这就是实验哲学在社会科学方面的应用。它的根本精神，就是重实证，反对主观想象。配第指出："和只使用比较级或最高级的词汇以及单纯作思维的论证相反，我却采用了这样的方法，（作为我很久以来就想建立的政治算术的一个范例，）即用数字、重量和尺度的词汇来表达我自己想说的问题，只进行能诉诸人们的感官的论证和考察在性质上有可见的根据的原因。"（本书第8页）他认为，不能诉诸人们感官，在性质上没有可见的根据的东西，是不能触摸的，当然无法加以论证，而在经济现象中，能够加以论证的东西，也就是那些能够用数字、重量和尺度加以计算和衡量的客观的经济事实。在他看来，凡是能够用重量和尺度加以衡量的东西，也就是实在的东西；因此，经过数字、重量和尺度计算及衡量的经济现象，也就是经过了实验论证。他指出："用数字、重量和尺度（它们构成我下面立论的基础）来表示的展望和论旨，都是真实的，即使不真实，也不会有明显的错误。"（本书第8页）就这样，他为不能像自然现象那样通过实验方法加以证明的社会经济现象，创立了检证的方法。这种政治算术的方法，配第在《赋税论》和《献给英明人士》两书中就已展开说明，在本书中，配第更加有系统地、前后一贯地运用这种方法，使这种方法得到进一步的系统化和发展。

例如：在本书中，配第运用各种数字来比较英、荷、法三个国家的国力。他首先根据实际数字进行比较，接着，他又运用推算方法，根据实际数字，推算出另一种数字。他依据一定年数乘年租额推论出地价，从房租推论出房屋价值，由工资推算出人口价值，又依据人口数目和盈余收益推论出国家的财富。最后，他又在数量的对比中，推论出各种不同物品之间的共同性，从而发现财富的真实基础。他从一蒲式耳小麦和一盎司白银的对比中，推理出小麦和白银有着共同的地方，从而得出劳动是"一切价值相等和权衡比较的基础"的结论，正如马克思指出的：**"他不是把一连串比较级和最高级词汇同空论拼凑在一起，而是立志要用 terms of number, weight or measure〔数字、重量和尺度〕来说话，只利用从感观的经验中得出的论据，只研究 as have visible foundations in nature〔在自然界中具有可见的根据的原因〕。"**[①]通过政治算术方法的运用，配第在研究资产阶级生产关系的内部联系时，发现了"在性质上有可见根据的原因"（即客观存在的真实基础），使他在劳动价值学说和剩余价值学说方面能提出一些包含有重要科学因素的思想。所以，马克思又誉他是"**政治经济学之父，在某种程度上也可以说是统计学的创始人**"。[②]

在《赋税论》中，配第指出，劳动是财富的来源。在本书中，他又根据一个人是不是生产财富来确在一个人在社会中的地位。例

① 《政治经济学批判》，人民出版社 1976 年版，第 37 页。

② 《资本论》第 1 卷，《马克思恩格斯全集》第 23 卷，人民出版社 1972 年版，第 302 页。

如，他在比较农民、海员、士兵、工匠、商人和官吏、牧师等等不同职业的人对社会的作用之后，提出："农民、海员、士兵、工匠和商人，在任何国家都是社会的真正支柱。"（本书第 15 页）当然，他把海员、士兵和农民、工人都同样看成是财富的生产者，是错误的。但是，他把官吏和牧师同农民和工人区别开来，认为农民和工人是生产者，而官吏和牧师则是不生产的，却是正确的。

在《赋税论》中，他实际上涉及上层建筑和经济基础关系中的一些问题，在本书中，他进一步对这种观点作了说明。同时，他仍本着"土地为财富之母，劳动为财富之父"的见解，把土地和人口看成是构成社会经济生活的首要因素，并对这两者的经济价值作了明确的规定。

关于人口的价值，他这样指出："假定英格兰全部人口为 600 万人，每人开支为 7 镑，总共为 4 200 万镑；同时又假定土地的地租为 800 万镑，所有动产的收益每年在 800 万镑以上。这么一来，其余的 2 600 万镑，就要靠人民的劳动来提供。这 2 600 万镑乘以 20（人群也和土地一样，值 20 年的年租），得 5.2 亿万镑，这个数额就是全部人口的价值。再将这个数字用 600 万来除，得 80 余英镑。这就是每个男、女、儿童的价值，而壮年人的价值等于这个数额的两倍。"（本书第 26 页）因此，他认为，一个国家人口的价值，不在这个国家所有的人口的自然数量（即人口的单纯数目），而在于它的社会数量（即创造财富的能量）。他对人口的估价，都是从它的社会数量出发的。在《赋税论》中，他说："人口少，才真正贫穷"，就是指人口的社会数量说的。这是我们在提到他的人口论的时候，需要加以注意的。

对于土地，他也抱着相同的看法。他认为，一个国家土地的价值，不取决于土地的面积（即自然数量），而取决于土地所能提供的产物数量（即社会数量）。他指出："假如有人想知道某块土地价值多少，那么，正确同时是理所当然的问题就必定是，这块土地能养活多少人？"（本书第53页）"纵使是1英亩土地，如果土质肥沃，它就能够生产出20英亩土地所能生产的谷物，可以养活20英亩土地所能养活的家畜。"（本书第2页）"我认为，能够养活1000人的1000英亩的土地，优于不能生产任何东西的1万英亩的土地。"（本书第10页）

在比较英、荷、法三国的社会经济条件之后，配第又进而论述这三个国家的各种政策，如赋税制度、银行制度、不动产登记制度、法律措施以及宗教政策等等。他认为一个国家的经济条件决定这个国家采取的政策，而这些政策又对这个国家的经济发展发生重大影响。他首先指出："这种政策是依据上述天然的有利条件而制定的，可不是像少数人所想象的那样，是出自荷兰人的超人智力。"（本书第18页）"信教自由、资产转让登记制度的采用、关税税率低、银行、贷款业的经营和创设以及商法的制定，都是和上述各种情况同出一源而同归一海的。"（本书第18—19页）他明确指出："一个领土小而且人口少的小国，由于它的位置、产业和政策优越，在财富和力量方面，可以同人口远为众多、领土远为辽阔的国家相抗衡。"（本书第1页。政策二字下面的黑点为作者所加。）

在《赋税论》中，配第提出了劳动创造价值，商品的价值量依存于劳动生产率的见解。在本书中，他进一步提出了分工会提高劳动生产率并使产品成本降低的原理。他说："譬如织布，一人梳清，一人纺纱，另一人织造，又一人拉引，再一人整理，最后又一人将其压平包装，这样分工生产，和只是单独一个人笨拙地担负上述全部操作比起来，所花的成本一定较低。”（本书第17页）

在《赋税论》中，配第把地租（剩余价值）看成是农产品价值扣除生产费用（种子和工资）以后的余额，实际上把劳动日划分为必要部分和剩余部分。在本书中，他又进而论述了工资和地租在数量上的对立关系。他说：“假如农民的工资上涨八分之一，即每日由8便士涨到9便士的话，这时，在1蒲式耳小麦的价格中，农民所分到的份额，就由40便士增加到45便士。其结果，土地的地租，就要由20便士降为15便士。”（本书第27页）于是，他得出结论：“随着各种产业和新奇技艺的增加，农业便趋向衰落，不然的话，农民的工资就要上涨，其结果土地地租一定要下跌。”（本书第27页）后来，李嘉图在《政治经济学及赋税原理》一书中讨论资本主义社会的分配时，对工资与利润的关系所作的论述，实际上是对配第在本书中提出的工资上涨，地租就会下降的原理的发展。

在《赋税论》中，配第曾暗示金银是谷物的等价物，并对货币所以能够成为价值尺度的道理作了阐述。在本书中，他更进一步指出：“金、银、珠宝不易腐朽，也不像其他物品那样容易变质，它们在任何时候、任何地方都是财富。然而酒品、谷物、鸟肉、兽肉之类的东西尽管很多，它们却只是一时一地的财富。”（本书第16页）认为货币就是一般的财富。虽然，他把金、银看成就是一般的财富，在一定程度上是由于受到重商主义重视金银甚于一般商品的影响，但是，他在把金、银看成是一般商品的基础上，把金银规定为一般的财富，无异阐明了金银被固定作货币的道理。

在《赋税论》中，他谈到剩余价值的另一形式——利息，他把利息看成是资本的收入。在本书中，他又进一步指出，利率的高低，是不能由法律加以规定的，它有其客观的物质基础。他说："利息的降低却不是任何为这个目的而制定的法律所造成的，现在只要有有力的担保，便能借到利息更低的贷款，因为利息的自然降低是由于货币增加的结果。"(本书第79页)他在这里所说的货币，自然是指借贷资本。因此，他明确指出了利率的涨落与借贷资本的供应量成反比例的关系，从而接触到了借贷资本的运动规律。

由上述可见，配第在《赋税论》中所阐明的许多重要经济思想，在本书中都得到进一步的发展，并通过政治算术方法得到验证。这些理论的科学真理成份，最先为亚当·斯密和李嘉图所继承和发展，成为古典政治经济学的核心内容。后来，马克思、恩格斯又在全面批判资产阶级政治经济学的基础上，加以革命的变革，创建了无产阶级对资产阶级进行斗争的强大思想武器——马克思主义政治经济学。现在我们重新翻开这部古典政治经济学名著，看看配第如何通过政治算术的方法，透过资本主义经济的表面现象，探索并发现它(资本主义经济的表面现象)赖以建立的客观的真实经济基础——资本主义生产的实质，对深入理解马克思的经济学说有帮助。

1960年，译者曾根据日本岩波书店1955年出版的日译本将本书译成中文，由商务印书馆出版，现据英国剑桥大学1899年版本重译，供读者参阅。

译　者

Political Arithmetick,

OR

A DISCOURSE

Concerning,

The Extent and Value of Lands, People, Buildings; Husbandry, Manufacture, Commerce, Fishery, Artizans, Seamen, Soldiers; Publick Revenues, Interest, Taxes, Superlucration, Registries, Banks; Valuation of Men, Increasing of Seamen, of Militia's, Harbours, Situation, Shipping, Power at Sea, &c. As the same relates to every Country in general, but more particularly to the Territories of His Majesty of *Great Britain*, and his Neighbours of *Holland, Zealand*, and *France*.

By Sir *WILLIAM PETTY*, Late Fellow of the *Royal Society*.

London, Printed for *Robert Clavel* at the *Peacock*, and *Hen. Mortlock* at the *Phœnix* in St. *Paul's* Church-yard. 1690.

总　目　次

---

① 本书完卷之后，配第曾请人手抄数份，赠送友人和有关人士。这些手抄本，有的曾由配第作了修改，各本内容多少有些出入，它们分别由苏斯威尔(Robert Southwell)、罗林森(Rawlinson)等人保存。脚注中的S本就是指苏斯威尔保存的手抄本，R本就是指罗林森保存的手抄本。此外，还有一种盗印本，脚注中的G本就是指这种盗印本。——译者

S本(苏斯威尔手抄本，下同)没有"主要结论"表(目次)。R本(罗林森手抄本，下同)有。——赫尔(C. H. Hull)

② R本没有"大体"两字。——赫尔

① 第七章标题作“一万”，应按十万订正，参看本书第80页。——译者

② 第七章标题和正文都作“四万”，四万正确，参看本书第80页。——译者

呈　　辞

呈无上英明的国王陛下[①]

陛下：

际兹每个人都在筹划向您恭献某种适宜于庆贺陛下荣登万福的王位的贺礼之时，我也不揣冒昧，将先父很久以前所写的旨在说明英国王朝的力量和威势的一本书，奉献给您。

这本书，先父题名为《政治算术》[②]。因为，凡关于统治的事

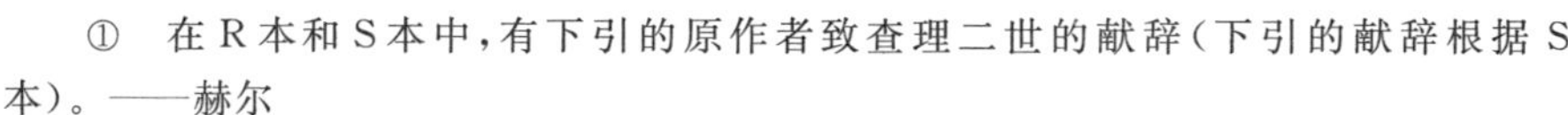

① 在R本和S本中，有下引的原作者致查理二世的献辞（下引的献辞根据S本）。——赫尔

“呈无上英明的国王陛下

愿我的话能够符合陛下的心意。

由于敢任意全部否定算术这一门学科的人，是极少数的，所以，认为算术应用到收入事项以外的国家事务极为必要的人，也是极少数的。因此，为了一些正在努力使自己成为陛下的合格的仆人的年轻贵族们起见，我敢于在本篇论文所述的十点政治性的结论中，指出常见而平易的计算的效用。这里，我衷心希望陛下能饶恕我将庸俗的技艺运用到具有崇高性质的各种问题和我自己的职业和能力所不能接触到的各种问题上面。但是，由于任何不拔、高超的事理，都必定有其浅薄、平凡的来源，所以我衷心希望，我做这件事情，绝不是狂妄非分，同时，也不至于受到陛下叱责。因为这种努力是正当的……”——原文到这里为止。——译者

② 配第似乎是这一句有名术语的发明人。这句术语出现在配第所著《论二重比》一文（1674年）前面致新城公爵（Duke of Newcastle）一封书信的一段文字中。因为它反映了配第本人对他的新科学的看法，所以引述如下。——赫尔

项,以及同君主的荣耀、人民的幸福和繁盛有极大关系的事项,都可以用算术的一般法则加以论证。所有的人都把先父看做是这一启示方法的发明人①。这种方法,就是用一种极普通的科学原理来说明世界中混乱而错综的情况。如果不是这部论文所述的学理引起了法国人不满的话,它们早就在很久以前就公诸社会,并获得追随者了,同时它们也许不必等到今天,早就被人们利用于增进人类的福利了。

出版本书的目的,是在于增进陛下治世的福祉和满足学者对它所抱的期望;同时也在于纪念仁慈的先父和向伟大的君王致礼;

"我的奥格耳爵士(Lord Ogle)现在正深切注意教育他的儿子,要将他的儿子培养成杰出的人物。由于想向爵士致意和表明我对爵士历来努力的谢意,我拜访了爵士,不单教公子一些数学上的知识,而且也教以各种各样的事物、材料以及现象,使他把数学运用到这些东西上面。因为线和数字离开了事物、材料和现象,就如同琵琶没有弦或者没有弹者一样。因为,爵士哟!在世界上尚有值得进一步加以提倡的政治算术和几何学正义(Geometrical Justice)。世上的错误和缺陷,即使能通过机智、修辞和利害关系使其减轻,但绝不能因此就获得医治,原因是:医治人世的虚妄、失调及矛盾,绝不是靠罗列修饰得极好的、押了韵的美丽词句,并借助于最美妙的风琴有节奏、有抑扬的伴奏的冗长的说教所能做到的。至于满篇自我吹嘘、听来很悦耳而且在形式上修饰得很动听的一派胡言,就更不会起什么作用。这种情况,和将白兰地酒或蜂蜜掺进质量低劣的葡萄酒中去,不会提高酒的质量,或者把大量胡椒或砂糖倒入烧坏的菜肴中,不会改变菜肴的味道的情况没有二致,因为事物是不愿意让人弄坏的(Nam Res nolunt male administrari)。"(配第所著《论二重比》前面致新城公爵的信)。这被看作是第一次使用"Political Arithmetik"(政治算术)这句术语的例子。(鲍尔[S. Bauer]:《政治算术史》,见帕尔格雷夫[Palgrave]的《政治经济学辞典》第1卷,第56页。)但是,配第想出这句术语,比这更早。他在给安格烈沙爵士(Lord Anglesea)的信中(1672年12月17日),就用了这句术语。(菲茨莫利斯[E. Fitzmaurice]:《威廉·配第传》,第158页。)同时,在本书的序言中他把本书称作"我很久以来就想建立的政治算术的一个范例"。——赫尔

① 参看C. 达芬南(C. Davenant):《政治和商业论文集》第1卷,第128页。——赫尔

此外还在于表达我对伟大的君王所抱的热诚与敬意，这应是陛下所抱的最高宿愿。

陛下的无比忠诚而又无比恭顺的臣民

谢耳本[①]

① Shelborne (Shelburne)是配第的长子，名叫查理(Charles Petty)，生于1673年，1696年逝世。1688年被叙为谢耳本男爵(Baron of Shelburne)，成为爱尔兰的贵族。——赫尔

原　序

人们当自己时运不佳、或对自己的事业感到悲观失望时，可不是像某些人所想的那样，努力于抗拒自己所面临的灾难，相反，他们却放弃一切努力，消沉颓丧下去，甚至连可能挽救自己的办法也不去考虑或采取。考虑及此，作为国家社会的一个成员，我认为次于对共同事业处于怎样的状况有真实的了解的事情，就是在任何可疑的情况下，都应往其最好的方面设想。因此，对于有可能使我对公共福利所抱的希望减少的一切因素，我都将细心地加以考察，如果没有有力而又明确的根据，绝不轻易绝望。

因此，我认为考察一下下述的各个信念是适宜的。以我个人所见，这些信念非常广泛地流行于世间[①]，对一部分人的心灵发生极大的影响，并且贻害千千万万的人。

许多人对英国的福利所抱的不安

他们认为：由于土地地租普遍下降，加上其他许多原因，整个

---

① 关于查理二世时代英国产业衰退的看法，参看罗雪尔（W. Roscher）：《16 与 17 世纪英国国民经济学史》，第 74 页，以及蔡尔德（J. Child，1630—1699）的《贸易新论》（*New Discourse of Trade*）的序文中所列关于“贸易的损失”的令人震惊的统计表。该书虽然出版于 1693 年，但它是 1669 年以前写的，故无疑反映了当时的舆论。——赫尔

王国日趋贫困[①]；在整个王国中，以前黄金很多，但是现在，金、银都甚为缺乏；人民找不到可就的行业和职业；同时土地上的居民很少，赋税项目繁多而且税率沉重；爱尔兰和美洲殖民地及王国新增加的其他领土，成为英国的沉重负担；苏格兰一无好处；产业景况普遍可悲地衰退了；在海军力量的竞赛方面，荷兰人正紧紧地在追赶我们，而法国人则正要迅速超过英、荷两国，看来他们既富有又强盛；法国人之所以不侵吞邻国，仅仅是由于他们宽大；最后，英国的教会和国家正面临着和产业所面临的相同的危险。此外，还有许多可怕的联想，不过我不想重述这些联想，相反，我倒要把它们掩藏起来[②]。

① 关于地租是繁荣的指标这一点，参看下列两书：W. 肯宁汉：《近代英国工商业的发展》第 2 卷，第 191 页，柏登（Patten）：《李嘉图释义》，见《经济学》杂志（季刊）第 7 期，第 324 页。——赫尔

② 配第的这一整段话，正如它的末尾一句所指出的，几乎概括了 1671 年伦敦出版的罗吉尔 · 科克（Roger Coke）所写的《论英国的国家和教会都同它的贸易一样处于险境》一书第一篇论文的要点。本书包括两篇论文，页码和折页码都是连续的，第 91 页有下列的标题：《荷兰贸易增长的原因，荷兰贸易的增长可以由导致荷兰人比英国人更善于经营管理贸易的原因得到论证；由于这些原因，荷兰人的贸易的改善大大超过英国人》。在第二篇论文中，科克说，向美洲殖民地的移民，使英国的贵重的产业衰退了。英国在取得各殖民地以前，由于缺乏人手从事这些行业，在毛织业方面每年损失了 48 万镑；在渔业方面损失了 137.2 万镑。他又说，“由于大力鼓励本应用来保卫英国既有产业的所有青年和劳动力，踊跃投入殖民地的产业，现在我们的这种缺口更加扩大。”（同书，第 16 页）爱尔兰也由于同样的原因，变得对英国不利。（同书，第 19—20 页）在海外贸易方面，荷兰人售出的商品比英国人多，价格也比较便宜，他们所得到的利益也比英国人大得多，因此，他们现在已经有了飞跃的发展，在航海方面已经成为一个十分巨大的力量，以致世界上有哪一个国家能够控制荷兰，是个疑问。（同书，第 128—129 页）奇怪的是，科克几乎没有提到考尔伯（J. B. Colbert，1619—1683）统治下，法国的竞争。列托兰治爵士（Sir Roger L'Estrange，1616—1704）所著《论渔业》（1674 年）一书说：荷兰人和其他国家的人民在陛下的领海中打捕的鳕鱼、青鱼、鲮鱼的价值，各年平均

英国的切实弊害、英国的改进[①]

下述的情况，无疑是真实的。这就是：最近用在外国商品上面的开支，为额甚巨；我国的许多银器如果不制成银器而铸成货币，将对产业发挥更大的效用；本来只应该依据自然规律、传统习惯和一般人的支持来办的许多事情，也受到法律的限制；最近的内战和瘟疫所造成的人命的伤亡和破坏极为惨重；伦敦大火及恰丹姆的灾难[②]在世人中间产生了对我们国家有害的想法；新教徒[③]增加了；爱尔兰人对于他们沦为的殖民地的处境已经感到不能忍受；居住在爱尔兰的英格兰人感到自己是异国人而不得不去寻求和外国人做些买卖——而这些买卖他们原来满可以和住在英格兰的同他们有利害关系的人进行的。但是，尽管有这些情况（同时，同它们相类似的情况，经常到处都有），另一方面却另有一些情况：这就是，伦敦的建筑较前宏大而且显得华丽了；美洲殖民地已经拥有四百艘船只；东印度公司的业务几乎等于原有资本的二倍；凡是能够

不下一千万镑。“这个估计，曾被多次公布，并被承认为没有问题可以通用的。”（《有关青鱼捕捞业的一些很有价值的论文》，伦敦1751年版，第45页。）此外参看本书第13页注②。——赫尔

① 原文这两个小标题分开，兹为阅读方便，合并为一个标题，后面也有这种情况，不另指明。——译者

② 指1667年6月10日荷兰舰队开进泰晤士河，炮击恰丹姆，烧毁了停泊在恰丹姆的英国船只的事件。（马汉〔Mahan〕：《海上强国的威力》，第132页——赫尔）据说，这个事件是由于整个英格兰舰队因军费困难陷于完全瘫痪状态而引起的（克拉克〔G. N. Clark〕：《斯图亚特王朝后期》，第65页）。——赫尔

③ 配第所指新教徒大概包括罗马天主教徒在内。在他的《进一步考察》一文中，将新教徒列入异端分子之列。——赫尔

提供可靠抵押品的人都能够以法定利息借到款项；建筑材料（甚至连槲木）几乎没有涨价；有的东西还落价，这对伦敦的重建有利[①]；交易所中和原来一样，商人拥挤不堪；街道上的叫化子和因盗窃等罪名而被判处徒刑的人，并没有比以前增多；大马车的数量与其装饰的华丽，都非从前所能相比；公共剧场甚为华丽；国王的海军和卫队比历次灾难以前都更加强大；牧师富有，大教堂正在修复中；由于人们反对目的在于使食物价格降低而从爱尔兰进口家畜的措施，许多土地都经过了改良，食物价格甚为相宜。简单地说，只要人们肯付出适宜程度的劳力，没有一个人会感到生活困难。虽然有一些人比别人贫困，但这不是现在才开始有的，以后永远会是这样。当然还有很多人生性爱发牢骚，嫉妒心重，但是这种毛病是自古以来就有的。

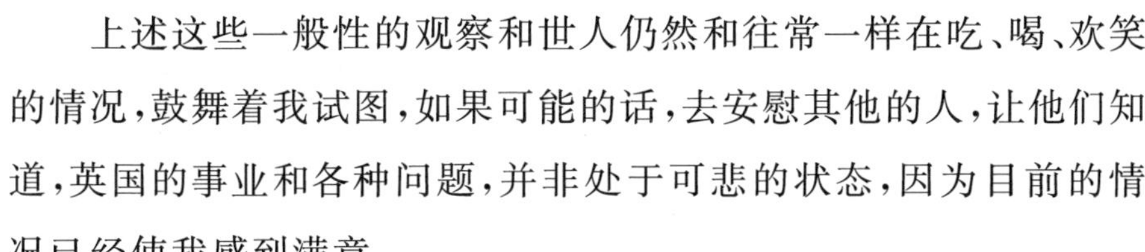

上述这些一般性的观察和世人仍然和往常一样在吃、喝、欢笑的情况，鼓舞着我试图，如果可能的话，去安慰其他的人，让他们知道，英国的事业和各种问题，并非处于可悲的状态，因为目前的情况已经使我感到满意。

作者立论的方法和态度

我进行这项工作所使用的方法，在目前还不是常见的。因为

① 科克承认，由于英国的木材质量良好，经久耐用，抵消了荷兰人一向享有的利益——即他们造船费只需英国造价的半数。但是，他认为英国所有最优等的木材，终于全部被浪费和耗尽在伦敦的重建上面，而且在这项重建中将会耗费更多这种木材。因此，科克不能理解：将来英国人建造质量相同的船只，怎么能不比荷兰人、丹麦人或法国人贵三倍（科克的第二篇论文，第 115 页）。——赫尔

和只使用比较级或最高级的词语以及单纯作思维的论证相反，我却采用了这样的方法，（作为我很久以来就想建立的政治算术的一个范例，）即用数字、重量和尺度的词汇来表达我自己想说的问题，只进行能诉诸人们的感官的论证和考察在性质上有可见的根据的原因。至于那些以某些人的容易变动的思想、意见、胃口和情绪为依据的原因，则留待别人去研究。这里我敢明白地说，老实说，以这些因素（容易变动的思想等等）为依据（即使这些因素可以叫做依据）的原因是不可能谈得透彻的。这种情况无异于掷骰子不能预言会掷出什么点，也无异于：即使运用迄今所发现的有关投射线和反射线或投射角和反光角的最精密的知识，（如果不经过长期练习，）也无法打会网球、台球和滚球。

我①的论旨和推论的性质

用数字、重量和尺度（它们构成我下面立论的基础）来表示的展望和论旨，都是真实的，即使不真实，也不会有明显的错误。即使这些展望和论旨本来不是真实的、可靠的和明显的，但是如果运用国家的权力，也就能够使它们变成真实、可靠和明显。“因为，能够证明为确实的东西，也就是确实的。”（Nam id certum est quod certum reddi potest）而且即使这些展望和论旨是错误的，那也不会错误到以它们为依据而进行的论证因此而受到破坏的程度；不管它们怎样错误，最低限度它们足可使我进行推论，借以指出如何

① 原文用第三人称，这里照中国习惯改译为第一人称。——译者

得到我所追求的那种知识[1]。我现在只打算详细叙述十点主要的结论。如果将来这十点结论被认为很重要，并值得进一步加以充分讨论的话，我希望所有善于思考同时又公平坦率的人士，能够纠正这些论旨中(这些推理是以这些推理为依据的)可能出现的错误、缺点及不完善之处。除此之外，我认为由政府来阐明靠私人努力所不能弄清楚的这些问题的真实情况，不会是不适当的。

① “that knowledge”。在 S 本中，配第将“the knowledge”改为“that knowledge”。——赫尔

第　一　章

一个领土小而且人口少的小国，由于它的位置、产业和政策优越，在财富和力量方面，可以同人口远为众多、领土远为辽阔的国家相抗衡。在这方面，特别是航海和水运的便利起着最显著而又最根本的作用。①

第一点主要的结论，因为很长，我把它分为三部分加以考察。第一部分就是：小国同时人口又少，但在财富和力量方面可以同人口远为众多、领土远为辽阔的国家相抗衡。

一个人，如果技艺高超，可以和许多人相抗衡；一英亩土地，如果加以改良，可以和辽阔的土地相抗衡②

第一点主要结论中的这一部分几乎是不需要证明的。因为，

① 原书目次标题和正文标题在文字上多少有出入，中译加以统一，数字除外。——译者

② 在S本及R本中都没有这样的标题。——赫尔

纵使是一英亩土地，如果土质肥沃，它就能够生产出20英亩土地所能生产的谷物，可以养活20英亩土地所能养活的家畜；有的土地在自然条件上易于防守，100个人占据了它，就能够抵御500个人的侵犯。而且，贫瘠的土地，经过改良，也可以变为肥沃的土地，沼地经过排水也可以成为牧场。长满灌木的荒地（像在弗兰德斯那样）经过加工，可以种植亚麻或三叶草，这样，它的价值就会增加100倍①。同一块土地，如果在上面建筑房屋，则它所提供的地租要比充作牧场多100倍。有的人比别人更敏捷、更强壮和更加耐劳。有的人，由于他有技艺，一个人就能够做许多没有本领的人所能做的许多工作。例如，一个人用磨粉机把谷物磨成粉，他所能磨出的分量会等于20个人用石臼所能舂碎的分量。一个印刷工人所能印出的册数，会等于100个人用手抄写出来的册数。一匹马，如果用以拉车，则所能载运的重量，等于5匹马所能驮的重量；用船载运或在冰上拖运，所能运输的重量等于20匹马所能驮的重量②。所以我再说一遍，这个一般性论旨的第一点，几乎是不需要证明的。至于这一结论的第二部分，同时又是更加重要的部分，就在于说明上述土地和人口方面的差别，主要是由于这些国家所处的位置、所拥有的产业和所执行的政策造成的。

---

① 这是配第的朋友哈特里普（Samuel Hartlip，1599—1670）喜欢谈的一种构想，参看本书第4页注①。——赫尔

② 《博学的威廉·配第提出的关于陆路运输的试验》的目录，刊载于《伦敦皇家学会会报》第161期，1684年7月，第14卷，第666—667页。如果这些试验都经实际施行的话，就会得到有关牵引动作的材料，这些牵引动作的材料和配第在这里所作的推断相似。——赫尔

荷兰、西兰[①]和法国的比较

为了说明这个问题，我们且拿荷兰、西兰的情况和法兰西王国比较一下。荷兰及西兰的面积不超过100万英亩，而法兰西王国则超过8 000万英亩。

因为很难断定这些地方最初被开发的时候，法国的1英亩土地是否比荷兰或是西兰同样面积的土地更为肥沃；同时也很难断定当最初开发的时候，开垦者的人数同土地面积是否形成正比例，因此，两国最初的和原始的差别，只能按两国土地面积的对比来断定。根据这一点看来，如果[②]人口同土地不成正比例的话，那两国之间的差异必然是土地的位置和这些土地上所居住的人民所经营的产业以及他们所执行的政策所造成的。

其次，应该指出，今日荷兰和西兰在富强上并不是只有法国的八十分之一，它们已经进步到相当于法国的三分之一或者三分之一左右的程度。这一点我认为就以下各点加以对比，会明显地表现出来。这就是：

法国的土地与荷兰和西兰土地对比在价值上为8∶1

法国的财富，据1647年发行的一本该王国地图的记载，为1 500万镑，其中有600万镑属于教会所有。我想作者是单指地租

① 西兰(Zealand)和荷兰同为17世纪尼德兰联邦共和国的两个岛邦。——译者

② S本为“现在如果……”，“现在”两字为配第所加。——赫尔

而言。一本讨论农业的极为慎重的著作的作者(据推测为理查·惠斯顿爵士[①])依据推理和实际经验认为,尼德兰的土地,由于种植亚麻、芜菁、三叶草、茜草等作物,每英亩能够轻易地生产价值1英镑的产物。这样,根据他的估计,荷兰和西兰的各地区,每年最少可以生产价值1 000万英镑的作物。但是,我不相信实际数字有上述那么大,也不相信关于法国的数字像上述那么小。恰恰相反,我倒认为法国同荷兰和西兰的比例,约为七或八比一。

阿姆斯特丹的建筑物,价值大约等于巴黎的建筑物的一半。法国的房屋的价值大约五倍于荷兰和西兰房屋的价值

阿姆斯特丹的人口为巴黎或伦敦的三分之一,后两个都市,在人口方面——如这两个都市的殡葬和洗礼统计表所指出的——相差不到二十分之一[②]。但是,由于阿姆斯特丹比巴黎有更多的建筑物、运河边道以及桥梁,同时费用也较大,故阿姆斯特丹建筑物的价值足有巴黎建筑物价值的一半。不仅如此,荷兰和西兰最穷苦人民的住屋也要比法国强1倍到2倍。然而,因为后者和前者

① 惠斯顿(Sir Richard Weston,1591—1652)的《论布拉邦特和弗兰德斯所实行的耕作法》(1652年)和哈特里普的《谈话集》、《论遗产》及《一位绅士留给他的儿子们的关于改良生熟荒地的遗训》(1670年)。这四本书里互相关联之处甚多。这四本书实际上等于一本书,参看德尔克(H. Dircks):《哈特里普传》(1865年),第62—87页,书中附有哈特里普的著作目录。——赫尔

② 巴黎的殡葬、洗礼统计表是从1670年开始编制的。(参阅格兰特的《对死亡表所作的自然和政治的观察》末尾部分有关这个问题的注释)在1670年至1676年之间,巴黎和伦敦出生人数相差二十分之一以上,两市的殡葬数字,除了1672年之外,每年也相差二十分之一以上。——赫尔

的人口比例为 13∶1，所以两者房屋的价值，应为 5∶1。

荷兰的船只等于法国的九倍。荷兰和法国在东印度公司中的比较

欧洲船只约有 200 万吨。其中，估计英格兰人占 55 万吨，荷兰人占 90 万吨，法国人占 10 万吨，汉堡人、丹麦人、瑞典人和但泽人共占 25 万吨，西班牙人、葡萄牙人和意大利人共占 25 万吨。这样，单就法国的船只和荷兰与西兰的船只而言，约为一与九之比。其价值，如按大小、新旧平均每吨为 8[①] 镑计算，则为 80 万镑与 720 万镑之比。在东印度公司中，荷兰人的资本在 300 万镑以上，而法国人则依然是几乎或者完全没有资本。

法国和荷兰的出口贸易为 5∶21

据估计，法国向世界各地输出货物的价值，等于运往英格兰的货物价值的 4 倍，因此，总共约为 500 万[②]镑，而荷兰运往英格兰

① S 本原为“九”，后来配第将其改为“八”。R 本也作“八”。——赫尔

② 这项估计，在本书第 67 页还要讨论，它比本书第 86 页所引福特雷（Samuel Fortrey，1622—1681）关于英国自法国输入的数字要小得多。据有名的《目前英法两国之间所执行的贸易计划》一书（1674 年）所载，英国自法国输入总额为 113.615 万镑，而对法国输出总额则只有 17.1021 万镑。这些数字被转载于森默（Somer）的《短篇集》第 8 卷，第 30—31 页和《议会史》第 4 卷附录。据说，这个估计是当它发表于查理·金（Charles King）主编的《不列颠商人》杂志的时候，由伦敦各种各类的商人遵照同法国缔结商约的委员们的指示，尽可能精确地计算出来的。（见《不列颠商人》第 1 卷，1721 年版，第 181 页。）但同杂志第 2 卷，则称这个数字是引自关税专员唐宁（Sir George Downing，1623？—1684）1675 年 3 月 9 日向枢密院所提出的报告。不管它的真实的来源如何，在配第执笔的当时，这个数字是世所周知的，它和他把进口额估计为“每年不超过 120 万镑”（见本书第 67 页）一事，可能有一些关系。《制图家》杂志认为，《不列

的货物的价值，则为 300 万镑，此外，运往世界各地的货物价值达到这个数目的 6 倍。

法国的收入。荷兰和西兰的税收

法国国王每年征收的资金，根据 1669 年刊行、又经当局多次重印出版的题为《法国现状》[①] 一书（这本书是献给法国国王的）所载，为 8.2 亿法国里弗（livre），约合 650 万英镑。据该书作者说，上述总额因为滞缴和无力缴纳的缘故而减少了五分之一。所以，我估计，实际征收到的不会超过 500 万镑。但是某些人却认为，法国国王征收了 1 000 万镑，即等于法国资产的五分之一。关于这一点，我想作保守一点的估计：法国用于装备或建设陆军、海军、建筑房屋、娱乐场所各方面——这些东西很有名气，以至于我们大家都知道——的费用，就过去七年中任何一年来说，都不需要 600 万镑。

颠商人》所载的估计不确实。它说，出口数字是考尔伯将法国关税大大提高以后的 1668 年的数字，而进口数字则是 1674 年的。《制图家》的数字显然是引自达芬南：《给委员会的报告》，1713 年 5 月 26—28 日出版的《制图家》对 1668—1669 年的进出口额作了独自的估计：进口为 54.1584 万镑，出口为 10.8699 万镑。——赫尔

① 《法国现状》包括：王国的勋位、显贵及纹章。原著系法文（尼可拉·贝松涅[Nicolas Besongne]著），1671 年伦敦出版英译本。1669 年出版的英译本一本也找不到。在那一年，由伦诺姆（Jean Rinom）印行了《法兰西国家，我们在那里看到的所有的王子、公爵以及其他贵族》一书。《法国现状》英译本中记载的赋税和捐献共达 555.9208万里弗。但是，保罗·黑·查斯特勒（Paul Haÿ du Chastelet）著的《论法国现状》一书则说："在最近这样的混乱时期，有许多人无力缴纳，那是无可置疑的。根据这一理由可以认为，这个估计不是近年的情况，而是以前的情况。陛下于 1648 年下令豁免了上述各种赋税的五分之一，但是这个命令撤销以后，各种赋税却增加了三分之一以上。"（同书，第 457—458 页）《论法国现状》一书于 1672 年在科伦或阿姆斯特丹出版。参看维勒：《假的和虚构的印刷地点》第 2 卷，第 25 页。不过，这本书并不是由当局出版的。——赫尔

所以,我估计国王不曾征收过超过上述数额的资金。在赋税额最高只有这些数字的情况下,尚有五分之一收不上来,更可以证明这一点。但是荷兰和西兰的税收,就占全联邦总税收额的67%,而阿姆斯特丹市的税收又占了这67中的27。如果阿姆斯特丹税收每天为4 000弗兰德斯镑,即一年税收约为[①] 140万弗兰德斯镑(合80万英镑)的话,那么合计起来,荷兰和西兰每年税收就达210万镑。为什么我对荷兰和西兰的税收额作这样的估计呢?理由是这样的:

1.《尼德兰状况[②]》一书的作者这样估计。

2.阿姆斯特丹对食品所课征的国内消费税,据估计,大约超过这些食品原有价值的50%,即:谷粉每蒲式耳征税20斯太弗[③],或每拉斯特征63盾;啤酒每桶征收113斯太弗;房屋征收租金的六分之一;水果征收售价的八分之一,其他货品则分别征收其价格的七分之一、八分之一、九分之一、十二分之一不等;盐的税率没有规定;所有可以衡量的货物,除上述捐税之外,都要缴纳巨额款项。假定阿姆斯特丹居民的开支,除去国内消费税不计在内,平均每人每年为8镑(英国为7镑),如果每人因缴纳上述各种捐税而多开支5镑,那么,阿姆斯特丹——因为有16万人口——每年就要缴

① 在S本中,配第加"约为"二字,R本则为"每年约146万弗兰德斯镑,或80万英镑以上"。——赫尔

② "据例行发表的数字,各州对战费的负担,荷兰负担了57%,仅阿姆斯特丹一市在这57中就负担了27。由此可以推算出这个都市究有多少财富。它的收入每天超过4000镑。"(威廉·阿尔比贡[William Albigony]编:《联合邦现状》,1671年伦敦第二版,第360页。)——赫尔

③ Stiver,荷兰旧货币的小单位。——译者

纳国内消费税及其他捐税达 80 万镑。

3. 假如每人每年开支达 13 镑，那么，在阿姆斯特丹几乎没有人收入不超过这个开支数额，这是人所共知的。

4. 如果荷兰和西兰每年税收为 210 万镑的话，那么全联邦税收总额就为 300 万镑。如果每年税收达不到这个数目，恐怕就不够应付同英国进行海上战争和维持 7.2 万名陆军以及支付政府的其他一切日常开支（其中教会经费也占一部分）的需要。综合上述各点，可以得出这样的结论，即法国所征收的公共经费，不会超过荷兰和西兰的三倍。

荷兰和法国利息的差异

5. 在法国，贷款的利息，每百镑为 7 镑，而荷兰至多只有它的一半。

6. 荷兰和西兰的各地区，犹如被海水、船只和沼泽捍卫着的岛屿，所以它的防御经费只需要平坦而开放的地区的四分之一就够了。而且，在这些地区，不论冬季夏季都可以进行战争这种危险的把戏，而其他地方，除了夏天外，几乎[①]不能进行战争。

法国和荷兰盈余收益的差异

7. 除了上面所考虑的各点之外，盈余收益也值得最先考虑。因为一个国王不管有多么众多的臣民，国土多么肥沃，如果他懒惰或穷奢极欲，或者压制人民和胡作非为，从而收益一进来就马上花

① 在 S 本中，原为“完全……”，后来被配第改为“几乎……”。——赫尔

光的话，其国必定贫穷。因此，应该研究，现在的荷兰和西兰比一百年前究竟好到什么程度，或者好了多少倍。对法国，我们也需要这样做。如果法国的财富和力量仅增加一倍，而荷兰和西兰的财富和力量增加九倍的话，虽然一方所增加的十分之九，没有超过另一方所增加的二分之一，我还是认为后者（荷兰和西兰）胜过前者（法国）。因为一方拥有 9 年的储备，而另一方却只有 1 年的储备。

综合以上所述，可以得出如下的结论：虽然法国同荷兰和西兰在人口方面的比例为 13∶1，在肥沃土地面积方面为 80∶1，但是法国的财富和力量并不比荷兰和西兰强 13 倍，更不用说强 80 倍了，它只不过强 3 倍多一点。这一点是会得到证明的。

法国和荷兰之间的差异的原因

以上，把第一点主要结论的最初两部分，简单扼要地交代清楚了。接着应该指出，上述财富和力量增进上的差异，是由各国的位置、产业和政策，特别是海运和水运的便利造成的。

许多有关这个问题的著作夸大其词，把荷兰人说成是超人，而把其他国家的人民说成是低人一等的动物，在这些方面（即关于产业和政策这些问题），他们把前者恭维为天使，把后者形容成呆子、牲畜和酒鬼[①]。与此相反，我却认为，荷兰人完成他们宏伟事业的基础，根源于该国的位置；因为有这种良好的基础，所以荷兰人完成了他国人民所不能作到的业绩，得到了他国人民所不能得到的利益。

① 罗雪尔：《16 与 17 世纪英国国民经济学史》，第 57 页。——赫尔

即使二者的地租相同，丰肥的土地比硗瘠的土地优越，从而荷兰比法国优越的原因

第一，荷兰和西兰的土地为低洼之地，土质肥沃。因此，土地能够养活许多人，从而，人们有可能聚居在一起，在产业上做到互相帮助。我认为，能够养活1 000人的1 000英亩的土地，优于不能生产任何东西的1万英亩的土地。理由如下：

1. 假如有1 000人从事建筑一个大手工场，如果这1 000人住在1 000英亩土地上面，难道不比他们被迫住在面积大10倍的土地上，可以节省许多时间吗？

2. 对1 000人的灵魂进行拯救所需要的经费和所需的神职人员，后者比前者要多得多，就联合抵抗外敌侵犯，以至就共同防御窃贼和强盗而言，情况也是这样。不仅如此，在证人和当事人容易传讯、出庭花费少的地方，以及居民的行动容易被了解，作恶和侵犯他人权利的行为无法隐蔽的地方（如在人口稀少的地方就是这样），司法费用要省得多。

最后，住在人迹罕到之地的人们，一个人既要自任士兵，又要自任牧师、医生以至法官。同时，他们的房屋（好像将要进行远洋航行的船只那样）必须储藏有必要数量的粮食，而这种储存会造成很大的浪费和付出不必要的开支。荷兰人所有的这第一条便利条件所具有的价值，我推算（或估计）[①]，每年约为10万镑。

① 在S本中，配第加添“或估计”，在R本中则没有这一句。——赫尔

荷兰因地势平坦和使用风车而得到的利益

第二，荷兰地势平坦，潮湿，水蒸气多，经常刮风，所以该国到处都可以设置风车。因有这样的便利条件，他们能够节省好几千人的劳动。因为一个人花半年时间建成的磨粉坊，所能做的作业，等于 4 个人花 5 年时间所能做的作业。这种利益，因劳动的加强或减轻而大小不一。在荷兰，这种利益特别大，因这种便利而产生的价值将近 15 万镑。

荷兰在工业和商业上的利益。荷兰和西兰位于三条大江的江口

第三，工业的收益比农业多得多，而商业的收益又比工业多得多。荷兰和西兰位于流经好几个丰饶的国家的三条大江的江口，能够让这些江河两岸的居民专门从事农业，而自己却成为工厂主，对这些农民的各种产品进行加工。他们几乎按照自己随意规定的价格，将这些产品向世界各地推销，从中得到利益。简单说来，荷兰和西兰掌握着三大江河流域各国产业的钥匙。这第三条便利条件所具有的价值，我估计为 20 万镑[①]。

靠近可通航的水道

第四，在荷兰和西兰几乎没有一个工场所在地或商业所在地离可通航的水面一英里远，而水路运费一般却只有陆路运费的十

① 在 S 本和 R 本中，配第都把“为……镑”改为“我估计为……镑”。——赫尔

五分之一或者二十分之一。所以如果荷兰的商业有法国那样的繁荣，那么，荷兰人由于在全部开销方面少花十五分之十四的邮递费和运费，因此他们的商品售价就比法国的商品售价相应地低；其销路也就比法国商品销路大。这些邮递运输费用就是在英国，我估计每年也达 30 万镑。在英国，单是信件邮递费，——尽管邮政业务是以很低款额包人承办，——人民每年大概就要花 5 万镑。而马匹和搬运工提供的其他一切劳务的费用，最少要达到上述数字的 6 倍。荷兰和西兰所享有的这种便利条件所具有的价值，我估计一年为 30 万镑。

荷兰易于防守

第五，这个国家由于它的处于海中的岛屿[①]纵横交错、沼泽地和难于通行的沟壕很多，所以易于防守。特别是考虑到因为国家富有而易受到觊觎的情况，尤其如此。我认为这个国家的国防费用，比起纯粹处在平原地带的国家，一年最少要节省 20 万镑。

船只停泊费低微

第六，荷兰有一个非常重要的特点，这就是船只停泊港口时，只需要低微的人工费用和停泊所用绳索费用。因为这一点，荷兰每年要比法国节省 20 万镑。这样，假如上述一切天然的有利条件所带来的利润每年超过 100 万镑，又假如我们欧洲人所经营的全

① 在 S 本配第加入“为海洋和沟壕所包围”，然后又将这一句删去，R 本则没有这种情况。——赫尔

部欧洲贸易，不，全部世界贸易，每年不超过 4 500 万镑，而这份价值的五十分之一构成利润的七分之一的话，那么很明显，荷兰是能够控制和支配全部贸易的。

渔业的利益

第七，像这样面临海洋、本国盛产鲜鱼、掌握着航运方面的支配权的人们，必然要垄断渔业。在这渔业中，单是打捕青鱼一项每年为荷兰人带来的利润，就超过西印度贸易给西班牙人带来的利润和东印度贸易给荷兰人自己带来的利润。许多人[①]断定，荷兰人也这样承认，在这方面，他们每年获利大约在 300 万镑以上。

在航海必需品上面的利益

第八，以航海和捕鱼为业的人[②]，无疑地要掌握制造船只、划船、船桅及木桶所需的木料的贸易，掌握制造绳缆、船篷及鱼网所用的大麻的贸易，同时也要掌握盐、铁、沥青、树脂、硫磺、油及兽脂的贸易，作为航海和捕鱼所必需的附带事业。

适合于从事全球贸易

第九，在航海和捕鱼方面占着优势地位的人，比别人有更多的

① 在 S 本中，配第加入“许多人……”。——赫尔

② 参看下列各书：约翰·基摩尔（John Keymour）：《评荷兰 1601 年的渔业，事实证明邻国在荷兰领海中打捕青鱼及其他海鱼一年比西班牙王国在西印度群岛四年所取得的财富还多》，伦敦 1664 年版；约翰·布罗（John Burroughs）：《不列颠领海的主权》，伦敦 1651 年版，第 115 页；约翰·艾维林（John Evelyn）：《麦克库洛赫的商业论文选集中的航海和商业》，第 95 页及注四，第 242 页。——赫尔

机会时常周游世界各地。因而也就有许许多多机会到处考察哪里缺乏哪些东西，哪里什么东西过剩，各国人民能做些什么，需要什么。其结果，他们就成为整个贸易界的代理人和经纪人。由于这个缘故，他们把所有的当地土产运到本国加工制造，然后甚至又把它运回原产地出售。这些都是有目共睹的事实。

他们不是在加工西印度群岛所产的糖吗？不是在加工波罗的海地区的木材和生铁吗？不是在加工俄国的大麻吗？不是在加工英国的铅、锡和羊毛吗？不是在加工意大利的水银和丝绸吗？不是在加工土耳其的棉纱和染料吗？简言之，在所有古代国家或古代帝国，谁经营航运谁就占有财富。如果各种货物价格的2%构成利润的20%的话，那么，很明显，有能力经营总值为4 500万镑的贸易的人，就会比别人多赚100万镑(按照单计算自然的[①]和固有的利益推算)。即使没有天使般的机智和判断能力(这种机智和判断能力，某些人认为是荷兰人所特有的)，他们也能够轻易地掌握世界的贸易。

上面我已经讨论了荷兰的位置，现在就其产业谈一谈。

产业的人为的利益

正如大家所习见的，各国都擅长于制造本国的特产。例如，英国擅长于制造毛织品，法国擅长于制造纸张，鲁意克兰擅长于制造铁器，葡萄牙擅长于制造糖果，意大利擅长于制造丝绸。根据这个道理看来，荷兰和西兰则最擅长于航海业，因此她们乃成为整个贸

① 在S本、R本中原为"相互的利益"，后来在S本中配第把它改为"自然的"。——赫尔

易世界的经纪人和代理人。航海业的利益如下：

农民[①]、海员、士兵、工匠和商人乃是国家的真正支柱。而一个海员则兼任上述四种人中的三种

农民、海员、士兵、工匠[②]和商人，在任何国家都是社会的真正支柱[③]。所有其他职业，都是由于作为支柱的人们有缺点或不能完成任务而产生的。一个海员一身兼任上述四种人中的三种。因此每一个勤勉而又机敏的海员，不单是一个航海家，而且是一个商人，同时也是一个士兵。其原因并不在于海员时常有作战和执掌武器的机会，而在于他们经常生活在有断送性命或丧失四肢之虞的灾难和危险之中。由上述海员的资格看来，训练和操练等作业，只是军事训练的一小部分，这是能够很快甚至立即学会的；但是其他方面则不经过长年而又充满痛苦的过程，是学不会的。因此能够拥有许多海员，是个无法估量的有利条件。

一个海员相当于三个农民

2.[④]英国的农民每周劳动所得不过 4 先令，而海员通过工资、食品以及房屋等其他各种供应所得到的收益多到 12 先令，所以，一个海员实际上等于三个农民。因此，尽管荷兰和西兰几乎不种

① 配第在本书中所说的“农民”，实际上是指“农业劳动者”，下同。——译者

② S 本中，配第加添了“工匠”一词，R 本中无此词。但配第却忘了在以后三行将“‘四者’中的‘三者’”一语作相应的修改。——赫尔

③ 参看《荷兰共和国和西弗里斯兰省的神圣政治基础及原则的指导》(1669 年)，英译本，第 111 页。——赫尔

④ 原文中在这“2”字前面一段没有“1”字。——译者

植谷物和饲养幼畜，但是，它们的土地却由于建筑房屋，建造船只，制造机器，开凿壕沟，修建码头和游乐园，栽培珍贵的花草果木，以及家畜的挤奶和饲养，油菜、亚麻、茜草的种植等作业（这些作业都是各种有利的制造业的基础）而得到改良。

3. 别种人的作业只限于在本国进行，而海员的作业则广泛地在全世界范围内进行。因此，正如海员所指出的，虽然在某些地方或某个时候会发生商业萧条的情况，但是，在世界上总会有一些地方却会经常保持市景繁盛和粮食富足的局面，这是无容置疑的。这种好处，是从事航海的人，也只有他们才享受得到的。

金、银、珠宝是一般的财富

4. 产业的巨大和终极的成果，不是一般财富的充裕，而是金、银和珠宝的富足。金、银、珠宝不易腐朽，也不像其他物品那样容易变质①，它们在任何时候，任何地方都是财富。然而酒品、谷物、鸟肉、兽肉之类的东西尽管很多，它们却只是一时一地的财富。因此一个国家生产金、银、珠宝，或者经营会使本国积累金、银、珠宝的产业，比经营任何别的产业都有利。但是，海员的劳动和船只的运费，通常却具有一种出口商品的性质，这类出口商品如多过进口商品，就会为本国带回货币之类的财物。

荷兰人航运费低廉的原因

5. 垄断海上贸易的人，由于所花运费比别人少，比须负担较大

① 在S本中，由配第加添“不像其他物品那样容易变质”。——赫尔

运费的人会获得较多的利润。原因是这样：譬如织布，一人梳清，一人纺纱，另一人织造，又一人拉引，再一人整理，最后又一人将其压平包装，这样分工生产，和只是单独一个人笨拙地担负上述全部操作比起来，所花的成本一定较低。同样，垄断航海业的人，可以建造细长的船只，以载运桅樯、枞木、木板，梁木等物品，同时也可以建造短身的船只，以载运铅、铁、石块等物品。在开往不会有触礁危险的港口做买卖时，他们可以用一种船，而在航行 12 小时内要搁浅二次的地方，他们又可以用另一种船。在平时或运载价廉的粗劣的物品时，他们用一种船和一种掌船的方法。战时或载运贵重物品时，他们又采用另一种船和另一种掌船的方法。在风浪大的海洋，他们用一种船，而在内江内河他们又用另一种船。在为了最先赶到市场要求迅速的情况下，他们用一种船和一种绳缆，而在不在乎时间相差五分之一或四分之一的情况下，他们又用另一种船和另一种绳缆。在远洋航行时用一种竖立桅杆的方式和系结绳缆的方式，而在沿岸航行时，又用另一种竖立桅杆的方式和系结绳缆的方式。捕鱼时用一种船，贸易时又用另一种船；在同外国作战时用一种船，而在单纯运输货物时，又用另一种船。他们有的船用桨，有的船用竹篙，有的船用帆，还有的船用人和马拖拉。有的船用于航行凝结着冰块的北方海洋，有的船用于航行需要不断和蛀船虫作斗争的南方海洋，诸如此类，不一而足[①]。我认为上述各点是荷兰人所以能够以低于其邻国人的运费进行贸易的许多原因

① 关于配第的建造船只的试验以及他就这个问题所写的著作，参看《配第论文集》序言第三部分；菲茨莫利斯：《威廉·配第传》，第 109—115、256、266 页。——赫尔

中的主要原因。也就是说,荷兰人能够适应各种特定业务的需要,使用特定种类的船只。

荷兰的政策

以上说明了:所处的位置怎样促使荷兰人发展了航海业;航海业实际上又怎样促使他们发展了其他所有产业;还有,对外贸易又是怎样不可避免地促使他们发展了其所能自行经营的许多工业;为了解决工业急剧发展的需要,他们又是怎样地把世界上多余的人手变成了他们手工工场的工人。这样,剩下的问题,就是说明荷兰人政策的效果。不过,这种政策是依据上述天然的有利条件而制定的,可不是像少数人所想象的那样,是出自荷兰人的超人智力。

我在前面略而未提的一件事就是,荷兰人一百年来始终是一个穷苦、被压迫的民族,他们住在自然条件不好——寒冷、潮湿而不舒服的地方,同时,还由于被视为宗教上的异端而受到迫害。

因此,必然要出现如下的情况。这就是,这个民族必须进行艰苦的劳动,使所有人手从事工作;不论贫、富、老、少都必须研究有关数量、重量以及长度的技艺,生活必须刻苦,必须供养无法靠自己的劳动来获得收益的、没有工作能力的人和孤儿,必须处罚懒汉,强迫他们劳动,而不是使他们变成无用的人①。所有这些情况,有人认为是出自荷兰人明智的创造,但是我并不认为是这样。我认为,以他们的处境,除了那样做以外,没有其他办法。

信教自由、资产转让登记制的采用、关税税率低、银行、贷款业

① S本中,由配第添加了"不是使他们变成无用的人"。——赫尔

的经营和创设以及商法的制定，都是和上述各种情况同出一源而同归一海的。至于利率的低微，也同样是上述各种情况的必然结果，而不是出自荷兰人的创造或发明。

缩短桅杆

因此，我们应该专就上述各种情况分别说明它们的效果，并应首先谈谈信教自由问题。不过，在讨论这些问题之前，我必须谈一谈几乎被人遗忘的一种做法（它是否同产业和政策有关系，并不重要）。这就是荷兰人用自己的船只载运贱价的粗劣货物和其销路同季节没有多大关系的货物时，采用短桅杆扬帆航行的方法。

值得注意的是，假定有两只船，它们的大小和形状都一样，如果一只船挂长达 1 600 码的帆篷，另一只船挂长达 2 500 码的帆篷，在这种情况下，两只船的速度为四与五之比，因此将同一批木料运回本国，前一艘船需五天，后一艘船则只需四天。这是就这两艘船只航行四天或五天的时间来说的。但是，我们如果假定它们的航程为三十天，那么，一艘船诚然比另一艘船多航行了五分之一的时间，而就全部航程来说，这一艘船不过只多花了三十分之一的时间。假如桅杆、帆桁、绳缆、锚索及锚等工具的数量取决于帆篷的数量和尺寸，因而水手人数也取决于帆篷的数量和尺寸的话，那么，一艘船在航行中虽然只不过损失了三十分之一的时间以及有关的器具和人手，但它在运费支出上面却节约了三分之一。

信教自由及荷兰有信仰自由的原因

现在来谈谈荷兰人的第一项政策，即信教自由的问题。据我个人的看法，荷兰人是根据以下理由承认信教自由的。（但是，国家还是经常保持一批军队来维持公共安宁。）1.荷兰人为了避免向僧侣缴纳捐税而和西班牙断绝外交关系。2.这些不信国教的人大部分是有思想、严肃认真和坚忍顽强的人（尽管他们的想法[①]是十分错误的），他们相信劳动和勤勉是自己对神的义务。3.这些人相信神的正义，他们看到放纵淫逸的人在世界上最享乐，而且享受最好的东西，因此下决心不和这种荒淫无耻之徒，不和极其富有同时又有极大权力的人（这些人认为这些财富和权力是他们在这个世界所应该有的）共同信仰一种宗教或共同从事一种职业。

4.他们深切地体会到，一个人不能信仰他所愿意信仰的宗教，同时强迫人们承认他们信仰自己实际上并不信仰的宗教，都是无益的、荒谬的，同时也是一种不尊敬神的行为。

5.荷兰人知道：他们自己并不是正确无误的教派；其他的人也像他们自己一样奉圣经为指南，而且他们也同样关心拯救自己的灵魂；因此，他们不认为把这项事宜视作自己的任务是适当的。他们只不过要求自己所雇用的海员立契保证绝不轻易地把他们所有的船只和生命断送掉。

6.荷兰人注意到，他们自己使用（或需要）神职人员一人，但德国和西班牙（特别是后者）却使用（或需要）大约一百人，而这些神职人员所主要关心的事情，端在于维护教义的统一。荷兰人认为这种事情是一种多余的负担。

① 在S本中，把“原理”改为“想法”，在R本中，把“主要”改为“原理”。——赫尔

7. 他们注意到，在维护教义的统一上花费力气最多的地方，异端分子也最多。

8. 他们相信，假如在人民中有四分之一是异端，又假如这四分之一的人口由于某种奇迹被全部消灭了，但在不久之后，其余的人又会有四分之一以某种方式或另一种方式变成异端。因为人们对超越感觉和理性的问题抱有不同见解，是很自然的事；而财产不多的人认为他们自己才智过人、理解力较高，在神的事务方面尤其如此。因此，他们认为对神的事务的理解，主要是贫民的事情，这也是很自然的。

任何一个国家的商业主要都是由异端分子经营的。把欧洲所有信仰天主教的海员加在一起，也不足以配备英国国王的舰队

他们认为《使徒行传》中所描写的原始基督徒的状况和现在异端分子的状况很相似（我认为表面如此）。不仅如此，商业往往不是（像有些人所想的那样）在最得人心的政府统治之下最繁荣，恰恰相反，不论在任何国家、任何政府统治之下，商业都是由其中的异端分子和表明其信仰和公认的信仰不同的那一部分人经营的，而且经营得十分旺盛，这是值得注意的。换句话说，在印度，伊斯兰教是公认的宗教，但是在那里，信印度教的掮客却是占十分重要地位的商人。在土耳其帝国，犹太人和基督徒是占最重要地位的商人。在威尼斯、那不勒斯、利伏诺、热诺亚及里斯本，犹太族和非天主教的外国商人又是占最重要地位的商人。简言之，在欧洲目前或不久以前，罗马天主教被确定作国教的那一部分地区，全部商

业的四分之三掌握在从天主教会分裂出来的人们手里。换句话说,英格兰、苏格兰和爱尔兰的居民和包括荷兰、西兰在内的联邦各州以及丹麦、瑞典和挪威的居民,以致德国信奉新教的君主的臣民及汉撒各城市,目前掌握着世界全部商业的四分之三。甚至在法国本身,相对而言,胡格诺教徒又是最有势力的商人。在爱尔兰,上述天主教不是公认的宗教,但表明自己信仰天主教的人却掌握着大部分的商业,这也是无可否认的事实。由此可见,商业并不是同上述的某种宗教联系在一起的,而是像上面所述的那样,是同全部居民中的一部分异端分子联系在一起的。我认为,就英国所有的最大商业都市而言,情况也是如此。同时我还深信不疑,把全世界信奉天主教的海员加在一起,也不足以有效地配备一支同英国国王现有舰队力量相当的舰队;但是非天主教徒的海员却足以配备比上述舰队多3倍以上的舰队。因此,被后一部分人尊崇为领导者的人,大致不会在海洋上的利益方面受到他人侵害。由此可见,为了发展商业起见(如果这能够成为充分的理由的话),就应该以宽容的态度对待信仰问题。不过,正如荷兰所作的那样,对于胡作非为,则必须用武力加以制止。

土地和房屋的所有权有保障

荷兰人所采取的第二项商业政策,换句话说,荷兰人所采取的鼓励商业的政策,就是对土地和房屋的所有权予以切实的保障。因为土地和房屋虽然可以称为"稳固的大地和不能移动的物件"(Terra Firma & res immobilis),但是它们的所有权却不稳固。这可从法学家和行政当局不乐于承认它是稳固的情况得到证明。因此,荷兰人乃通过登记制度及其他保证的方法,将所有权规定为和土地本身一样是不能移动的东西。因为对于通过劳动而获得的东西如果没有任何保障,也就是说,如果一个人经过多年[1]的艰苦劳动和忍受极端痛苦而获得的东西会在片刻之间[2]轻易地被别人用欺骗手段,或通过串通舞弊抑或施行诡计抢索而去,那就不可能鼓励人们勤勉劳动[3]。

关于英国采用登记制度的问题

关于英国采用登记制度的问题,历来有很多争论。大部分法学家认为英国土地所有权本来已十分稳固而有保障,反对采用这种制度。因此,不去考虑赞成与反对两方面的微不足道和不正确的理由,而由法院官员进行调查,在最近十年之间,由于不正当的地产转让,购买人损失了多少金钱或支付了多少代价(如果有登记制度的话,这种损失是可以避免的),这种做法是正确的。假如调查结果表明:人民由于没有登记制度,每年平均损失达转让地产总额的十分之一,那么,其次还需要计算一下,为了保证土地所有权安全而办理这种转让登记,每年要缴纳多少费用,然后,再将上述两笔金额加以比较,则这个聚讼纷纭的问题就会得到解决。但是,尽管如此,有些人仍然认为,虽然举办登记制度真正受到损失的人不多,然而,绝大多数的人,由于对办理登记有害怕心理,因此,他

① 在S本中,由配第加添“经过多年”和“片刻之间”。——赫尔

② 同上。

③ 配第本人曾经失去大批土地,这些土地他以前认为是属他所有的。参看菲茨莫利斯:《威廉·配第传》,第137、138、151页。——赫尔

们就不想把土地出卖了[①];所以,他们还是不赞成采用土地转让登记制度。

荷兰的银行

荷兰人的第三项政策就是设立银行。银行的功用,在于能使资金增加,或者,毋宁说在于能使零星资金在产业中起到巨额资金的作用。为了取得这样的效果,必须考虑下面几个问题:1.需要多少资金,才能够经营本国的产业?2.本国实际上有多少现金?3.需要多少货币,才能满足支付全年所有50镑以下的金额或任何其他更相称的金额的需要?4.银行经营者能对多大金额提供安全保证?彻底弄清以上四点,也就会明了,在上述现金中有多少可以安全而有利地[②]存入银行;同时也可以明了这笔存款相当于多少现金。譬方说,假定经营本国贸易,需要15万镑资金,可是本国却只有6万镑现金,又假定应付所有50镑以下金额的支付,需要有2万镑现金,在这种情况之下,假如6万镑现金中,有4万镑存入银行,这4万镑就相当于现金8万镑。这8万镑现金,加上未存入银行的2万镑现金,合计为10万镑现金,换句话说,这10万镑现金就足以经营所拟议兴办的产业。在这里应该注意的是,银行经营者必须对其所收到的存款负双倍的责任,同时又有能力从一般人中间收回失诸某些人身上的资金。

① 在S本中,配第加添"但是,尽管如此,有些人仍然认为……不想把土地出卖了"。——赫尔

② "有利地"(profitably),在S本中被配第改为"适当地"(properly),R本也作"适当地"。——赫尔

依据这些理由，银行就可以自由地利用它所收到的4万镑存款。由于这种做法，上述的存款连同它的信用放款4万镑合计就这8万镑，再加上外留的2万镑，总共达到10万镑。

荷兰人当农民和步兵的很少

在这里，我还可以进一步讨论好多问题。不过关于这些问题，别人已经说过了，所以我只想再谈一谈一个在我看来颇为重要的问题，以作结束。那就是，荷兰人不肯从事两种职业，这两种职业都是最艰苦和最危险的并且得到的好处又最少。第一种职业就是充当普通兵士，由于这些兵士荷兰人能够从英格兰、苏格兰和法国雇到，他们就让这些兵士去冒其生命危险，代价是一天6便士。然而他们自己却安全而安逸地从事那些收益优厚的职业，从事这些职业，就是他们中间最卑贱的人也能赚到比士兵收入多6倍的收益。与此同时，由于雇用外国人当兵，荷兰的人口因而日益增多起来。由于这些外国人的儿女同时也就是荷兰人，他们能够各就所业；同时，荷兰人又准许新来的外国人无限制地入境；另外，这些兵士还利用空余时间做一些工作，其收入至少不低于自己的消费需要。因此，荷兰人通过这种雇用外国人当兵的做法既增加本国的人口，又使本国人免除了危险和穷困，而可不花一文真正代价。通过这种做法，他们还做到了别国人用外国人归化法[①]所做不到的

① 关于外国人归化的建议，曾于1664年、1667年、1670年及1672年提到议会议程上，参看《下院纪事录》第8卷，第555、557页，第9卷，第22、29、33、175、250、267、274页；《议会史》第4卷，第577页；以及下列书籍：蔡尔德：《贸易新论》，第七章；肯宁汉：《近代英国工商业的发展》第2卷，第178、179页。——赫尔

事情。外国人归化法是根据这样一种想法制定的:只要准许外国人使用共同语言,只要准许他们用新的姓名,他们就会乐于由其出生国移居到本国来。在爱尔兰,这种法律对于招徕外国人几乎没有产生丝毫效果[①]。这种情况并不奇怪,因为英格兰人如果得不到当士兵的收入,或者得不到足以维持生活的某些其他利益,他们是不会到爱尔兰去的。

计算成人和人口价值的方法

上面已经说明了荷兰人增加人口的方法。这里且以英格兰的人口为例,附带说明一下平均计算每一个人口价值的方法。假定英格兰全部人口为 600 万人,每人开支为 7 镑,总共为 4200 万镑;同时又假定土地的地租为 800 万镑,所有动产的收益每年在 800 万镑以上。这么一来,其余的 2 600 万镑,就要靠人民的劳动来提供。这 2 600 万镑乘以 20(人群也和土地一样,值 20 年的年租),得 5.2 亿镑,这个数额就是全部人口的价值。再将这个数字用 600 万来除,得 80 余英镑,这就是每个男、女、儿童的价值,而壮年人的价值等于这个数额的 2 倍。由此,我们就能知道怎样估计因瘟疫、战争所造成的屠杀以及因派人出国为外国君主服务所造成的损失。荷兰[②]人不肯从事的另一种职业就是喂养乳牛和大半关

① 查理二世 14 年、15 年法令第十三号规定,信奉新教的外国人、商人及工匠在七年之内将其财产和家属迁移到爱尔兰并在爱尔兰定居,经过忠诚宣誓之后,就被承认为完全自由的、归化了的臣民,并享有本国人民所享有的一切权利。参阅蒙特摩尔斯(Mountmorres):《1634—1666 年爱尔兰议会主要议事沿革》第 1 卷,第 426 页。——赫尔

② 在 S 本和 R 本中,从此处起另成一段。——赫尔

于种植谷物之类的、古老的家长式的职业。荷兰人将这些工作推给丹麦人和波兰人去做，而从丹麦和波兰人那里取得自己所需要的幼畜和谷物。但这里应该注意的是，随着各种产业和新奇技艺的增加，农业便趋向衰落，不然的话，农民的工资就要上涨，其结果土地地租一定要下跌。

地租下跌的原因

为了证明这一点，我想指出下列理由。这就是说，如果现在每天挣 8 便士左右的英格兰农民转业为工匠，从而每天赚 16 便士(由于一般工资为 2 先令或 2 先令 6 便士，所以这绝不能算是太高的工资)的话，那么，放弃农业，土地完全不用于农耕，而只利用它来放马、饲养乳牛或辟为花园和菜园，这会对英格兰更为有利。假如情况真的发生这样的变化，而英格兰的商业和工业有所发展的话，这就是说，如果和过去相比有更多的人口从事这些产业，同时和农民占多数、工人占少数的时候相比，谷物价格又完全没有上涨的话，那么仅仅由于这一个原因(当然还可能有其他原因)，土地地租就必定下跌。例如，假定小麦价格一蒲式耳为 5 先令(即 60 便士)，而种植小麦的土地地租为小麦收成的三分之一，这样，在 60 便士中，就要有 20 便士归于土地，40 便士归于农民。但是，假如农民的工资上涨八分之一，即每日由 8 便士涨到 9 便士的话，这时，在 1 蒲式耳小麦的价格中，农民所分到的份额，就由 40 便士增加到 45 便士。其结果，土地的地租，就要由 20 便士降为 15 便士，因为，我们假定小麦的价格依然保持不变。何况我们不可能将小麦的价格提高。因为如果我们真的把小麦的价格提高，那么谷物

就会由农业情况没有发生变化的海外各地(像运入荷兰那样)运入我国。

以上我就第一个主要结论作了叙述。这结论就是,一个领土小而且人口少的小国,由于它的位置、产业和政策优越,有可能和一个大国相抗衡。在这上面,航海和水运的便利起着最显著而又最根本的作用。

第二章

某些赋税和义捐，会使王国的财富增加而不是减少。

怎样将金钱由某一个人手里转移到另一个人手里，才算有利

如果通过赋税的形式征收自人民的资金及其他财产遭到破坏，化为乌有的话，那么，很明显，这种赋税只有使公共财富减少。同时，如果上述的资金和财产输出王国之外而得不到任何收益的话，情况也会和上述一样，或者更坏[①]。但是，如果照上述方法征收到手的资金和物品仅仅是从一个人手里转移到另一个人手里的话，那么，我们只消研究一下下述两种情况就可作出结论，这两种情况就是：上述的资金和物品是自从事发展生产工作的人们征收来的，但它却被交到一个不良的管理人之手，抑或是另一种情况。这另一种情况就是，譬方说，通过赋税的形式征收来的资金是从将这些资金用于大吃大喝的人征取来的，但它却交给将这些资金花

① S本中，由配第加添“或者更坏”。——赫尔

在改良土地、捕鱼、开矿及开办工业之类的有益事业上面的人。很明显，这种赋税对以上述各种不同的人为其成员的国家说来是一种利益。不仅如此，如果资金征收自将其用于吃喝（这有如上述）或者用于购买其他容易化为乌有的物品的人，然后把它交给把它用于购买衣料的人，我认为，即使这样做，对公共财富还是有一些好处的。因为，衣料总的说来不像食品或酒饮那样很快地就化为乌有。但是，如果上述的金钱用于购置家具，其利益还要更大一些；如果把它用于建筑房屋，其利益就更大了。如果花在改良土地、开矿、捕鱼等方面，其利益尤其大。要是把这些资金用于经营从国外运回黄金和白银的事业，则利益最大。因为，黄金，白银这些东西不单不易腐烂，而且在任何时候和任何地方，都是被当作财富受到重视。至于其他商品，有的容易腐烂，有的其价值则随其是否时行而变动，有的有时缺少有时又会丰富，这些商品固然都是财富，但是，正如以后将要说到的那样[①]，它们只是限于一时一地的财富而已。

为新创办事业征税，有利于增加公共财富

其次，如果一个国家迫使那些还没有得到完全就业的人民从事生产那些一向从国外进口的商品，或者通过对这些人征税的办法迫使这些人从事这些商品的生产，我认为，这种赋税同样会促使公共财富增加。

---

① S本、R本中作“如前所述”。参看本书第16页。——赫尔

为懒汉而征收的赋税

如果存在着靠行乞、欺骗、盗窃、赌博、赖账生活的人，又如果存在着利用这些方法从容易受骗或疏忽大意的人那里攫取金钱多过维持其生活所需的人，我认为，——固然国家目前不能为这些人提供职业，因而不得不负担他们的全部生活费，——与其让这些人以牺牲容易受骗、疏忽大意而又善良的人们为代价而大肆挥霍金钱，与其让许多有才能的人因起因于风纪败坏的犯罪行为而丧失生命，使国家社会遭受损失，无宁从税收中拨出一笔款项对所有这些人给以定期而适当的补助，对公共的利益会更加有利。

反之，勤劳而富于创造性的人们，不单用其所吃、穿、用、住的高雅的食物、服装、家具、住宅、漂亮的花园、果园以及公共建筑来美化自己所居住的国家，而且还利用贸易和武力使本国金、银、珠宝增加。如果这些人的资财，由于课税而减少，同时这些税收被转移给那些除了吃喝、歌唱、游玩、跳舞以外一无事事的人，抑或这些税收被转移给那些沉湎于空谈理论或其他无谓的空论的人，或者被转移给那些委身于不生产任何一种物质财富或对国家社会具有实际效用和价值的物品的那种生活的人，如果这样的话，我敢说，社会的财富将要减少。除非他们作这样一些活动，这些活动有助于精神的休养和恢复，同时这些活动如果进行得适当，则又会赋予人们以必要的知识，使他们去从事更有意义的工作，如果这样的话，那又是另一回事。

所以，总的说来，要知道一种赋税有益还是有害，必须彻底了解人民的状况和就业状况。换句话说，必须了解全部人口中有多少人因年幼体弱或没有能力而不适宜于从事劳动，以及有多少人因其财富、职位或地位关系，或因其所负的责任及所担任的职务关系而不从事劳动。除非他们的职务在于指导或指挥及保护专门从事某种劳动或技艺的人们，则又当别论。

2.[①]其次，必须计算一下，适宜于从事上述劳动或技艺的人有多少，有能力按国家现有情况及现有规模执行国家事务的人有多少。

如何判别哪一种赋税是有利的

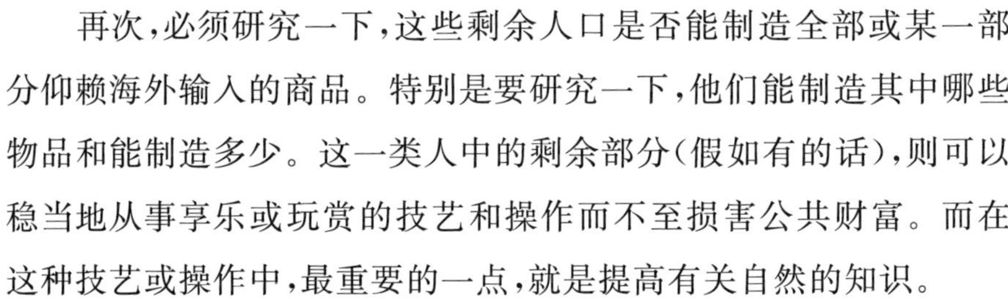

再次，必须研究一下，这些剩余人口是否能制造全部或某一部分仰赖海外输入的商品。特别是要研究一下，他们能制造其中哪些物品和能制造多少。这一类人中的剩余部分(假如有的话)，则可以稳当地从事享乐或玩赏的技艺和操作而不至损害公共财富。而在这种技艺或操作中，最重要的一点，就是提高有关自然的知识。

关于这一点，我在前面已作了概括的说明。因此我认为完全没有必要另作论证。这里我想指出，在过去一百年中，欧洲没有一个国家像荷兰和西兰那样征收那样高额的赋税和义捐；同时在同一时期内，也没有一个国家像这两个国家那样增加了那么多的财富。这两个国家的情况，显然符合上面所作的论述。因为，这两个国家在所有物品中对食肉和酒饮征税最重，目的在限制花过多的钱在一经使用在24小时内即化为乌有的物品上面；同时他们对比较耐用的物品，则予以较多的优待。

① 原文中在这个“2”前面一段没有“1”。——译者

不仅如此，除了特殊情况之外，这两个国家通常不是按照人们的收入征收捐税，而是按照人们的消费行为征收捐税，特别是对无益的消费行为和不会产生收益的消费行为征课重税。依据这一原则，这两个国家对进口和出口的货物所课的关税，一般是很低的。他们采取这项措施的目的，在于保持他们从对外贸易中所得到的利益，和用以还击近邻国家，这些国家通过禁止货物进口和出口以及提高各种税率的措施，给他们造成损害。

在征税措施之下，荷兰和英国大体上都变得更富有了

此外，值得注意的是，自 1636 年以来英格兰、苏格兰以及爱尔兰所征收的赋税和义捐，虽然比以往任何时候都多得多，但是正如后面将要说到的[①]，上述这几个王国在这 40 年中还是增加了财富并增强了力量。

君主收入的差异。就爱尔兰说，用一波尔[②]亚麻来缴纳租税较为有利

据说，法国国王目下向人民征收的赋税，多到占人民所有财富的五分之一。但是，尽管如此，国王仍然大言不惭地大大夸耀着自己国家现有的财富和力量。当我们区分人民所有的财富和不论在任何地点、任何时间都能随心所欲地对人民进行勒索的专制君主所有的财富的时候，必须十分慎重。不仅如此[③]，在两个帝皇所统

① 参看第六章。——译者

② 波尔(Pole)为长度名，等于五码半。——译者

③ S 本中，配第加进“不仅如此”。——赫尔

治的臣民富有程度相等的情况下，一个帝皇却可能比另一个帝皇富有一倍。这就是说，假如一个帝皇掠取人民财产的十分之一为己有，而另一个帝皇却只征收人民财产的二十分之一，那么，在这种情况下，较贫穷的人民的帝皇，就会比较富足的人民的帝皇，显得更加豪华显赫。正如下面将要说到的那样，法国的情况恐怕多少与此相似。我想提出下述看法，以作说明上述论点的一个例证和具体应用的例子，这就是说，我认为爱尔兰人口约有120万，炉灶[①]即火炉[②]近[③] 30万个，我认为，与其对每个炉灶征收2先令银币，毋宁让每个人缴纳价值2先令的亚麻。这样不仅人民较易于负担，而且对国王也更为有利。理由有如下述。

1.[④]爱尔兰人口不足，不论土地还是家畜都非常便宜，各地水产和家禽都甚多。土地盛产优等的球根类菜蔬（特别是类似面包

① 这个估计数字比《爱尔兰的政治解剖》一书中所举的估计数字要大（见该书第8页），这说明《政治算术》是在《爱尔兰的政治解剖》以后写成的。——赫尔

② 1662年8月8日，爱尔兰下院经过长时间辩论之后，全体一致通过取消监护法庭，决定仿照英格兰征收的同类税目，对爱尔兰的所有炉灶每年永久课税二先令。参看蒙特摩尔斯：《爱尔兰议会史》第2卷，第126—127页；查理二世14年、15年爱尔兰法令第十七号。其中规定，炉灶占有者应于每年1月10日将税款全数缴纳。如果占有者贫穷或占有者将炉灶卖出，应将该项税款发还。被豁免纳税的，只限于下述的一些人，即依靠施舍生活者，以及经治安推事二人用书面证明其住房房租一年不到8先令，所持有的财产价值不到四镑的寡妇。后来因为逃税的很多，于是查理二世17、18年又以爱尔兰法令第十八号（1665年）规定，对隐瞒炉灶者处以罚款，对未安装固定炉灶的房屋增课一倍税款。在1704年以前，这种税是各州由投标额最高的人承包征收的。见霍华德（Howard）：《论爱尔兰国库与岁收》第1卷，第89—91页。这种税无疑是苛重的，逃税的必定很多，所以以其税收总额作为估计人口的根据，是非常不全面的。——赫尔

③ S本原为“约”，配第把它改为“近”。——赫尔

④ 原文中在这1后段没有2、3……。——译者

的球根类菜蔬马铃薯)。此外,爱尔兰人能够用自己[①]制造的铣车和辘轳从事农耕,住在几乎任何人都能够建造的房屋里,每个家庭妇女都能纺染羊毛和棉纱。他们可以无需金币或银币,照其现有习惯过日子(或维持生活),同时他们每日用不着劳动两小时,就能为自己提供上述的必需品。现在已经弄明白,这些贫民所以无力纳税,并不是因为他们缺少货币,而是因为他们不使用货币。30万个炉灶每年原可征税3万镑,结果连1.5万镑都征收不到,就是由于这个缘故。然而不难想象,一家四五口人住在只有一个炉灶的小屋子里是有能力轻而易举地在大约40平方英尺(即一英亩的五十分之一)的土地上种植亚麻的,同时这么一块土地就会产出价值8先令或10先令的这种商品。另一方面,这么一小块土地的地租,在绝大部分地方每年都不到一便士。而且,种植亚麻,一点也不需要这个国家向不熟悉的特殊技艺。那么,亚麻市场的情况又怎样呢?在荷兰,除了本国生产之外,还需要从外国输入价值达16万镑至20万镑的亚麻;而英格兰和爱尔兰输入和消费的亚麻制的麻布,价值则超过50万镑。关于这一点,后面还要说明。[②]

通过以上所述,我们阐明了:对爱尔兰贫民说来,银币是没有用处的;由于这个原因,炉灶税连一半也征收不到;得到就业的人不及全部人口的五分之一;爱尔兰人民和土地最适宜于种植亚麻;

① 在S本中,配第用斜体字加添了"自己"二字,由其加添的情况看来,似乎加在"任何人"下面作"任何人自己都能够建造的房屋",更符合配第的原意——赫尔。关于爱尔兰人当时的生活情况,可参看配第:《爱尔兰的政治解剖》,中译本,第65页。——译者

② 这个诺言,后面可没有兑现。——赫尔

价值一便士的土地大约能出产价值 10 先令[1]的亚麻，同时，有十分充裕的市场，它可以吸收产值超过 10 万镑的亚麻而有余。我认为，上述各点充分证明了我的建议是正确的，最低限度使我有理由提出一项实施方案，这项方案正是现行法令和这个国家的利益所要求的，同时使我有理由促使这项方案付诸施行。何况这样生产出来的全部亚麻即使不提供任何收益，但也不至引起亏蚀。因此，我认为提出这种方案毋宁是适当的；然而在以往，同样的时间却浪费在更加无益的事情上面了。根据同样的理由，如果照样对英格兰人民每人征税 2 先令，那么对英格兰人民来说，这种征税也照样会使他们得到好处。这笔税款每年将达到 60 万镑，应该让人民用由亚麻制成的各种麻布、缝衣线、带子和花边来缴纳。我们现在是从法国、弗兰德斯、荷兰及德国输入这些物品的，根据经过详细调查的材料看来，这些物品的价值远远超过上述金额。

对过剩产品课征的各种捐税是无害的

据雇用很多贫民的织布商或其他的人观察，在谷物很丰足的时候，贫民的劳动价格就相应地高昂[2]，几乎完全雇不到他们（单纯为了吃饭、特别是为了饮酒而劳动的人，甚为放荡）。由这一观

---

① S本中作“约 10 先令”。——赫尔

② 这和经济理论的一般假设正相反，当食物丰足时，工资应该下降。尽管这样，配第的主张，却被《论贸易和商业》（1770 年）的目光尖锐的作者（坦普耳[W. Temple]呢还是肯宁汉？）所证实（该书第 14—16 页）。李嘉图也说，甚至在他生存的时代，爱尔兰的情况也确实是这样（《李嘉图致马尔萨斯书信集》，第 138 页）。另外，参看马尔萨斯：《政治经济学》（1820 年），第 382—388 页；肯宁汉：《近代英国工商业的发展》第 2 卷，第 689 页。——赫尔

点看来，如果在平常能为国家生产充分粮食储备的许多土地上面播种谷物，而其所生产的谷物要比预期产量或需要量多一倍的话，那么，我认为，就应该把这个神赐给大家的恩惠，用来增进由元首代表的一切人民的共同福利，而大不应该随便把它交给人群中卑劣的和禽兽一般的分子让其滥花，以致损害公共的财富，这样才算合理。因此，这种过剩的谷物，应该送进公共的仓库，通过仓库妥善地把它用来增进社会福利。

假如目前英格兰所消费的谷物——假定小麦每蒲式耳售价为 5 先令，大麦每蒲式耳售价为 2 先令 6 便士——平均每年值 1 000 万镑，照此推算，在谷物可能便宜三分之一的特大丰收的年份，国家就会得到十分巨大的利益。然而在目前，这些谷物却被花在人们吃食上面，它们不论在量方面或在质方面都见衰退，同时人们由于吃得过多，他们连日常劳动也感到厌烦了。这种情况，显然不能令人乐观。

糖、烟草及胡椒的情况，也可以说和此相同。这些物品，由于习惯的关系，现在已成为全体人民的必需品，但因为种植过多，价格显得非常便宜。我认为，这些物品大量增产，对社会理应是有利的。这种看法不能说是不通的。

对来自东方的葡萄干[①]征课国内消费税，也同样不能算不合理。不单从上述理由，而且从其他理由来说，都是如此。

关于通过派充民兵及征召其他两种军人而作的征课

目前使人民充当民兵或担任国民军的做法，是对这个国家人

① G 本（1683 年出的盗印本）作“谷物”。——赫尔

民征课的一种轻微的赋税。因为,从全体看来,这种征课只是让少数人用他们自己的物品(即他们自己的武器)每年服役数日而已。假如英格兰有男人 300 万人,同时在这 300 万男人中有 20 多万人为年 16 岁至 30 岁的,靠自己的劳动和服务生活的未婚者。那么可以断定,目前民兵队就是由这些未婚者组成,它的兵额和这些未婚者的人数相等或约略相近。

又假如,在这些兵员中,15 万人受到步兵训练,5 万人受到骑兵训练,(在岛国,骑兵特别有利①,)并武装起来,那么这支地面部队连同 3 万名海上部队,必定能够在神的日常庇护之下保卫这个岛国,对付任何武力进攻。但是,武装和训练这些兵员以及一年集合这些兵员 2 次或 3 次所需的经费,却只构成一种十分轻微的捐税,因为它是取之于民而又用于民的。不仅如此,即使从上述兵员中选拔三分之一特别适宜于作战、同时又喜好作战②的人,让他们每年操练或集合 14 次或 15 次,则全年所需的经费也不过等于两星期的薪饷,所以它同样是一项十分轻微的捐税。

最后,如果从上述兵员中,再选拔三分之一,编成 1.6 万名左右的步兵,6000 名左右的骑兵,每年操练或集合 40 天的话,我估计,这三种民兵的经费,——即使对后一兵种一年发给 6 星期的薪饷,——全部合计,每年也不会超过 12 万镑。这笔经费我认为是一项很轻的负担,因为这种措施所带来好处是十分巨大的。

---

① 在 S 本中,由配第加添括号以内部分。——赫尔

② 在 S 本中,由配第加添“同时又喜好作战”。——赫尔

关于对海军及商船补充海员的问题

英国现有的海军需要配备人员3.6万名，英国的航海业也需要配备海员4.8万名。所以，为了顺利完成这两方面的任务，就需要7.2万名（而不是8.4万名[①]）左右可以充分信任的海员。但是，正如我们现在所看到的，因为没有这么多人员，所以皇家海军长时期不能装备起来，但是海军在装备起来以前，它就不能有效地执行勤务，徒然消耗经费。在这种情况下，我们也看到：商人陷于非常困难的境况，蒙受不利，他们为了继续维持业务，付出很高的代价。因此，假如每年从2.4万名身强力壮的工匠中，挑选6 000名加以训练，使他们能够胜任海上勤务，同时，为了对他们表示奖励，对每个出航者每年发给20先令薪金（就是他们住在家里不出勤也同样照发），对于执行勤务达到6年或且超过6年的人，则每年发给不超过6镑的薪饷，如果这样的话，那么，按每人平均3镑计算，有7.2万镑左右就足以发放全数2.4万[②]人的薪饷。如果那样[③]，由于管理商船的海员中有一半经常留在港内执勤，这批人假定大约有2.4万名，这些人数另外再加上前述辅助人员的半数，则不论有什么[④]非常事态发生，都足可为全部皇家海军配备3.6

① 在S本中，由配第加添“不是8.4万名”；而在R本中，由配第将“约8.4万整”改为“约7.2万整”。——赫尔

② 在S本中，由配第加添“2.4万”。——赫尔

③ S本为“一半海员加上一半辅助人员”，R本为“海员和一半上述辅助人员，当发生非常事态时，就可把全部皇家海军配备起来，直到出海的人自海上归来为止，还有1.2万名比较能干的辅助人员代商人执行他们在港口的业务。我认为”。——赫尔

④ 在S本中，由配第加添“不论有什么”。——赫尔

万名海员[①]，同时，一直到出海的人自海上归来为止，还有 1.2 万名比较能干的辅助人员代商人执行他们在港口的业务。这样，3.6 万人、2.4 万人和 1.2 万人加起来，就等于上述的 7.2 万人了[②]。我要指出，为了装备一支大型舰队，比 7.2 万镑还多的金钱被白白地花费了，使商人负担过多。我这里所说的辅助海员，是指当不去从事航海的时候，可以另就其他职业以维持自己的人员。同时，维持他们的经费固然每年需要 7.2 万镑，但是，由于上述理由，我认为这笔钱是很少的，或者简直等于零。所以，对人民说来，这是一项很轻的赋税。因为，它是由人民自己缴纳而又是用之于人民的。

在苏格兰采取用青鱼缴税的办法

在上面，我们建议在爱尔兰采取用亚麻缴税的办法，在英格兰采取用麻布及其他亚麻制品缴税的办法，同样地，我还认为，在苏格兰也不妨采取用青鱼缴税的办法——如同在爱尔兰用亚麻缴税那样。这样，三种税，即由亚麻、麻布及青鱼缴交的赋税，加上维持由三个兵种组成的武装力量和上述辅助海员所需的费用，合起来共为五项，总数达 100 万镑。征集这笔款项，对国家说不是花费 100 万镑，而是得到 100 万镑。除非由于所有上述项目或是上述项目中任何一个项目之故而引起毛织品、铅和锡的出口减少，或者引起我们通过东印度贸易和西印度贸易运回的商品的出口减少，

① 在 S 本中，由配第加添“3.6 万”。——赫尔

② 在 S 本中，由配第加添“这样，3.6 万人、2.4 万人和 1.2 万人加起来，就等于上述的 7.2 万人了”。R 本中没有这一句。——赫尔

那就另当别论。因为，我认为，上述那些商品的出口，才是检验英国财富的试金石，测验这个王国健康的脉搏。

第　三　章

法国，由于天然而永久的障碍，不论现在或将来都无法在海洋力量方面超过英国人或荷兰人。[①]

适用于保卫英国的船舰的性能

海上权力，主要由能在海上作战的兵员和能够运载这些兵员在海面上进行活动同时又适用于航行各种海洋的船舰构成。这类船舰，在北方海面，应当是吃水深的、载重 300 吨至 1 000 吨、能够在海水中作较深地倾斜的船舰——也就是在逆风时能够行驶、在顺风时也不至于漂流的船舰；这些条件对海上活动说来，都是非常有利的因素。因此，就要考察一下，法国国王在北海方面（法国和英国[②]在这个海面所展开的每一次战争，都十分需要法国国王的舰队参加战斗），有没有不管气候如何，不论冬季和夏季，都能容纳

① S本及R本，没有“不论现在或将来”。在R本中，配第将“或荷兰人”改为“或低地各国”。——赫尔

② 在S本中，由配第加添“和英国”，R本中没有。——赫尔

上述船舰的港口。因为，如果法国国王不得不用小型、吃水浅、在顺风时容易漂流的船舰，来装运人数和英国或荷兰相等的战斗员出海的话，他必然要处于劣势地位。原因是，根据常识判断，一艘装载 500 人、载重 1 000 吨的船舰，如果和五艘各装载 100 人、载重 200 吨的船舰作战，不论进攻还是防御都处于更加有利的地位。大型船舰所搭载的大炮，能够从很远的地方打中小型船舰，而小型船舰是不能从这么远的地方打中大型船舰的，或者换一种说法，最低限度，它是不能从这么远的地方给大型船舰以某些损伤的；同时大型船舰能从远距离炮击小型船舰，并可将其击沉，而小型船舰却只能勉强将大型船舰打个小洞。

不仅如此，对兵员说来，从小船攀上大船，比由高处跳向低处要较为困难；同时，小炮击大船也不如大炮击小船那么有效。

此外，吃水深、因而在逆风时能够行驶的船舰，能够随意追上在顺风时容易漂流的船舰，把它抛在后面，并且没有被后者迫近船舷的危险。不仅如此，在逆风时能够行驶的船舰瞄准在顺风时容易漂流的船舰，不单比在顺风时容易漂流的船舰瞄准在逆风时能够行驶的船舰更有把握，而且能乘在顺风时容易漂流的船舰转身的时机击中可能使它沉没的部位。

由于法国国王，在敦刻尔克和阿善特[①]之间完全没有能容纳大型而能够逆风行驶的船只的港口，所以，能驶到这个海面的其他船舰，不会是大型的。至于布勒斯特和沙兰特[②]的海港面临广大

① 法国的港口之一，在布勒塔尼半岛的尖端。敦刻尔克和阿善特之间是指法国所面临的英法海峡的海面。——译者

② 布勒斯特是位于布勒塔尼半岛尖端的港口。沙兰特是法国西南部面临大西洋

海洋的情况，也并不为法国国王提供在对付敌人方面处于有利的形势。因为，甚至在敌对双方都能互相望见的情况下，作战或是不作战，选择范围还是非常广阔的。

由此看来，即使法国国王拥有无穷的财富，能够随意建造任何数量或性能的船舰，但是如果他没有港口可以容纳或停泊种类和大小合乎他的作战要求的船舰，那么，就这种情况而言，他的上述的财富只是白白耗费掉，它只不过是得不到任何收益或利益的单纯花费而已。有的人认为，其他国家的人民不能建造英国人所建造的那样质量优良的船舰。在确实希望他们无力建造这样船舰，不过，其他国家的人民通过实践和积累经验迟早会做到这一步的，所以，我不想持这种论调，我的目的只是想指出法国在这方面的障碍是天然而永久的这个事实。因为船舰和大炮是不能自行作战的，作战的是开动和操纵这些东西的兵员，所以更重要的事情在于指出，法国国王现在没有，也不可能有足够的兵员来配备力量可与英国国王的舰队相抗衡的舰队。

符合国防要求的海员的条件。法国海员的人数

英国国王的海军是由 7 万吨左右的舰只组成的，为了配置这支舰队，需要兵员 3.6 万名。这些兵员，大体上可以分为 8 类，在我看来，其中八分之一必须是对海上勤务有丰富经验并在这一方面有名声的人。还有八分之一必须是在海上服务达 7 年或 7 年以

(比斯开湾)的一个城市，据说古代有港口。在 S 本、R 本和 G 本中，原来都作布鲁阿奇(Brouage)；在 S 本中，由配第改为沙兰特。——赫尔

上的人;另外有一半即八分之四以上,必须是在海上服务 12 个月以上,以至二年、三年、四年、五年以及六年的人。全部海员定额的四分之一可以由完全没有出过海,或者只航海过一次或远征过一次的人来充任。所以,如果取其中数加以计算,那么,整个舰队的海员大体上必须是服役三年或四年的水兵。明智的作者、已故的弗尔尼埃[①],曾把对世人说明法国国王在海上多么强大,以及为什么能够强大的问题,看成是自己的职责,他在他所著的《水路学》一书[②]的第 92—93 页中这样写道:"布勒塔尼的一个地方曾向国王提供了 1 400 名海员;法国全部沿海地区大概能够向国王提供等于这个数目 15 倍的海员。"我们姑且承认弗尔尼埃的这种牵强的看法都是事实,但是他所说的法国海员的人数也只不过 2.1 万名。同时,即使法国放弃全部航海事业,那么,用这些海员,也只能配备可以和英国国王的全部舰队相抗衡的舰队的三分之一。如果还想勉强维持航海事业,则可以用来配备上远舰队的海员还不到所需的三分之一。

但是,如果法国的航海事业在经营规模上只及英国航海事业的四分之一,同时,它的三分之一,即纽芬兰海岸的渔业,又不是专属法国人所有,或者不那么固定地属于法国人所有,因此,我认为,既然(握有募兵权力的)英国国王尚且无法在两三个月之内给自己的舰队配备所需的海员,那么连那种辅助手段的四分之一都没有的法国国王就更加不可能做到这一点了。原因是,法国(如在别处

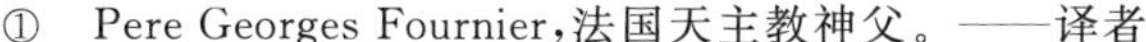

① Pere Georges Fournier,法国天主教神父。——译者

② 书名全称为《水路学,各路航线的理论和实践》。巴黎出版。——译者

指出的[①])的商船不超过15万吨,按每10吨有一个海员计算,则它的海员总数将不会超过1.5万人。法国国王目前无力为上述舰队配备所需的兵员,已如上述,那么,我们无妨指出,在天然而永久的障碍支配之下,他无论如何都不可能会允许下述情况出现。这情况就是1.[②]如果整个法国用于经营航海事业的海员真的只有1.5万名,那可不能认为它应该放弃这种事业,也不能认为它应该从上述的1.5万名海员中抽出5 000多名,来配备需要3.5万人的舰队。

法国为增加海员所必须采取的方法。海员为什么厌恶住在陆地的人?法国人雇用英国海员的危险。怎样学会做优秀的海员

不足的三万名海员,必须用下列四种[③]方法中的一种加以补足。第一种方法就是把住在陆地上面的人编入海员队伍,但这种人一定不会超过1万人。原因是,海员如果不是自己的人占多数,他们就一定不会满意,他们既不会衷心地为居住在陆地上面的人祝福,也不会对由于居住在陆地上面的人共同出了一些力量而取得的一些成就表示高兴。海员是在悲惨的、充满痛苦而危险的劳动(但对国家社会说来,则是有益的劳动)中成长起来的,他们不能

① 参看本书第5页。那里指出法国人拥有10万吨船只。——赫尔

② 原文中在"1"的后面一段没有"2"。——译者

③ 说是有"四种方法",实际上只叙述了三种。第四种方法是在下一段中叙述的。——译者

第四种方法似乎是叙述法国贸易的发展,见本书第48—49页。——赫尔

容忍在分战利品和收获物的时候，因居住在陆地上的人的参与而受到阻碍（或妨碍），抑或被迫于和居住在陆地上面的人平分。第二种方法是这样：依照我们的假定，还缺少海员2万名，这2万名海员，必须向其他国家招雇。但是，如果法国不支付高过商人所出的工资，如果所付工资不足以抵偿他们所冒的在被捕之后被本国君主处以绞刑，得不到饶恕的危险，这2万名海员是雇不到的。此外，他们的迁徙会受到限制和禁止，载运他们出境是困难的；同时，还应该考虑到，他们还会被加上背叛祖国和背叛大义的臭名。我认为，他们的工资必须比其本国君主付给他们的工资多一倍；同时，我认为也要充分保证他们最终不致受到雇主虐待和侮辱[①]（因为雇用他们的人是厌恶叛逆者的，尽管他们喜欢受他们雇用的人背叛祖国的行为）。但是，我认为，会接受这种引诱的海员，必定是海员中最卑鄙、最下流的分子，他们没有名誉观念和良心，以致完全没有资格叫人信任或做出光明正大的事。增加海员的第三种方法，是使大批住在陆地上面的人搭乘军舰进行实习，训练他们当海员，不过这种做法，不可能有多大效果。这不仅是因为有上述住在陆地上面的人和海员之间存在的反感，而且也因为如果工作上的需要不是大过船员过多的船舰的话，海员是不会全心全力地从事劳动和实习的。因为一艘有海员十名即能顺利驾驶航行的船舰，如果配备了五十名海员，那么，四十名的冗员就不会有所提高；但是，假如每十人中只有一名或二名冗员，那么，工作上的需要必定会迫使每个人从事工作，并且要不惜牺牲自己的生命来做好工作。

①　在S本中，由配第加添了“和侮辱”。——赫尔

不仅如此，海员大概每 6 个月或 12 个月换乘船种一次。他们有时乘小帆船航海，有时搭乘中型船只，有时又搭乘军舰。有时划驳船，有时驾独篷船，有时驾双篷船，有时又乘三篷船。他们有时开往南方，有时转向北方，有时沿海航行，有时横渡大洋。他们通过上述各种各样的勤务，利用各种机会，培养自己各方面的能力，因此，迟早会把自己锻炼成功。相反，搭乘军舰航行一个夏季的人，既不能进行上述各种各样的锻炼，也完全不会有从事任何勤务的直接需要。

法国航海业有无发展的希望？它不能发展的原因

再者，培养一个海员，平均说来，无论如何也需要三四年时间；同时，最少要有三名海员，才能够将一个一向住在陆地上面的人培养成为第四名海员。这样，由于法国只有 1.5 万名海员，即使花费三四年时间，也只能增加 5 000 名海员。除非法国的航海事业的发展同海员的增加保持相应的比例；那么，国王就必须从公共财产中拨出一笔钱来改进和发展航海业，但这是吃不消的。因此，现在剩下的问题，就是法国的航海业有无发展的希望。为了这个目的，需要考察以下几个方面。1. ①法国国内储存着丰裕的谷物、家畜、葡萄酒、盐、麻布、纸张、丝绸、水果等各种各样的生活必需品。所以，法国人不怎么需要船只用来运进分量重、体积大的货物；同时，由法国输出的货物，除了葡萄酒和盐之外，也没有一种是体积大的。这两种货物的重量，每年在 10 万吨以下，其中需要船只运输

① 原文印有这个“1”字，这看来是多余的，可能是笔误或印刷错误。——译者

的不超过 2.5 万吨,然而运输货物的这些船只,大部分是荷兰船和英国船。荷兰人和英国人不但已经掌握了航海业,而且不论是现在还是将来都比法国人更善于维持航海事业。理由是这样的:1. 法国人不能吃英国人和荷兰人那样低廉的伙食,而且也不能用那样少的人员驾船航海。2. 法国人因为没有优良的海岸和港口,他们停泊船只所花的费用要比英国人和荷兰人多一倍。因为港口少,而各港口相互之间距离又长,所以同海运有关的海员和商人,在彼此通信和互相支援方面,不像别的地方那样容易、经济而有利。由上述各点可以得出以下结论:如果说法国的航海业不可能靠自己的力量发展的话,那么它更不可能把英国人和荷兰人从其所占有的世界的运输人的地位排挤出去;这么一来,法国人也就无法靠发展他们的航海业来增加他们的海员。所以,在前所列述的方法中,不论用哪一种方法,法国恐怕都不可能增加海员,同时,法国的港口又不适宜于容纳负荷重和在性能上只合乎其本身要求的船只;而且法国的港口适应能力也不如邻国的港口;根据这些理由,我认为,上述各点已经得到了充分证明。

前面提到的弗尔尼埃,在他所写的《水路学》第 92—93 页中,极力想证明同上述各点相反的论点。我认为读者可以参看一下那段文字,不过就目前所讨论的问题而言,完全没有必要重视他的论点。诚然他作了比较,但是,他不是拿法国人同英国人或荷兰人作比较,而是拿法国人同西班牙人作比较。不论西班牙人或他们的皇帝(他在争夺海上霸权方面比法国国王处于更加有利的地位),在海军方面都未曾取得一些出色的成就。虽然他们曾一再努力,但都没有成功。同时,如果英国的许多邻国的障碍不是天然和永久的——就像我们所说的阻碍法国国王的那些障碍那样——,那就很难令人相信,英国国王能够长期地对其邻国(这些邻国力图夺取“狭海[①]霸王”这个称号)继续保持“狭海霸王”这个称号。

① 狭海(Narrow Seas),大不列颠和爱尔兰之间的海峡和英吉利海峡的统称。——译者

第 四 章

英国国王所有的人口和领土对财富和力量所具有的重要意义，就天然情况[①]而论，同法国所有的人口和领土大体相同。

关于英国和法国领土的比较

《英国现状》[②]一书的作者，在该书中叙述了许多有益的真理和观点，其中，他说英国和法国领土的比例，是30∶82。如果这个比例是正确的话，那么，英格兰、苏格兰和爱尔兰加上所属各岛屿，面积大致和法国相等。我本来应当利用这个机会证明上述比例不符合事实，不过现在姑且承认它，并且假定：英格兰、苏格兰和爱尔兰及前述各岛，再加上纽芬兰、新英格兰、新尼德兰、弗吉尼亚、马里兰、卡罗林纳、牙买加、百慕大、巴贝多斯等殖民地和加勒比海群岛等地方，以及国王在非洲及亚洲的所有属地，这一切领土全部加

① 在S本中，加添"大体"，并把"天然情况"一词部分擦去。——赫尔

② 爱德华·张伯伦(Edward Chamberlagne)：《英国现状》一书写道："英国的面积同法国相比是30∶82。"见该书1672年版，第251页。——赫尔

在一起[①],也没有法国本土及法国国王在美洲的殖民地那样大[②]。假如有人出于法国的利益对上述估计提出异议,但是我却愿意无视我的理解和判断,把法国国王的领土估计为比英国国王的领土大七分之一、六分之一或者五分之一。不管怎样,我一直相信:两国国王拥有领土之广大,即使他们最大限度地加以利用,也用不完。

关于放弃爱尔兰和苏格兰高原地区的提案

在这里,请允许我在准备加以认真讨论的事项中,穿插一段滑稽,同时也许是可笑的题外之论。我的确希望读者不要把它看成是一个正经的提案,相反,应该把它看成是一个梦想或者空想。这个提案提出可否把爱尔兰和苏格兰高原地区的一切动产和居民迁移到大不列颠帝国的其他地方去;它认为,如果这样做,国王和他的臣民,不论在进攻还是防守方面,都将比现在更加富强。

当许多英明人士叹息英格兰人因预防和镇压爱尔兰人多次掀起的叛乱而蒙受巨大损失的时候,当他们认为英国国王和臣民500年[③]来为爱尔兰所做的事情和所蒙受的苦难,几乎没有得到丝毫好处的时候,我的确听到他们表达过下面的意见。我的意思是说,我曾听到英明人士(十分忧郁地[④])表示过这种希望:(只要爱尔兰人民被拯救出来,)不如干脆让爱尔兰岛沉到海底去。但是,

① 在S本中,由配第加添“国王……加在一起”。——赫尔

② 在S本、R本中,原作为“超过”,后来S本又改为“那样大”。——赫尔

③ 在S本中,配第将“四百年”改为“五百年”。R本为“五百年”。——赫尔

④ S本作“忧郁地”。——赫尔

对于这个问题，我自己的心灵也曾发生过一些不安，经过一段烦恼以后，我产生了这样一个梦想。这就是，不把多山的爱尔兰岛沉到海底去，英明人士们所希望的那种好处也是会得到的。而且，我认为，把多山的爱尔兰岛沉到海底，并不是那么容易的事。因为，荷兰的工程师也许确实能够把沼泽排干，但是，我却没有听说过有能够把群山沉到海底去的技术专家。英明的学者们（其中包括托马斯·莫尔和笛卡尔[①]），曾经说过这样的话：自以为清醒的人，其实是在做梦，或是可能在做梦。梦这东西最不合理的地方，在于它不过是现实事物的荒谬的和杂乱的组成物。所以，我恳求这里提到的伟人们对于我的粗浅想法给予指正。我愿意接受所有能够证明自己是清醒的人们比较高明的判断。

假如英格兰只居住一个人的话，那么，全部土地的收益只不过供应这一个人的生活。但是，假如增加一个人的话，全部土地的地租或收益就增加一倍；假如增加两个人的话，土地的收益也就增加两倍。这种递增一直进行到这个地方的人口增加到整个土地所能养活的最大限度为止。因为，假如有人想知道某块土地价值多少，那么，正确同时是理所当然的问题就必定是，这块土地能养活多少人？多少人靠这块土地养活？更具体地说，一块面积相等、土质相同的土地，在英格兰的售价一般要比爱尔兰贵四倍或五倍[②]，但是却只有荷兰售价的四分之一或三分在一，因为，英格兰人口相当于爱尔兰的四倍或五倍[③]，但

① 笛卡尔：《第一次沉思》，《笛卡尔文集》第1卷，古辛1824年版，第237—239页。配第是否想到，乌托邦的故事是在说梦的外衣下叙述的？——赫尔

② 在S本和R本中，“3倍或4倍”，在S本中改成“4倍或5倍”。——赫尔

③ 在S本和R本中，为“4倍”。——赫尔

却只有荷兰的四分之一。不仅如此，在地租因人口众多而上涨的地方，土地财产依以计价的年租数目亦会增加，虽然后者的增加并不一定同前者的增长保持着恰恰相等的比例。因此，在爱尔兰每年提供20先令收益的土地，只值8镑，而在土地所有权十分有保障的英格兰却值20镑以上，而在荷兰所值则超过30镑。①

假定爱尔兰和苏格兰高原地区，人口约有180万人，即大约等于三个王国人口的五分之一。这样，首先就要提出下面这样的问题：英格兰、威尔士和苏格兰的低洼地区，靠着和上述五分之一人口目前在他们的居住地区所支付的劳动相等的劳动，能不能为比现在居住在这些地方的人口多五分之一的人口提供所需的食物，即谷物、鱼鲜、食肉以及家禽呢？如果能够提供这些食物，上面的提案自然是可行的。其次要提出的问题就是，不动产的价值（这些不动产在人口作这种移动时必然要遗留下来的）究竟有多大？因为，如果这些不动产的价值少于英格兰的土地价格的增长总额的话，那么，这个计划就有考虑的余地了。又如果被放弃的土地和遗留下来的不动产能卖成现钱的话，或者换一句话说，如果别的民族对这些土地和不动产不支付相当代价就不敢染指，同时，被允许迁到这些地方的民族，不能像以前那样加害或困扰移居到英格兰来的居民的话，那么，我认为，这个计划的确是一个既有趣又有益②的梦想。③

---

① S本作“30镑”，而1691年版则为“3镑”。——赫尔

② 在S本中，由配第加添“而且有利”。——赫尔

③ 配第在《爱尔兰论》（1687年）一书中，又重述了这个有趣而且有益的梦想。——赫尔

英格兰和苏格兰的低洼地区可以养活英格兰、苏格兰和爱尔兰的全部人口

第一个问题是，英格兰和苏格兰的低洼地区，能不能养活比他们现在所供养的人口多五分之一的人口，（换句话说，）能不能养活总数达 900 万的人口？为了答复这个问题，我首先要指出：英格兰和苏格兰低洼地区的面积，约达 3 600 万英亩，就土地同人口的比例而言，包括男、女和儿童在内，平均每人有 4 英亩；但是，在荷兰、西兰及其他各邦，每个人所有的土地平均都不超过 1 英亩半；同时，英格兰本身如果把威尔士除外的话，由耕种和农业的现有状况看来，每个人所有的土地平均也只有 3 英亩。但是，如果我们考虑到尽管英格兰平均每人只有 3 英亩土地，然而它的食物还是很丰足的，并且它制定了法律禁止从国外运进家畜、鱼鲜、食肉；同时，我们又看到地主们对排干沼泽，改良森林，围圈公地，种植蚕豆和三叶草[①]这些措施表示不满，他们认为，这些措施压低了食物价格。如果我们考虑到上述这些情况，那么，显然会得出以下的结论。这就是，如果说经过改良的土地用不到 3 英亩就足够维持一个人的生活的话，那么，有 4 英亩土地就是够而又够了。这里，我把能够生产足可供应 900 万人食用的面包、酒、谷物和食肉、牛油

① 尽管鼓励种植三叶草、蚕豆和苜蓿，但一直到 18 世纪为止，并未产生实际效果。参阅肯宁汉：《近代英国工商业的发展》第 2 卷，第 183 页；罗杰士（Rogers）：《英国农业和物价史》第 5 卷，第 59、62 页。另外，奥布里（Aubrey）（在 1685 年以前）写道："备忘，现在在大部分宜于种植蚕豆的地方，蚕豆的种植面积增加很多。"奥布里：《魏尔特郡自然史》，布里顿（Britton）编，第十章，第 11 页。——赫尔

及乳酪等等食品(这也像轮船和普通家庭供应这些人所需的食品一样)的土地的切实亩数指出来,并不是不可能的。不过,这里我只想大略指出亩数。这就是说,假如球根类作物、水果、家畜和鱼鲜以及铅、锡、铁矿和森林所提供的一般收益可以补足人们所担心的缺乏的话,那么,只要有 1 200 万英亩土地即 3 600 万英亩的三分之一的土地,就可以解决问题。

所有被放弃的土地和不动产的价值以及迁移费,总共不超过 1 700 万镑

关于第二个问题,我认为,爱尔兰和苏格兰高原地区的土地和房屋,按目前市场价格估计,所值不到 1 300 万镑,同时,为实行上面所建议的迁移所需要的实际经费,也不超过 400 万镑。如果这样,那么,就要提出这样的问题:从这种迁移上面可能得到的利益,会不会超过 1 700 万镑呢?

对这个问题,我的答案是,这项利益大约可能达到上述数目的四倍[①],即大约为 6 930 万镑[②]。理由是,假如英格兰、威尔士和苏格兰低洼地区的全部地租每年大约为 900 万镑,又假如这些国家的人口再增加五分之一的话,那么,地租就会是 1 000.8 万镑[③],同时年租数也将增加五分之一,由现在的 17 年半增加为 21 年。因此,现在每年只提供 900 万镑收益的土地,如果年租数是 17 年半的话,它的价格就是 1.57 亿镑;如果它的收益是 1 080 万镑,年租

① S本把“6”改为“4”。——赫尔

② S本把“超过 7200 万”改为“大约为 6930 万”。——赫尔

③ 下文为 1000.08 万镑。——译者

数是 21 年的话，那么这块土地的价格就是 2.268 亿镑。换句话说，这块土地的价格比以前上涨了 6 930 万镑。

购买爱尔兰的人会削弱自己

如果某一个国王想扩大自己的领土，而乐意对这块被放弃的土地（其价值估计为 1 300 万镑[①]）支付 650 万镑以上的代价[②]，即乐意支付这块土地目前售价的半数以上的代价的话，那么，全部利润就会超过七千五百[③]八十万零六百镑[④]，也就是超过上面所估计的损失的四[⑤]倍。但是，如果有人认为把爱尔兰卖给外国，对英格兰将会造成一种危险因而加以反对的话，我将简单地这样答复：那个国家（由于上述购买而分割出去，）不论被谁买去，则它所能给英格兰带来的烦恼，绝不会甚于它目前处于统一状态下所给英格兰带来的烦恼。同时爱尔兰和英格兰的距离也不比法国或弗兰德斯和英格兰的距离更近[⑥]。

假如有人希望对土地的地租如何和通过怎样的方法，因上述的人口密集而趋于上涨的问题，作比较明晰的说明的话，我就作这样的回答：这个利益是由于把 180 万左右的人口从穷困而艰辛的

① S本、R本原为“1 000”，后来S本改为“1300”。——赫尔

② S本把“支付 700 万镑以上”改为“支付 650 万镑以上，即支付目前售价”。R本为“支付 300 万镑”。——赫尔

③ S本、R本原为“7200”后来S本改为“7500”。——赫尔

④ 原文为 7580.06 万镑，这个数目，是前述英格兰地价增长额 6930 万镑和苏格兰高原地区的地价及不动产价格的半数（650 万镑）三者的合计数字，故实际上为 7580 万镑，这里说 7580.06 万镑，不确。——译者

⑤ S本、R本为“或六”，后来，S本改为“超过四”。——赫尔

⑥ S本中，配第加进这一句，R本没有。——赫尔

农业转移到更加有利的手工业产生的,原因是,在现有人口增加五分之一的情况之下,只要对原有土地稍微多做一些耕作,就会比原来多生产五分之一的食物,这么一来,新增加的人手由于从事其他某些职业,每年可以挣到40先令。(这个数目完全可以挣到,不[①],甚至每年可以挣到8镑。)这项盈余收益,每年会超过360万镑,如果年租数为20年的话,那就是7 000万镑[②]。不仅如此,城市和城镇的居民是比住在荒凉而人口稀少的地方的人们,花用较多物品,消费较大的;同样,如果英格兰人口由于上述方式而更加密集的话,那么,原有的居民就会比他们过着鄙吝得多、粗劣得多的生活和住得分散得多的时候,也就是相互会面、互相观察,甚至互相鼓励的机会都少得多的时候,要消费更多的物品。因为不论是谁,当他在人前出现的时候,总要比完全没有机会被别人看到的时候,更加想穿美观的衣服。

此外,我还要补充一点,那就是,行政上、军事上及宗教上的统治所需要的经费,人口较为密集的状况比人口较为稀疏的状况,要来得低微、节省、而且有成效。这不单从道理上说是这样,联合各邦的实际例子也证明了这一点。

英国和法国幅员的差别,并非重大问题

但是即使我们把上述全部题外之论看成是一个单纯的梦想,我认为,它却有助于证明下述的事实:这就是,虽然英国国王的

---

① S本、R本中,没有这“不”字。——赫尔

② 在R本中,“7 000万”被改为“7 200万”。在S本中,则作“7 000万”。——赫尔

领土比法国国王的领土稍见狭小，但是两国的人口都不过剩，因此，这种领土面积的差别对当前问题说来关系并不重大。从这个观点说来，我认为，在领土的问题上几乎完全不存在对法国国王有利的地方。下面再来讨论和比较这两国国王所统治的臣民的人数。

《法国现状》一书估计，这个王国分成 2.7 万个教区。自称对法国教会和圣职人员的状况有所研究的一位有真实学问的作者写的另一本书认为，在法国一个教区里居住 600 人是很特殊的情况。因此，我估计这位作者不会（他对这个问题颇有研究）认为每个教区平均居住人数会超过 500 人。这样算来，法国的全部人口[①]大约为 1 350 万人。根据教区数目，——一般说来，新教教会统治的地方每个教区的人口，比天主教统治的地方要多，——同样的，根据炉税、人头税[②]及国内消费税的税额来估计，英格兰、苏格兰和爱尔兰以及附近各岛屿的人口，大约为 950 万人。[③]

在新英格兰，被征召入伍的人大约为 1.6 万人[④]，能使用武器的人大约为 2.4 万人[⑤]，由此推算，全部人口约为 15 万人[⑥]。我认为，这个殖民地连同其他地方的殖民地即亚洲、非洲及美洲的殖民

---

① 《法国现状》第 455—466 页印有一份除阿密安、南特以外的所有纳税区的详表。其中详列每个纳税区中的教区数目。它估计教区数目为 2.458 万个。——赫尔

② G 本为“邮税”。

③ S 本和 R 本原为“900 万”，后来 S 本改为“950 万”。——赫尔

④ S 本、R 本和 G 本原作“5 万”，以后 S 本改为“1.6 万”。——赫尔

⑤ S 本、R 本和 G 本原作“8 万”，后来 S 本改为“2.4 万”。——赫尔

⑥ S 本、R 本和 G 本原作“50 万”，以后 S 本改为“15 万”。——赫尔

地一起加以估计,全部人口无论如何也有 50 万人[①]。不过,最后这一点,还是让大家去推测吧。所以,我认为,英国国王在全球一共拥有臣民大约 1 000 万人,而法国国王,则有如前面所述,共拥有臣民大约 1 350 万人。

了解各国国王所拥有的臣民人数固然非常重要,但是,如果涉及臣民的财富和力量问题,那么,了解他们之中有若干人收入多于支出,若干人入不敷出,也同样是非常重要的。

总之,法国国王实际上只有臣民 1 300 万人,而英国国王则有臣民 1 000 万人。法国国王有神职人员 2.7 万[②]人,而英国国王只有神职人员 2 万人。此外,英国国王有海员 4 万人,而法国国王只有海员 1 万人

因此,应该考虑的事情就是,在英国国王的治领中,神职人员不到 2 万人;而在法国,据上述法国作者(他列举了各教派的数目)的推断,大约有 27 万人,这就是说,比我们认为实际需要的人数多出 25 万人,换句话说,有 25 万人离开了世俗社会。这些成年的、身强力壮的人的数目差不多等于人数相等的包括男女老少在内的各种人的 2 倍。这个作者又说,上述宗教界人士平均每人每日大约花费 18 便士,这个金额相当于一个劳动者所需要花费的 3 倍。

根据以上的道理看来,上述 25 万神职人员,(只要他们维持现

---

① S 本和 R 本原作"下余的所有殖民地无论如何也有 50 万人以上",而在 S 本则改为"这个殖民地连同其他地方的殖民地即亚洲、非洲及美洲的殖民地一起加以估计,……无论如何也有 50 万人","以上"二字被删去了。——赫尔

② 根据正文,这里 2.7 万人显系 27 万人之误。——译者

有的生活水平不变，）会使法国国王的 1 350 万臣民[1]减少到不到 1 300 万人。[2] 假如，住在岛国上的 10 个人也和住在大陆上的 13[3]个人一样都能同样地保卫自己，那么，从所发挥的力量而言，上述 10 个人（他们没有通过侵略别人来扩大自己的领土的意图），也就[4]和 13[5] 个人并无不同。这样说来，英国能发生过人作用的人，要比法国来得多。也就是说，英国能获取盈余收益的人，要多过法国。理由有如下述：

神职人员多，使法国国王的人民减少；海员和水兵多，使英国国王的臣民增多

在英格兰、苏格兰、爱尔兰以及国王的其他属地，有 4 万名[6]以上的海员；而法国海员的人数则只有这个数字[7]的四分之一。

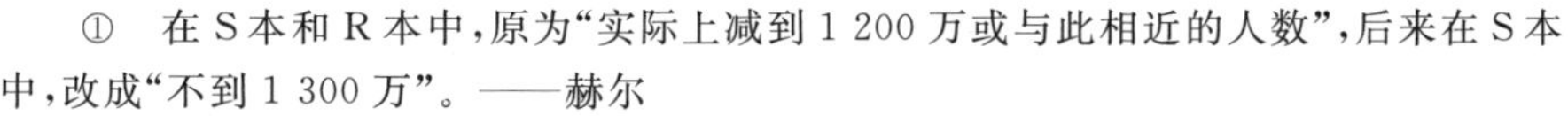

① 在 S 本和 R 本中，原为“实际上减到 1 200 万或与此相近的人数”，后来在 S 本中，改成“不到 1 300 万”。——赫尔

② 在 S 本、R 本和 G 本中，原来有下面一段文字，后被删去。不过在 S 本中仍可认得出来：“其次，应该考虑的是，法国内地的居民因远离海洋，恐怕不可能得到多大的盈余收益。如果在英国国王的领土上比在法国国王的领土上多住 200 万人，而且他们所挣的超过他们所消费的（‘挣’这个词是配第改的，因为这一次，原来的词就看不清了。R 本和 S 本都作‘挣’。——赫尔），就是说，如果英国的 10 个人比法国的 12 个人挣得更多的话，那么，英国臣民在获得财富方面，和法国臣民具有同等能力。”本段中一句词的更动表明配第最先想保留它，以后才决定把它删去。这一段话在 Sloane 手抄本中有。——赫尔

③ S 本、R 本原作“12”，后来 S 本改为“13”。——赫尔

④ “也”是与第 61 页注③被删去的获得财富的论述相联系的。——赫尔

⑤ 同注③。——赫尔

⑥ S 本和 R 本原作“英格兰、苏格兰和爱尔兰约有 6 万”，S 本以后改为“国王的其他属地”，并将“6 万名”改为“4 万名以上”，G 本则作“60 万”。——赫尔

⑦ S 本、R 本原作“大约”，S 本后来改作“不超过”。——赫尔

但是，一个海员的收入等于 3 个普通农民。因此，在计算英国国王的臣民的人数时，如果把这种海员人数上的差额考虑进去的话，则这种差额毋宁是一种利益，它等于多了 6 万[①]名农民。

英格兰、苏格兰和爱尔兰以及英国国王的其他一切领土，共拥有船只 60 万吨，约值 450 万镑。同时，维持英国船只(靠建造新船和对旧船加以修理来维持的)所需的经费，每年约为上述金额的三分之一[②]，这笔经费相当于 15 万农民的工资，但比一切种类的船只所雇用的工匠的三分之一[③]以上所拿到的工资要少。这些工匠包括：造船匠、船缝嵌工、细木工、雕刻工、油漆匠、船台制造工人、制绳工人、造桅工人、各种铜铁匠、制旗工人、罗盘针制造工人、酿酒工匠、烤面包工人和其他各种食品的供应者，以及同枪炮及枪炮用品有关的各种工匠。由于上述原因，在英格兰等地，这些工匠比法国多 3 倍，他们等于 8 万多名农民。因此，在计算英国国王臣民时，应该把这项数目加进去。

英国国王所属的领土，实际距离可通航的海面只有 12 英里；而法国国王所属的领土则距离可通航的海面达 65 英里。英国木材买卖的衰退，并不是那么可怕的问题

英格兰、苏格兰、爱尔兰及其周围岛屿，海岸线长达 3 800 英里。根据这样长的海岸线和全部面积的亩数看来，英国国土大概

① S 本和 R 本原作“相当于 9 万名农民”，S 本改为“6 万名”。——赫尔

② S 本、R 本、G 本都作“三分之一”。——赫尔

③ 1691 年版作“二分之一”。——赫尔

是长 3 800 英里、宽约 24 英里的长方形或者平行四边形。所以，英格兰、苏格兰和爱尔兰的任何一个地方，离海面都不到 12 英里。而法国海岸线长 1 000 英里，如按照同样方法计算，法国各地离海边大约有 65 英里之远。如果把法国缺乏港口的情况（这和英国国王的领土有很多港口恰成一对照）考虑在内，那么法国各地就要离海港 70 英里。根据上述原因，英国显然可以比法国远为低廉地（每百先令约便宜 4 先令）得到外国种植和外国制造的笨重商品的供应。由于英国和法国距离港口远近不同，因此，在陆路运费方面，英国同法国也有相同程度或与此近似的差异。[①] 那么，有了上述的便利条件，究竟能够从笨重粗大商品的输入和输出方面得到多大的利益呢？至少不会少于 100 万人的劳动量吧！这里所谓笨重粗大的物品，是指各种木材、木板、制桶用的木板、所有建筑用的铁、铅、石块、砖、瓦、各种谷物、盐、酒、鱼、肉以及其他一切物品；在这些物品上面，每 100 先令收益 4 先令或亏蚀 4 先令，都是关系重大的。同时还应该注意到，同一种酒，在法国内地 1 吨卖 4 镑或 5 镑，而在靠近海港的地方却卖 7 镑。不仅如此，按照这个道理说来，英国木材买卖的衰退并不是那么可怕的事情，伦敦的重建和在同荷兰作战中失去的船只重新建造，都清楚地说明了这一点。同时，只要英国的气候对作物的生长不是普遍不宜——这种情况很少，或者几乎没有——谷物及其他必需食物就不会发生不足。因为，常常有这种情况：同一个原因在一个地方造成饥馑，而在另一

① G 版本作“由于（英国和法国之间）距离港口远近不同，这种不同形成相同程度或与此近似的差异，即在陆路运费方面每年要便宜 4 先令以上”。——赫尔

个地方却引起丰收,比如,多雨的气候虽然有利于高原地区,但却会给低洼地区带来涝灾。

据观察,法国贫民的工资一般比英国贫民的工资低,同时法国贫民的食物一般也都比较贵。如果确是这样,那么,英国所具有的特别有利条件,恐怕要多过法国。换句话说,英国所得到的盈余收益,谅必会多过法国。

英国国王的臣民和法国国王的臣民消费水平大致相同

最后,我希望曾经旅行过英国及法国的人们考虑一下下面的问题。这就是,英国的平民(因为平民在任何国家都是占大多数)比法国的平民,是不是多消费六分之一?如果是这样的话,那么,英国平民就必须首先取得这一部分;这样一来,英国国王的1 000万臣民实际上等于法国国王的 1 200 万臣民,整个说来,实际上等于法国国王的臣民 1 300 万人(估计数字)。

法国国王比较豪华[①]这一点,绝不能证明法国人民拥有较多的财富

在这里,可能有人提出异议说,法国国王不是比英国国王显得更加奢华、更加阔绰吗?因此,法国的财富一定会相应地比英国的多。但是,并不能得出这样的结论。这是因为,国王外表上的威势,取决于国王所征收的赋税占人民财富的几分之几,假如两国人

① 原文作 Spendor,正文作 Splendor。正文正确,这可能由于印刷错误所致。——译者

民同等富有，一个国家的统治者征收人民财富的五分之一，另一个国家的统治者征收人民财富的十五分之一的话，那么，后一个国家的统治者就显得比前一个国家的统治者富裕 3 倍。可是，两国的财富是实际上相等的。

英国同法国对外贸易的比较

上面就英、法两国的领土、人口、特殊有利条件及领土防卫的难易等问题作了说明，此外，在讨论船只、航海及两国港口远近的同时，也就两国的贸易作了某种程度的说明；下面，我们还要就两国的贸易，作进一步深入的讨论。

有人估计，全世界人口不超过 3 亿。究竟是不是这样，这并不是一件非知道不可的重大事情。不过，我有明确的根据可以推测（同时，我也很希望能够了解得更确实一些），同英国人和荷兰人通商的人口，有 8 000 万人之多。据我所知，没有一个欧洲国家不直接或间接地同英国人或荷兰人有商业往来，所以，正如上面所述，整个商业界或贸易界，是由 8 000 万人组成的。

此外，我还估计，这 8 000 万人每年互相交易的全部货物的价值，大约有 4 500 万镑。但是，每一个国家的财富，与其说来自经营日常的食肉、酒饮及衣服等商品的国内贸易——它几乎不能运进金、银、珠宝及其他一般财富——毋宁说主要来自他们在同全体商业界进行的国外贸易中所占的份额。所以，我们必须考察，英国国王的臣民，在同全体商业界所作的国外贸易中，按人口计算，是不是比法国国王的臣民占较大的份额。

根据为这个目的而作的考察的结果看来，英国每年运往世界各地的羊毛制品，即各种各样的毛织品，包括哔叽、呢绒、棉织品、粗呢绒、薄斜纹哔叽、粗绒、柏碧绒[1]以及袜子、帽子、地毯等，——这些都是从英格兰、苏格兰和爱尔兰出口的——每年达500万镑。

铅、锡和煤共值50万镑。

运往美洲的各种衣服、家庭用品等商品，共值20万镑。

从西班牙人那里得到的黄金和白银，共值6万镑。

从美洲南部各地运来的砂糖、蓼蓝、烟草、棉花及可可，共值60万镑。

从新英格兰和美洲北部各地运来的鲜鱼、烟斗棍、桅木、海狸皮等物品，共值20万镑。

从爱尔兰输出的羊毛、牛油、兽皮、动物油、牛肉、青鱼、鲱鱼及鲑鱼，共值80万镑。

从苏格兰和爱尔兰运出的煤、盐、亚麻、棉纱、青鱼、鲱鱼、鲑鱼、麻布及麻线，共值50万镑。

从东印度群岛运出的硝石、胡椒、洋布、金刚石、药材及丝绸，除去英国消费部分，共值80万镑。

为了供我们在美洲的殖民地使用而从非洲运去的奴隶，共值2万镑。上述各项数字，加上在外国各地营业的英国船只的运费150万镑，总共为1 018万镑。[2]

上面的计算数字，根据3个王国的关税收入看来，是十分正确

---

① 在S本中配第加添了"柏碧绒"。——赫尔

② G本删去了这两段有关美洲出口额的价值的叙述，但它仍把英国的对外贸易额估计为1 018万镑。——赫尔

的。据估计它的实际价值(intrinsick value)每年平均大约为 100 万镑,其中包括以下各项:缴纳给国王的占 60 万镑,支付征收费以及其他支出的占 10 万镑,被商人走私占去的占 20 万镑,为捐税承包人挣去的占 10 万镑。(后三项数字是依据一般人意见和大家看法估计的。)这个数字,和我所估计的英国国王的臣民在世界贸易总额中所占的比例(或份额),也就是,在 4 500 万镑中大约占 1 000万镑,也是符合的。

但是,运进英国的法国商品的价值(虽然目前存在着几种估计[①]),每年不超过 120 万镑[②],同时,他们运往世界其他各地的商品的价值,也不超过这个数字的 3 倍或 4 倍。这个估计也和我们从法国海关得来的数字完全符合。所以,法国的出口额只有英国出口额的一半。同时,法国所有的商品[③],除了葡萄酒、白兰地、纸张及服装的最新样本和式样以及家具(这些商品都是法国的特产)之外,英国人都能仿制,同时,法国人口又比英国多,因此可以得出结论:按人口平均计算,英格兰等地的人民所掌握的对外贸易,等于法国人民的 3 倍,他们掌握着整个商业界贸易的九分之二和全部船只的七分之二。尽管存在着上述这些事实,还是不能否认,法国国王和法国的某些伟大人物,比英国的同类人物,显得更富有、

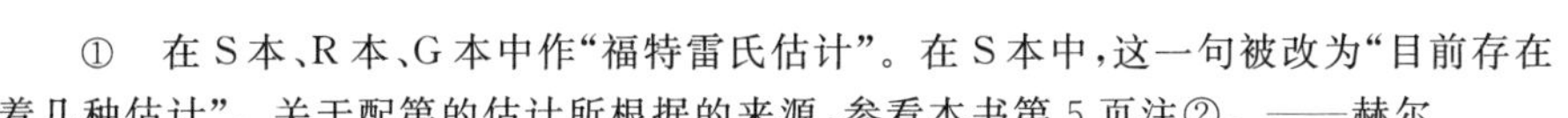

① 在 S 本、R 本、G 本中作"福特雷氏估计"。在 S 本中,这一句被改为"目前存在着几种估计"。关于配第的估计所根据的来源,参看本书第 5 页注②。——赫尔

② 福特雷曾这样说过:在 1663 年不久以前,依据旨在要求禁止法、英贸易而送给法国国王的"贸易细则"看来,英国每年从法国进口的商品价值,比它对法国的出口多二百六十万镑。福特雷:《英国在商品和贸易增长方面的利益和进展》。载于惠特瓦茨:《文集》第 1 卷,第 21 页。——赫尔

③ 原文在这里有一个开括弧,显系多余,这可能出自印刷错误。——译者

更豪华。这种情况,与其说是出自他们的财富和力量的固有和天然的原因,毋宁说是法国的统治的性质所造成的。

第 五 章

阻止英国强大的各种障碍，只是暂时的和能够消除的。

英国的领土的分散状况，是阻碍它强大的一个障碍。立法机关的分立，是另一个障碍。英国的各殖民地，对这个帝国来说是一个负数

我认为，阻碍英国强大的第一个障碍是，它所属的领土过于分散，它们被海洋分割成许多岛屿和国家，不，应该说，分割成许多王国和各种各样的政府。这就是说，在英格兰、苏格兰和爱尔兰，存在着三个完全不相关联的立法权力机关，这三个岛国彼此之间，不是互相团结，而是常常妨碍各自的利益，封锁或阻碍对方的贸易，彼此之间不单简直像外国人一样，而且有时甚至像敌人一样。

其次[①]，哲尔济岛、格恩济岛[②]和曼岛[③]处于既和英格兰不同也和苏格兰或爱尔兰不同的司法权力管制之下。

再者，新英格兰政府（行政和宗教两方面）和陛下其他领土的政府十分不同，因此很难说，它今后将怎样转变。

此外，其他殖民地的政府也都和其余任何地方的政府大不相同。所有这些差异既然不是由位置方面、产业方面及人口状况方面天然存在的具体原因造成的，那么，为什么还保持不动呢？

上述这一切原因产生了下面的结果，这就是，分得很细小而且相距很远的许多政府几乎无力自卫，因而，保护这些殖民地的负担，不能不落在宗主国英国的肩上。因此，所有这些比较小的王国和领土，对英国说来，不但不是正数，而且实际上是负数。但是[④]，这两个负数是可以通过组织两个大议会，即一个由国王选派，另一个由人民选出，可以平等地代表整个帝国的两个大议会，得到补救。国王的财富可分为三部分，其中第一部分是他的臣民的财富，第二部分是他从他的臣民的财富中征收的摊派，这是人民为了共同的防御、公众的荣誉和体面，以及为了经营一个人或几个私人的资力所不能经营的旨在促进共同福利的事业，而献给国王的。

① 在R本中，这一整段是配第在栏外添加进去的。——赫尔

② 哲尔济岛（Jersey）、格恩济岛（Gernsey，现在的法文名是Guernessy），英格利海峡中的群岛，现属英国管辖。——译者

③ Isle of Man，或译人岛，爱尔兰海上的一个岛，处于英格兰康伯令（Cumberland）海岸和北爱尔兰之间。——译者

④ 在S本中，由配第加添："但是，……是可以……得到补救"。R本则没有。——赫尔

第三部分的财富，是属于上面所举的摊派的一部分，这一部分财富，国王可以根据他的个人爱好和高兴加以处理，而不必提出报告[①]。这样看来，各个王国和司法权力方面的前述距离和差异，对上列各种财富构成严重障碍，是极为明显的。这一点，从下述各点，可以看得出来。第一，一旦和外国发生战争，英国照例要担负全部责任和全部经费，结果使英国许多工作半途而废。

第二，英格兰常常禁止爱尔兰或苏格兰的商品进口，例如它最近就禁止爱尔兰的家畜、鲜鱼、食肉进口[②]。这不单使英格兰的食物以及劳动涨价，而且迫使爱尔兰人向法国、荷兰及其他国家购进那些原来从英格兰购进的商品。这种做法对这两个国家说来，都是很大的损失。

第三，这种情况在对通过这几个国家的境界的商品征收关税方面引起了一些不必要的麻烦和开支。

第四，这种情况对我国的巴贝多斯及美洲其他各地的贸易来说，也构成一种损害。因为本来应该从那些地方直接运往世界各地并以相当低廉的价格在那些地方出售的货物，现在必须先把它运到英国，办理完税手续（一旦手续完了），然后再运往本应直接运

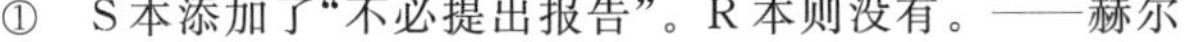

① S本添加了“不必提出报告”。R本则没有。——赫尔

② 见《爱尔兰的政治解剖》，第30页注①。——赫尔

查理二世15年（1663年），英国政府颁布一项法律（即同年第七号法令），对从爱尔兰进口的家畜征收进口税，以示禁止。两年之后（即1665年），又有人向下院提议全面禁止外国家畜进口，配第曾极力加以反对。但是，三年之后（即1668年）英国政府又颁布二项法律（即查理二世18、19年第二号法令），全面禁止外国家畜、食肉和鲜鱼进口。赫尔在上项注解中主要介绍这些法令提出和配第反对这些法令的经过。这里赫尔所指的第160页，应为其所编的《配第文集》第1卷第160页。——译者

往的国家。

第五，哲尔济岛和格恩济岛的防卫费尽管是由英国担负，但是，这两个岛的人民（为数很多）的劳动和勤勉却大部分变成法国人的利润。

第六，新英格兰有数量庞大体强力壮的英格兰人，他们主要被雇用来从事农耕和农业中最下贱的工作（即饲养家畜）。但是，爱尔兰是可能容纳所有这些人的。即使它无法把他们安置在比他们现在所从事的职业好一些的职业上面，但在最坏的情况下，它能够给他们提供土地，让其耕种，条件要比他们在美洲得到这些土地来得优越。

第七，其他殖民地的人民固然栽培着在英国生长得不大好的作物，但是，由于贪图过于庞大的土地，而这么大的土地除足可生产充分数量的上述外国作物以供应全世界的需要之外还有多余，因此，他们徒然地为自己努力的成果伤脑筋和受窘。

第八，这些人分散地居住在远隔而广阔的土地上，在统治和保卫上所需的经费，要比他们紧密地居住在一起并不受大风、气候及其他一切海上意外事故威胁那种情况，无疑来得多。

对于最高权力、议会的特权、普通法和平衡法、行政上和宗教上的司法权的理解，纷纭不一。关于爱尔兰的最高立法机关等方面的问题

阻止英国强大的第二个障碍，就是对于一些重大问题，即对国王最高权力、议会的特权、普通法和平衡法之间究竟有何不同，以

及对行政上和宗教上的司法权力之间究竟有何不同，理解纷纭、意见不一。同时，还存在着英格兰王国是否对爱尔兰王国拥有支配权的疑问。不仅这样，还存在着这种不合理的现象，那就是，依据法律奉派前往镇压爱尔兰叛乱的英格兰人，在完成了任务以后，却被剥夺公民权（不论现在和过去，事实都是这样），丧失以往在英格兰享有的立法上的权利，同时他们还要像外国人一样对自己在爱尔兰所消费的一切东西缴纳关税，而他们本来是为了英格兰的荣誉和利益奉派到爱尔兰那里去的。

由于施行杂居和移民工作有缺点，因此也就不存在理所当然的团结

第三个障碍是，爱尔兰是个被征服的国家，那里的爱尔兰土著居民还不到住在这两个王国的所有英格兰人的十分之一。同时，因为在这两个民族之间，实行了移民和有比例的混居，结果在爱尔兰，爱尔兰人只有全部人口的十分之一，而在英格兰，爱尔兰人也只占那么大的比例，因此，这就造成这个民族之间达不到理所当然同时又十分牢固的团结。这么一来，即使要付出爱尔兰王国的所有租金的四分之一的代价，也必须维持驻在爱尔兰的军队。

征收方法不公平而且不方便

第四个障碍是，英国的各种捐税，不是对消费进行征课，而是对全部财产进行征课，同时，也不是对土地、资本及劳动课税，而主要是对土地课税。而且，这些税收并不是依据一种公平而无所偏

祖的标准来征课的，而是由听凭某些政党或是派系的一时掌权来决定的。不仅如此，这些赋税的征收手续既不简便，费用也不节省，它是包给捐税承包人征收的，而捐税承包人又不确切知道怎样做才算合理，就把收税的权利层层转包下去，以致到了最后，贫民所被征课的金额，竟达到国王实际拿到的二倍。

州、主教区、教区以及议员名额上面存在着不公平现象

第五个障碍是，在各州、主教区、教区、神职人员的待遇和其他管区以及人民在议会中的代表名额上面存在着不公平现象。这些不公平现象正像把造得参差不齐的车轮偏安在车轴上面一样，妨碍了当局推行正常的活动。也就是说，这种情况使当局不能像装得适中，保持不偏不倚的车轮那样，顺利地进行工作和切实地执行任务。

第六点是，决定战争的权力和筹集经费的权力不归一个人掌握，是不是构成一种妨碍的问题，值得详细讨论。不过，我想这个问题，还是让给更适宜于讨论根本法的人们去研究吧。

在上述各种障碍中，没有一种是天然的。这些障碍的产生，是由于形势发生变化所引起的。这和建筑物所以显得参差不齐，系由于某一部分是某一个时代所建，另一部分又是另一个时代所建所使然的情况，正复相同。我们现在感到不满意的那些措施，在他们刚刚制定的时候，可能是十分完善的。但是由于时间的推移情况发生了变化，以致使得它变成不合时宜的东西。

由于上述各种障碍，都只是暂时的，所以它们也是能够消除

的。因为，土地过剩地区的土地不是可以出卖，居民不是可以和他们的动产一起迁到别的地方去吗？在美洲殖民地栽种烟草、甜糖作物等等各种农产品的英国人，难道不可以在计算好耕作所需的土地之后，再按这个比例建造在质量两方面都合乎要求的住宅吗？至于新英格兰人民，我只是希望他们迁移到旧英格兰或爱尔兰去（这个希望是根据他们自己在最近20年中所提出的方案[1]提出的）。不过，在那个时候，应该允许他们有信教自由，而且这种自由，比他们现在彼此互相承认的信仰自由，要更进一步。

难道不可以把这三个王国合并成为一个国家，并各派名额相当的代表出席议会吗？难道不可以让国王的各族臣民互不歧视地混居在一个地方吗？难道不可以把教区及其他管区重新调整加以平衡吗？难道不可以对司法权及人民要求权力的权利加以切实保障吗？难道不可以公平地摊派各种捐税，并把它们直接用于最根本的用途吗？难道不可以对宗教上的异端分子加以宽容吗？他们也缴纳税款，供养一批军队以维持公共安宁啊！我敢指出，上述一切事项，如果当权者认为适当，是可以实行的，因为，相同的事情，在各个地方，各个时代，都曾经时常实行过。

① 这个提案，如果追问它的根源，大概是克伦威尔在1650年提出的。1650年10月30日，有几个人对他答复说：如果他们的条件得到满足的话，接受所提议的迁移方案。见艾里斯（Ellis）：《英国史原文诠释》第2集第3卷，第360—364页。但是，马萨诸塞州普通法院在第二年正式答复说，对这一提案表示感谢，但是予以驳回。参看赫金生（Hutchinson）：《马萨诸塞州史》第1卷，第2版，第450—452、175—176页；巴里（Barry）：《殖民地时期的马萨诸塞州史》第1卷，第343页。——赫尔

第　六　章

英国的权力和财富，在最近40年中有所增长。

在大约40年中，许多地方为英国所吞并，同时得到很大改良

对于国王领土的增加，几乎没有怀疑的余地。因为，新英格兰、弗吉尼亚、巴贝多斯、牙买加、丹吉尔以及孟买，都是在最近40年中或是并入陛下的领土之内，或是经过改良，由荒芜不毛之地变成人口众多、建筑物林立、船只密集、生产许多有用物品的地方。至于英格兰、苏格兰和爱尔兰的土地，同40年前比较，在量的方面也有了增加而没有减少。由于下述各方面的措施，如把沼泽地排干，对旱地进行灌溉，对森林和公地加以改良，把长满灌木的不毛之地，改善得可以种植蚕豆和三叶草，对各种果木和菜蔬进行改良，使它们得以增产，对一些河川进行疏浚，使它们能够通航等等，我认为，这些土地目前所具有的条件和40年前相比，显然能够提供更多的粮食和物品。

第二，英格兰、苏格兰和爱尔兰的居民，虽然在最近40年中，由于瘟疫和战争之故，有大量死亡（大约死了30万人，这些数字大过正常的死亡率），但是，据死亡统计表的考察者[①]指出，由于人口正常增加了1 000万人，而这1 000万人在200年中又增加了一倍[②]，因此可以估计，在40年中（即上述时期的五分之一），人口大约[③]增加了上述总数的五分之一，也就是200万人。同时应该注意的是，把黑人（他们劳动量大，消费水平极低）运到美洲殖民地这件事，并不是不足取的。此外，新英格兰几乎完全没有不生育的妇女，她们大多数都有很多儿女，一般人又健康长寿，因此可以期待，这个地方（新英格兰）人口增加的数字将会和因爱尔兰最近的暴动而丧失的人口数字相抵。

伦敦房屋的价值增长了一倍

至于房屋，我估计，正如伦敦市各街道本身的情况所表明的，它的价值比40年前涨了一倍。其他地方的房屋也都有所增加。如在[④]新城、牙茅斯、诺威治、埃克塞特、朴次茅斯、考威斯以及爱尔兰的都柏林、金赛尔、伦敦德里及考勒兰等地，房屋也都有了增加，增加之多在比例上，远远超过我所知道的其他地方所发生的毁

① S本原作“observater”，R本原作“observators”，后来都被改为“observator”。这一更动，对解决《爱尔兰死亡表的考察》的著者是谁（是格兰特呢，还是配第呢？或者是他们两人呢？）的争论，具有重要意义。配第对S本所作的亲笔订正，这是最后一次。——赫尔

② 这一论断，显系根据格兰特的《爱尔兰死亡表的考察》第7章作出的。——赫尔

③ 在R本中，由配第加添“大约”二字。——赫尔

④ 在R本中，加添了“布利斯托”。——赫尔

坏的情况。爱尔兰的房屋毁坏的情况最严重。总的说来，那里的房屋价值，现在比 40 年前上涨了，这一点，从现在的房屋比当年更加美观、居民人数——如前段所述——大约增加了五分之一这些情况看来，是无可怀疑的。

船只由于以下原因大大增加了

船只的情况是这样：陛下的海军，现在比 40 年前即霸王号[①]建造以前，增加了两倍到三倍。出入新城市的船只，现在约有 8 万吨，在 40 年前却只有现在的四分之一[②]。因为，第一，伦敦市区扩大了一倍；第二，煤炭的消费量至少增加了一倍，因为在以前，和像现在室内烧煤取暖情况不同，室内几乎不烧煤，用煤炭烧炼的砖也不如近来多，泰晤士河两岸的村镇也和现在不同，一般都不烧煤。此外，从事经营非洲和美洲贸易的船只现在每年都在 4 万吨以上，而这项贸易在当时是微不足道的。以前进口的葡萄酒，也没有现在这样多。简言之，对进口和出口的商品所课征的关税，当时还不到现在价值的三分之一，这种情况说明，船只和贸易大体上都按照上述比例增加了。

贷款利息降低了将近一半

贷款的利息，在 50 年前每百镑为 10 镑，40 年前降为 8 镑，现

① 即“海上霸王号”，当年英国最大的军舰，1637 年 10 月下水。——译者

② 1615 年，新城市的煤炭业，用于 200 只往来伦敦的平底帆船和 200 只往来英格兰的所有沿海城市的船只运煤，《贸易增长》，1615 年伦敦版，第 10 页。到了 1649 年，煤炭业已经有了显著发展，因此，“一年的煤炭销售量，比 40 年前的 7 年的销售量还要多”，《地方志》，伦敦 1649 年版，第 26 页。——赫尔

在则跌至6镑。但是,利息的降低却不是任何为这个目的而制定的法律所造成的,现在只要有有力的担保,便能借到利息更低的贷款,因为利息的自然降低是由于货币增加的结果。

不仅如此,如果说出租的土地和房屋有了增加,贸易也有了增加的话,那么用于支付土地、房屋的租金和经营贸易的货币,也必定是增加了。

货币和公共收入都增加了

最后,大型马车、陈设用品和家具的数量以及华美程度自那时以来有没有增加的问题,我想让所有的观察家去考察,这里不谈。邮费是不用说的,它已经增加了20倍,这说明事务和接洽联系增加了。我还要补充指出,陛下的收入大约增加了2倍,因此,为支付和担负这一赋税所需要的手段也增加了。

第七章

以英国国王的臣民全部开支的十分之一，——如果这一部分能经常征收到手的话，——足可维持1万[①]名步兵、4万[②]名骑兵和4万名水兵，以及支付政府其他一切日常和临时的开支。

对英国每人平均开支的估计

为了弄清这一点，必须求出国王治领中每一个人开支的中数，即最高和最低之间的中数。我认为，这一中数恐怕不会少于每天收入约8便士的工人的开支。理由是这样的：一个这种男工的工资，不管饭的每周为4先令，管饭的为2先令，所以，他的膳食费每周为2先令，每年为5镑5先令；他的服装费，不可能低于乡下最

---

① S本作"10万"。——赫尔。本书目次和正文都作10万。10万正确。——译者

② 本书目次作3万。——译者

贫穷的女仆[①]的工资，即每年 30 先令。此外，用在其他一切必需品的开支，每年也不能低于 6 先令。所以，全部开支是 7 镑。

这种说法大致不会传到每年生活费为 7 镑的人耳里，所以，也就不致发生这种人看到上述假定而感到惊奇的情况。但是，如果这些人考虑到贫民及其子女的人数比富人多得多，他们就会了解，尽管某些富人的开支比一个工人多到 20 倍，上述工人的开支，仍然可以十分恰当地当作全体国民开支的标准。

假如每人的开支平均一年为 7 镑，国王臣民的人数为 1 000 万人。那么，全国开支的十分之一，就是 700 万镑了。但是有 500 万镑或者稍微多一点，就够于支付 10 万名步兵、4 万名骑兵和 4 万名水兵（包括冬夏两季在海上活动所需的费用在内）一年的薪饷（不过，事实上很少需要这么多款额）。同时，政府的日常开支，在太平无事的时期，每年从未达到 60 万镑。

在人民富裕的地方，收入多于支出，因此，支出的十分之一却不到收入的十分之一。但是，在极端危急的严重关头（所以需要这么大批军队就是为了应付这种情况发生），对人民说来，付出开支的十分之一，是不会感到艰难的，更不用说会感到痛苦了。因为，为了多负担开支的十分之一，人们只须少消费二十分之一，抑或多劳动二十分之一，或者每日额外劳动半小时就够了，这两种情况从日常经验看来，都是完全可以忍受的。在英格兰，食量不超过保持自己健康所需要的分量二十分之一的人是很少的。同时，不穿一码值 20 先令的衣服，而满足于穿一码值 19 先令的衣服，恐怕也不

① S 本作“男仆”，R 本亦作“女仆”。——赫尔

至于显得怎样寒伧。因为，居然能够认出这种差异的人，几乎是不存在的。

备忘：上述各点，是在这种前提下，即假定这1 000万人，人人都服从元首，并处于元首的权力统治之下这种前提下提出的。如果是另一种情况，那么，上面的估计就要改变。

第八章

在英国国王的臣民中间，存在着足够的游闲人手，他们每年可以比现在多赚200万镑的收入，并且存在着足可为实现这一目的所需要的现成的、合适的职业。

为了证明这一点，我们必须调查一下，当人民想劳动或者被迫必须劳动，而又有他们可以从事的职业的时候，他们能得到多少收入；计算方法是这样的：先从上述全部开支中扣除土地的租金和资本的利润（这租金和利润确切地说，是由克扣许多劳动来的），然后把他们的这笔收入同上述全部开支进行比较。由于本国的上述土地和资本的收益，约占全部开支的七分之三。所以，假如开支为7 000万镑，那么土地的租金、所有动产的利润以及贷款的利息等项，就大约是3 000万镑。因此，劳动的价值就是4 000万镑，平均每人4镑。

但是，应该注意到，全国人口[①]中约有四分之一为儿童，即不满7周岁的男孩和女孩，这些人几乎是不能从事劳动的。同样，还

① S本作“全部人口”。——赫尔

应该注意到，全部人口中还有十分之一，由于他们的财产、称号、官阶、职位及职业的缘故，被免除了我们现在所说的这种劳动，这些人的职务，就是(或者说应当是)支配、管理或指挥别人的劳动和活动。所以，在 1 000 万人中，(如果有劳动必要的话，)实际上能够从事劳动的人，大约只有 650 万人。其中，有的人每周可以赚 3 先令，有的人可以赚 5 先令，有的人可以赚 7 先令。换句话说，所有这些人，平均每周能赚 5 先令，一年最少能赚 10 镑(疾病及其他事故估计在内)。因此，全部人口每年能赚 6 500 万镑，这就是说，他们的收入比支出多了 2 500 万镑。

据《英国现状》一书的作者估计，诺威治市 6 岁到 16 岁的儿童，除去自己的消费之外，每年能赚 1 200 镑①。② 但是，根据炉税的统计看来，诺威治的人口占全部英格兰人口的三百分之一，约占国王在全世界各地的全体臣民的五百分之一。由此可见，陛下的 6 岁到 16 岁的臣民，除他们自己消费之外，每年可以多赚 500 万镑。

其次，满 16 岁以上的人民人数，为 6 岁到 16 岁的儿童人数的一倍，而且成年人比儿童会多赚一倍，所以，如果各地的成年人和儿童都像诺威治的成年人和儿童那样从事劳动，那么，他们除了自己消费之外，每年还可以赚 3 500 万镑。这个估计是根据事实和经验作出的，同前面的估计相符合。

① 应为 1.2 万镑。见注②。——译者

② 张伯伦著《英国现状》第二部分(1671 年版，第 150—151 页)写道："据最近几年估计和发现，诺威治市 6 岁到 10 岁(不是 16 岁。——赫尔)的儿童，主要靠编织美观的短袜，每年除去自己消费还可以赚到 1.2 万镑。"——赫尔

尽管已经证明英国人民很富裕，同时，他们有可能一年赚到2 500万镑的盈余，但是，现在的情况显然并非如此，他们连比这个数目还少200万镑的2 300万镑也赚不到。假如他们能够盈余2 300万镑，那么在5年或6年之内，国家的全部资产和动产就会增加一倍，我当然希望这能成为事实，但是我却找不到理由可以使人相信这一点。由此可见，尽管他们有可能得到盈余2 500万镑，但实际上连2 300万镑的盈余也没有得到，不，不用说2 300万镑，就是2 000万镑，或1 000万镑，甚至500万镑也赚不到。因此，我的上述提案也就得到了证明，这就是：在国王的臣民中间，存在着足够的游闲人手，他们能比现在多赚200万镑的收入。

不过，我还想稍为详细一点地谈谈这个问题：值得注意的是，自伦敦大火以来，4年中，工人（只是同建筑业有关系的）赚了400万镑，也就是每年赚了100万镑。同时，其他的作业、劳动和工业生产并没有比大火以前的4年有所减少。如果所谈的工人只是同建筑业有关并且只有他们这些人在伦敦和它的近郊劳动，同时他们能在临时性的工作中赚到100万镑，那么，从这个事实以及上述的情况看来，我认为，如果动用其余全部的游闲人手，那也可以比上述数目多赚一倍，也就是可以赚到的收入和前面所提出的数目相等。

尽管存在着有能力挣到无数万镑金钱的游闲人手，但是如果这些人找不到工作，那么，他们也就不会起什么作用。他们如果只是从事没有目的的劳动，那就不如去游玩行乐或沉湎于高谈阔论。所以，更重要的事情就是证明这一点：现在有可赚到200万镑收入的工作可做，但是目前这种工作却被国王的臣民们忽略了。

为了证明以上的看法，只消计算一下下述各项数字就够了。这就是，第一，英国国王的臣民付给外国人多少钱作为船只的运费？第二，荷兰人在我国领海捕鱼，一共挣了多少钱？第三，从国外进口并在本国消费的那些商品（这些商品，经过努力是可以在国内生产或制造的）一共值多少钱？为了简单地解决这个问题，我曾经缜密考察了有关这些项目的十分真实的估计，经过这项考察，我敢断言，这笔钱超过500万镑。可是我在上述提案中只提出200万镑。

为了进一步证明这个问题，可以参看福特雷在他所著的具有创见的《贸易论》一书中所列举的细目[①]。根据这一细目，单是从法国进口的货物，每年就达260万镑。因此我敢断言，葡萄酒、纸张、软木、树脂、续随子及英格兰所不能生产的其他少数商品，价值不到上述金额的五分之一。由此可以得出结论（如果福特雷的统计不错的话）：这里提到的200万镑，单从法国一国就可以收回，因此，从前述三个国家中，一共可以收回五六百万镑之多。

① 参看本书第67页注②。——赫尔

第　九　章

我国拥有经营本国产业的足够资金。

自从陛下荣幸地实行王权复辟时起，人们即认为，应该把篡夺时期[①]所铸造的货币收回改铸。根据国库出纳人员一致的看法，上述货币(由于不断流通，已经完全同旧币混同起来了)约占全部货币的七分之一，假如把它收回的话，可能达到80万镑，因此，全部货币应是560万镑[②]。由此看来，(如果把贮藏的货币也估计在内，)当时英国所有的现金大约为600万镑，这个数额，我认为足够经营英国的产业。同时，我深信不疑：陛下的其他领土，也都有足够的资金来经营各自的产业。

如果英国有人口600万，每人每年消费7镑，那么，全部开支就是4 200万镑，抑或每周大约花费80万镑[③]。这样一来，假如所

---

① 指克伦威尔共和政府时期。——译者

② 在R本中，加添了"或为550万镑"。——赫尔

③ 见《赋税论》第56页(中译本第58页。——译者)，在该处配第把英格兰人的开支总额估计为5 000万镑。此外，对照一下下列一书：约翰·塞勒(John Seller)；《经过详细调查后作出的法案实施地区的食品费用的适度计算》。1691年伦敦版。塞勒估计每人平均开支为27.1749镑。——赫尔。配第在《献给英明人士》一书中，估计英格兰人的开支总额为4 000万镑，比这里少1 000万镑。见该书第一章，中译本第100页。——译者

有的人都是按周支付他的开支，同时货币每周循环一次的话，那就用不到 100 万镑，就可以满足需要。但是由于英国土地的租金（它每年缴纳半数）每年为 800 万镑，因此，为了缴纳地租，需要有 400 万镑货币。同时，英国房屋租金一年共计约为 400 万镑，它一年分 4 次交付，所以，交付这笔租金，只需要 100 万镑货币。这样，有 600 万镑货币，就足可促使上述三种循环顺利进行。所以，我认为，至少在更有力的相反论点提出以前，我的上述提案是可行的，这已经得到了充分证明。

第　十　章

英国国王的臣民有充裕而方便的资本经营整个商业世界的贸易。

我们在前面已经说过，英国拥有充裕的资金，可以采取进一步鼓励产业发展的措施；因此，我想在这里研究一个问题，这就是英国是否拥有充裕而方便的资本以经营整个商业世界的贸易。为了明了这一点，我们必须记住，上述世界的每一个地方每年输出的所有商品，只要有 4 500 万镑资金，就能买到。同时，在同一世界所使用的船只价值也不超过 1 500 万镑；所以只要有 6 000 万镑，就可以经营上述的全部贸易，而丝毫用不着依靠信用。可是，由于商品的生产者，在一般情况下，总是把只值其一部分价值的商品和自卖的时候可能要赔本的商品——但他们出卖这些商品目的却在于赚钱——委托给可靠的商人或批发商负责贩卖。因此，不到 6 000 万镑的资金，甚至不到它的半数，也就足可经营上述的贸易。因为，如所周知，有声望的商人，即使他的资产只有 500 镑，也会被委托以价值超过 1 000 镑的商品。所以，用不到 3 000 万镑的资金，亦足可达到上述的目的。而在这 3 000 万镑中，已经投在经营中的铸币、船只和资金，至少要占一半。

上面说过,银行怎样通过它的措施,使任何一笔投在营业中的资金,变成实际上差不多等于比原额多一倍的资金。由上述各点看来,就是在目前,似乎亦并不太缺乏资金,以实行上述提案。然而,假如资金短缺的话,假定资金缺少 2 000 万镑或更多一些,恐怕也不能断定不会出现下述的情况。这种情况就是,由于大多数地主和一些贵族使自己年纪较轻的儿子从事商业,因此,商人人数增加了,商业规模扩大了,结果所需的资本也就增加了。这种发展是合乎逻辑的。事实上,这笔资本只需将价值 2 000 万镑的土地,即不超过英国全部领土六分之一或七分之一的土地押给银行,就可以筹集到手。换句话说,只需创造一笔 2 000 万镑的基金对这里所谈的世界贸易所买卖的货物作担保,就可以了。

以上说明了,英格兰在国内拥有的土地同荷兰和西兰二邦所有的土地面积相等,它也像这两个联邦一样,拥有便于经营产业的其他大量土地;同时,英格兰还存在着能比现在多赚数百万镑的游闲人手,而且还有能提供数百万镑收入的职业(即使它们纯粹来自英格兰本国的消费)。由这一点和上一节就增加货币和土地两方面的资财所论述的各点看来,那就可以得出这样的结论:对英国国王的臣民说来,掌握整个商业界的世界贸易,不但不是不可能的,而且是完全可以做到的事情。

同时,现在提出这个问题,并不算不合时宜。因为,英国上等家庭中年纪较轻的子弟,要过和他们的家庭出身和所受的教养相适应的生活,除了经营商业之外,恐怕没有其他办法。理由是这样的:如果英国的土地每年提供 800 万镑的收入,而英国大约有 1 万户家庭,平均计算每户家庭每年可得到 800 镑左右的收入。我们姑且假定每户家庭有年纪较轻的子弟一人，这些哥儿们如果每年收入达不到200镑或者300镑，就不能在本族亲属和亲戚朋友面前保持体面。可是，我认为，即使将法院的官员、我国海陆军正规军的指挥官、教会的高级职员、律师和医生所得到的日常收入，以及贵族和主教以下的各项职位的收入统统合起来，也只能为上述1万个年纪较轻的子弟中的3 000人提供每年达300多镑的生活费，因此其余7 000人只有靠经营商业来取得其维持生活所需的费用。然而，假如这7 000个绅士虽然从事了商业，却又不努力使它发展，或者换一种说法，我们虽然抱着发展商业的希望，却又不想法使资本增加，而认为只有把相当面积的土地和相当数额的金钱押入和存入银行，才能使资本增加，那么，我们就必然要失望。这里应该注意的是：把土地卖给外国人换成金银，是会使这个王国的资本增加的；但如果本国人之间相互进行这种买卖，就不会有任何效果。因为把自己所有的土地变卖成货币的人，可能想经营商业，然而，用货币购买土地的人的想法，却恰恰相反。可是，如果把土地卖给外国人的话，那不论金钱和人口都会增加，结果商业也会发展起来。因此，可以这样认为：如果制定了拒绝外国人购买土地、不缴纳高额关税就不准外国人进行贸易的法律，那么，公共事业和国家的利益就要和现在大不相同了。

在阐述了上述10点主要结论之后，我还可以无止境地继续讨论其他问题。不过，在我看来，上面的论述已经充分地阐明了我所说的政治算术是什么；已经充分阐明了了解人口、土地、资本、产业以及其他东西的真实情况的效用是什么；已经充分阐明了

2.[①]国王臣民的情况，并不像心怀不满的先生们所形容的那么坏；已经充分阐明了 3.团结一致、勤勉和服从，不论对公共安全和每个人的幸福都有巨大的效果。[②]

① 在原本中，在这“2”前面一段没有“1”字。——译者

② 在 R 本中，在这下面由配第加添了“除此我别无”这样不完全的句子，并且删去了最后一个字。参阅《爱尔兰的政治解剖》一书的作者序言的结尾，该书第 130 页。——赫尔。在该处配第说，“此外我没有其他目的”。这句话与“除此我别无”一句类似，参阅该书中译本第 5 页。这里赫尔所指的第 130 页，应为他所编的《配第文集》第 130 页。——译者

爱尔兰的政治解剖

周锦如译

中译本序言

《爱尔兰的政治解剖》是英国古典政治经济学奠基人威廉·配第的主要著作之一，完稿于1672年，1691年在伦敦出版。

配第写这本书的目的，和他写其他许多著作一样，并不是为了建立资产阶级政治经济学，而是为了替当时英国的统治阶级筹划如何增进英国的“安宁和富庶”，也就是怎样加强对殖民地人民的掠夺和压榨。

在17世纪70年代，随着国外贸易的扩大，英国的工业，特别是毛织业、呢绒制造业等部门有了显著的发展。但是，英国的力量仍然落在荷兰和法国之后，许多国外市场控制在荷、法两国手里。为了夺得世界霸权，一方面英国进行了多次英荷战争，力图用武力排挤荷兰这个在世界市场上最强的竞争者，另一方面，它还需要加强资本积累，以便大规模地改进生产技术，提高劳动生产率，从经济上战胜敌手。积累资本的重要手段，除了加强对于国内劳动者的剥削，就是掠夺殖民地。因此，英国的统治阶级竭力想从它的第一块殖民地——爱尔兰榨取更多的东西。

但是，由于英国在宗教战争的借口下发动的历次殖民战争，由于殖民当局通过一系列政策措施实行的巧取豪夺，加上连年的瘟疫和饥馑，爱尔兰的财政经济情况十分混乱。生产衰退，贸易不振，货币匮乏，大量劳动力找不到工作，社会秩序很不安定，因而军费和行政支出十分庞大。这种情况继续下去，不仅使英国的统治阶级难于达到加强掠夺的目的，而且会妨碍他们在爱尔兰的统治。配第写这本书，就是为了解决爱尔兰面临的财政经济问题，以利于英国统治阶级的掠夺。

配第在书中谈到了英国的殖民战争给爱尔兰人民带来的灾难，可是他站在殖民者的立场上，把战争的罪责归于爱尔兰人民对殖民统治的反抗。他说战争的原因是爱尔兰的"天主教徒想要恢复每年价值约 11 万镑的教会收入；普通爱尔兰人想要得到英国人的全部财产；10 个或 12 个爱尔兰贵族想要得到整个统治权"。（本书第 23 页）为了防止爱尔兰人继续进行武装反抗，他一方面恫吓爱尔兰人民，说什么英国人具有足够的军事和行政力量来粉碎任何"叛乱"，一方面又向英国的统治阶级建议加强种族渗透、融合，使两个国家"合而为一，处在一个立法权力和议会之下"，即实现政治上的完全兼并。

对于英国殖民者对爱尔兰的经济上的统治和掠夺，他也认为是理所当然的。他在书中强调英格兰人把在爱尔兰攫取的地租、收益和利润运回英格兰是完全正当的。不过，为了使这种掠夺建立在稳妥可靠的基础上，他提出搞政治工作的人应当心中有数，对爱尔兰的人力物力财力等等要有充分的了解，以便在财政经济方面采取适当的措施，使社会结构的各个部分保持恰当的比例。为此，他利用在爱尔兰主持土地分配和测量工作以及从事多年社会调查得到的大量统计材料和估算数字，对爱尔兰的土地、人口、生产、贸易、货币、政治、宗教等方面的情况作了详细的分析和说明，并在这个基础上提出了许多改进的办法。其中包括:发掘在业的劳动者的劳动潜力来发展制造业和商业,特别是对外贸易,利用"闲人"的劳动来修建有益于贸易的桥梁、港口、河道、公路,裁并郡、区,裁减教士,把裁减下来的冗员使用到生产部门,等等。这些建议的总的要求,就是充分利用劳动力来生产社会财富,为英国的殖民利益服务。继《赋税论》之后,他在本书中继续强调把爱尔兰人移到英格兰去,其主要目的也是为了利用他们的廉价劳动力来发展英格兰的工业,并使英国资本"能够在爱尔兰'安全'地发挥作用"。

他写这本书的直接目的虽然是为了解决爱尔兰面临的财政经济问题,但是他在分析和说明这些问题的时候也提出了一些政治经济学的原理。

在本书中我们仍然可以看到他在解决实际问题时反映出来的重商主义的立场和观点。比如:他很重视商业和对外贸易,尤其是海上运输业,他要求解除英国政府加于爱尔兰的贸易上的限制;他认为人口缺少是爱尔兰的"最大和最基本的缺点",要求根据重商主义的原则加以解决;他主张英国殖民当局合理地干预经济生活,通过提高进口商品的关税等措施促进爱尔兰工商业的发展。以上这些,都表明配第在这个时期还没有摆脱重商主义的思想影响。

但是,他在书中分析经济问题时所采取的方法,以及根据这种方法作出的理论说明,都远远地超过了重商主义者。

在配第写这本书的70年代,他已运用培根的哲学成果(实验哲学)于社会科学领域,确立了他的研究方法——政治算术。政治算术的方法就是统计的方法,即广泛地运用统计数字来分析经济生活，从中发现经济现象之间的内部联系。他在同一年代写的《政治算术》中运用这个方法分析英国社会，论证了英国可以超过荷兰和法国，夺得世界霸权。在本书中他又运用这个方法来“解剖”爱尔兰这个“政治动物”，通过对爱尔兰社会各个部分的数量分析来阐明它们的“匀称、组织和比例”，即隐藏在社会经济现象背后的规律性。在这个研究中，他在以往研究成果的基础上继续提出了一些经济学原理。

早在 1662 年写的《赋税论》中，配第就“**对商品的价值量作了十分清楚的和正确的分析**”。他指出人类劳动是价值的源泉和尺度，商品价值的大小与劳动生产力的大小成反比。在本书中，他以金银的价值比例为例对此作了具体的论证。他说：“纯金和纯银之间价值的比例，是随着土地和人类劳动生产这两种东西的多少而变动的；这就是说，按重量计算，黄金的价值原只是白银的 12 倍，近来由于生产出来的白银更多些，黄金的价值是白银的 14 倍了。”（本书第 54 页）这就是说，纯金同纯银交换的数量比例是以它们的价值大小为转移的，而二者的价值量又是由人们生产它们时消耗的劳动的多少来决定的。在一定时间内人类劳动生产出来的纯银增加了，纯银的价值就降低了，因而一定量的纯金现在可以比过去交换到更多的纯银。从劳动价值论出发，他更进一步对爱尔兰的社会结构作了统一的观察和全面的分析比较。他关于充分利用劳动力于最有利的生产部门的许多具体建议，就是经由这样的观察和分析比较而提出的。需要说明的一点是，配第在本书中考察的商品交换不是商品同商品之间的交换，而是商品同货币之间的交换，即商品价值在货币形态上的表现；在他看来，只有生产货币（贵

金属)的劳动才直接创造价值,其他各种劳动只是在它们创造了能够换取货币的商品时才创造价值。因此,马克思指出:**“配第在爱尔兰统计中所找的,不是价值的‘一般尺度’,而是货币是价值尺度这个意义上的价值尺度。”**此外,他把土地也看成是价值的源泉和尺度,这是**“把作为交换价值的源泉的劳动和作为以自然物质(土地)为前提的使用价值的源泉的劳动混为一谈”**。

配第不仅肯定了劳动是商品价值的源泉,而且指出了工人的劳动有简单劳动与复杂劳动(他用“技术”这个名词来代表这一范畴)之分,因而同样的劳动时间可以生产出不同的价值。他在早年发表的其他著作中已经指出:“劳动是人们为生产商品而进行的简单运动”,“技术则等于生产商品所花的劳动的许多倍,或它和熟练相等”。在本书中,他更具体地论证了“技术和简单劳动”之间的“等价和等式的关系”,提供了计算商品价值量的一种合理标准。(参看本书第 52 页)配第在本书中还以画家的劳动为例,对“技术和公众评价(按指社会需求)”之间的“等式关系”作了一个有趣的说明。从这个说明中可以看出,他已经意识到了商品的供给和需求状况会影响商品的价格。(参看本书第 53 页)

根据劳动创造价值的原理,他在本书中对于货币的价值和它的职能作了深刻的描述。当时由于英国殖民者的收入大量外流,爱尔兰的出口贸易又受到很大限制,爱尔兰的金银大为减少。为了解决这个问题,有人主张提高西班牙银币的价值,以便吸引外国货币流入爱尔兰。配第反对这种做法。他指出,提高货币的名目价值,并不能真正提高货币的价值,因为如前所述,货币(金或银)的价值取决于它内含的劳动量。他认为这样做只能引起物价上涨。配第这样嘲笑主张提高西班牙银币价值的人:“他们妄想,一个原来把每呫羊毛卖得被叫做9先令的两个‘圆块’(按即西班牙银币)的人,在‘圆块’的价值被提高以后,将把他的每呫羊毛只卖被称为9先令的一个半‘圆块’。”(本书第58页)这里表明,配第已经认识到,货币只是由于和商品一样凝结着人类的劳动,才能够作为价值的尺度,表现商品的价值。也因为这样,货币和商品的价值比例应当以它们所内含的劳动量为转移。提高货币的名目价值,即减少货币单位的含金量,一定要引起它所表现的商品价值(也就是价格)的变动。配第在书中进一步指出:“货币的保有或减少,并不像很多人所想象的那样重要。……如果通过毁掉全国财富的一半的办法来使国内现金增加一倍,那是很不好的做法;增加现金而不同时增加财富,那也是很不好的做法。”“如果国家的现金多出了十分之一,我就要求它的财富(如果可能的话)也要多出十分之一”(本书第64页),否则过多的现金应当改铸成金银器皿,以免妨碍贸易。从这里可以看出,配第对于货币的看法已经同重商主义者大不相同。重商主义者把货币和财富等同起来,认为一国货币的增加就是一国财富的增加,配第则认为货币只是一种流通手段,一个国家的商品流转所需要的货币量应当同商品数量保持一定的比例。货币量超过一定的限度,就要采取措施使多出的部分退出流通领域。从这里还可以看出,这时他也不像他过去那样把金银和财富等同起来了。配第在1682年写的《货币略论》中,对于货币价值的提高问题也发表了同样的见解。马克思说这种见解“**具有标准意义**”。

配第根据他自己的劳动价值论,把工人的劳动看成是价值、也就是社会财富的源泉，因而他十分注意工资的数量问题。他在本书中对这个问题作了具体的说明。他认为“工资的价值”是由劳动者“为了生存、劳动和传种接代而吃的东西”决定的。这里所说的“东西”并不是指的每个劳动者每天的口粮数量，而是指的“一百个各种各样的、体格不同的人为了生存、劳动和传种接代而吃的东西的一百分之一”（本书第52页）。这就是说，工人的平均工资应当等于维持工人最低限度生活所必要的生活资料的价值。在配第所处的时代，工人的工资是由英国政府用法律规定的，配第提出这样的看法就是为了向政府提供“适当”的工资标准。他认为工资过高了不行，那样会影响资本家的利润，从而妨碍生产发展和社会财富的增加，工资定得太低也不行，因为工人活不下去，资本主义生产也无法维持。由此可见，他的工资论具有明显的资本主义性质。从理论上说，他的这种看法也是错误的，因为维持工人最低限度生活所必要的生活资料的价值只是“劳动力价值的最终限界或最小限界”而不是唯一的限界，实际上工人的工资水平、劳动力的价值除了配第所指出的一点，还取决于许多具体的历史的因素，工资如果停留在这个限界，劳动力就不能在正常形态下维持下去。所以马克思曾经指出：“**假如劳动力的价格降到这个最低限度，那就降到劳动力的价值以下**。”但是配第的这种看法仍然有值得我们注意的地方。配第在这里实际上暗示了工人的劳动日分为必要劳动时间和剩余劳动时间，工人劳动所创造的价值分为劳动力的价值和剩余价值两个部分，工人的必要劳动时间再生产出他的劳动力的价值并以工资形式归工人所有，工人的剩余劳动时间创造的剩余价值则为生产资料所有者无偿地占去。马克思在评论他的工资论

时曾经说过："**工人之所以注定要生产剩余产品，提供剩余劳动，不过是因为人们强迫他用尽他全部可以利用的劳动力，以使他本人得到仅仅最必要的生活资料。**"（《剩余价值理论》）

配第的劳动价值论及由它引申出来的理论观点包含着有价值的东西，但是他在自己的研究中未能始终贯彻劳动价值论，他对于价值问题的叙述是混乱的。他既把劳动看作是价值的源泉，又经常把土地也说成是价值的决定因素。这就发生了劳动和土地这两个因素如何均等化的问题。他看到了这个问题，并把它看作"政治经济学中最重要的一个问题"，力图加以解决。在《赋税论》中，他已试图"找出土地和劳动之间的自然的等同关系"。在本书中，他又一次进行了具体的探索。他说："假定圈起两亩牧地，在里面放进一只已经断乳的小牛，我认为在一年之后，这只小牛身上的可吃的肉将增加一英担。这一英担肉可以做 50 天的食物，也是这只小牛的价值的利息；它就是这块土地的价值或年租。如果加上一个人 1 年的劳动，可以使这块土地生产出比 60 天的食物还多的牛肉或其他东西，那么，多出来的若干天的食物就是这个人的工资。在这里，工资和土地的价值都是用若干天的食物来表示的。"（本书第 51 页）在配第看来，食物既然是劳动和土地的共同产物，它也就是劳动和土地的价值的共同尺度。因此，他肯定地说："一个成年人平均一天的食物，而不是一天的劳动，乃是衡量价值的共同尺度；它似乎是和纯银价值一样的稳定而不变的。"（本书第 52 页）这种看法显然离开了劳动价值论。我们知道，小牛吃草长了肉，是一种使用价值的增加，牧地劳动者的劳动所创造的则是一定量的价值，配第把二者还原为食物，就把使用价值和价值混为一谈了。这种

错误的产生，同他不了解价值的社会性，不了解价值只是物化在商品当中的商品生产者的抽象劳动直接有关。在上述的事例中，他还把地租看成是土地这个自然因素的赐予，这也是同他所持的地租是劳动创造的产品价值的一部分的看法相矛盾的。

古典政治经济学是马克思主义的来源之一。马克思说："**我所说的古典政治经济学，是指从威·配第以来的一切这样的经济学，这种经济学与庸俗经济学相反，研究了资产阶级生产关系的内部联系。**"因此，翻译出版配第的这部重要著作，对我们批判地吸收外国文化，深入理解马克思主义政治经济学，有一定的意义。

胡企林

目　录

原编者说明

正像《山区测量的历史》是配第第一次在爱尔兰居住时的作品一样，《爱尔兰的政治解剖》以及《政治算术》乃是他第二次在爱尔兰长期居住时的作品。他这次是于1667年到爱尔兰去的，似乎在那里一直住到1773年夏季。不过，在1671年4月，他曾到过伦敦；而他之所以重新开始写作活动，很可能是由于在这时受到了约瑟夫·威廉逊爵士（Sir Joseph Williamson）的推动。1671年1月17日，《英国现状》一书的编纂者爱德华·张伯伦（Edward Chamberlayne），为了出版者马丁（Martyn）有意再版此书，曾写信给威廉逊，要求他对此书提出意见。大概威廉逊建议增加一些有关爱尔兰的材料，所以张伯伦在1月29日的信里说，"我很愿意根据您的意见再简要地叙述一下爱尔兰的现状。"在一封未写明日期但由威廉逊在背面注有"1671年4月"字样的信里，张伯伦进一步写道，"昨天我碰到威廉·配第爵士，我觉得他很能干，能够协助完成您所提出的叙述爱尔兰现状的计划。如果您肯在口头上或在信上作一介绍，我很愿意在他有空的时候去拜访他。"[①]在1671年的《文件汇编，国内部分》中没有进一步说明这一计划的材料。1672

① 《文件汇编，国内部分》：查理二世，第287卷第77、138号，第289卷第120号。

年的《文件汇编》在1895年8月还没有编目。

英国博物馆藏有《爱尔兰的政治解剖》的最好的手抄本，是用很恭正的字体写在带有红格的纸上的，正文中偶然有配第本人用不同颜色和较黑的墨水写出的修正。这一手抄本的来龙去脉十分清楚，证明它绝非赝品。它是由配第赠给苏斯威尔(Southwell)的。有足够的证据说明苏斯威尔对于配第的手稿十分珍惜。直到1834年德·克利福德勋爵(Lord De Clifford)的文物被出卖以前，这一抄本一直由苏斯威尔家族保藏着。在这次出卖中，它被托马斯·索尔普(Thomas Thorpe)买去了，并且很快就列入他的一种图书目录里。后来又转入都柏林的奈利干博士(Dr. Neligan)之手；大概奈利干是从索尔普那里买到的。奈利干藏书四散时，英国博物馆购得了这一手抄本。

这一手抄本附有一封信，是爱尔兰历史学家理查德·柯克斯爵士(Sir Richard Cox)写给苏斯威尔的，上面注有"1687年6月15日，布里斯托尔，柯克斯先生论威廉·配第爵士的《政治解剖》"字样。这封信是这样开始的：

"亲爱的先生，

读到《爱尔兰的政治解剖》一书，使我感到无比的快乐。在这本书里，作者既表现出优异的才华，也表现出为祖国服务的热诚。不过在这一精辟的论述中有一些疑问和可以商榷之处是我希望弄清的，我现在把它们向您提出来，这丝毫不会损害这一作品的光辉，而且我相信这也不会使作者感到不快。"

接着柯克斯用对开纸对这一手抄本提出了25条详细的评论[①]，然后用以下的话结束了这封信：

> “我本想把这篇东西誊清一过并加以扩充，但是恰好来了一位客人。因此即以底稿寄呈，不恭之处，诸希原鉴。
>
> 理查德·柯克斯敬上”

如果拉尔科姆将军(General Larcom)没有弄错的话[②]，这封信于1851年和这一手抄本分离而被附入另一手抄本里。然而，在奈利干博士出售藏书之前，它和这一手抄本又重新合到一起。

关于另一手抄本的来龙去脉，还没有什么其他迹象可寻，只知道它曾经是彼得·配特爵士(Sir Peter Pett)的所有物，后来又由他赠给约瑟夫·威廉逊爵士。[③] 这一赠送说明配特还不知道威廉逊可能和此书有关系。

《爱尔兰的政治解剖》初版于1691年，再版于1719年，其后在1769年和1861年又重印过。本书是以第一版为根据的。印刷本和苏斯威尔手抄本之间比较重要的不同之处，以及所有配第自己对于手抄本的修改之处，都在脚注中加以说明。〔在这些脚注中，有一些只是英文文字上的变动，对原文意义关系不大，在翻译过程中予以删节了。——译者〕

---

① 这些评论在本书中已作为脚注分别列入适当章节之下。

② 参阅配第：《山区测量的历史》，第V，第334页。

③ 1678年12月4日配特致威廉逊函。《文件汇编，爱尔兰》：查理二世，338。

原　序

弗兰西斯·培根(Francis Bacon)爵士在其所著《学术的进步》一书中,曾从许多方面把人体和国家作了恰当的对比,也把保持这二者强健的方法作了恰当的对比。解剖学是前者的最好的基础,也是后者的最好的基础,这种说法是十分合理的。要搞政治工作而不了解国家各个部分的匀称、组织和比例关系,那就和老太婆与经验主义者的办法一样荒唐了。

由于解剖学不仅对于医生是必须的,而且对于任何一个哲学家也极为有用,所以我这个不是专门搞政治的人[①],为了满足我的好奇心,试着写下了这第一篇关于政治解剖的论文。

此外,医科学生们都是用廉价的、普通的动物来进行研究工作,这些动物的活动情况是他们所最熟悉的,而且它们的各个部分也不那么紊乱和复杂;和这一样,我也选用爱尔兰来作为这种政治动物,因为它还不到20岁[②],在其中政治上的阴谋诡计还不十分复杂,我对于它从一开始就非常了解,而且即使我弄错了,这种错误也是很容易为别人纠正过来的。

---

① 1719年版无"这个不是专门搞政治的人"字样。

② 从1652年8月12日公布爱尔兰殖民法案时算起。

的确，作这种精密的解剖必须有各种各样的适当工具，可是我只有一把普通的小刀和一条破布，而没有任何其他为这一工作所需要的东西。但是，我的肤浅的研究虽然不能分清淋巴管、神经丛、脉络膜、睾丸中的血管组织，却也足以找出肝、脾、肺的位置了。所以尽管我还不知道我在这方面所做的工作是不是为人所重视，也不知道人们是不是认为它有些用处，我也要大胆地开始一项新的工作；这项工作如果由更能干的人们加以指正和扩充，我相信它一定会有助于我国的安宁和富庶。而除了使我国安宁和富庶之外，我也没有其他目的。

第一章　爱尔兰的土地

爱尔兰土地按爱尔兰亩(121 爱尔兰亩等于 196 英亩)计算,约为[①] …………………… 10 500 千亩

其中:河流、公路、湖泊、不能通行的沼地、岩石和灌木林约为 …………………… 1 500 千亩

一般称为没有用处的坏地 …………………… 1 500 千亩

适于耕种的好地和牧场 …………………… 7 500 千亩

10 500 千亩

其中:在 1641 年属于天主教徒和隐居的新教徒的 …………………… 5 200 千亩

属于教会的,即属于主教、副主教、牧师会和教会附属地的 …………………… 300 千亩

属于由伊丽莎白女王和詹姆士王移殖的新教徒的 …………………… 2 000 千亩

在 1641 年属于天主教徒和隐居的新教徒的 520 万亩土地中:

退还给对于英格兰经常抱有好感

① 1719 年版此处有一个脚注:“爱尔兰亩和英亩都是以佩尔奇(Perch)计量的,不过爱尔兰佩尔奇等于 21 呎,而英格兰佩尔奇等于 16 呎半。”参阅本书第 43 页。

项目	数量	合计
的 26 个人的，约	40	210 千亩
给予奥尔蒙德（Ormond）公爵[①]的	130	
给予英奇昆（Inchiquine）勋爵、罗斯康芒（Roscommon）勋爵等人的	40	
给予无辜的天主教徒的，约		1 200 千亩
给予教会的，约	20	140 千亩
给予约克（York）公爵[②]的，约	120	
给予根据查理二世证书和殖民法案而保有土地的爱尔兰人的	60	420 千亩
给予根据一定条件拥有土地的天主教徒（包括维农〔Vernon〕上校）的	360	
公共所有的坏地	80	470 千亩
给予冒险家（adventurers）的	390	
给予 1649 年以后的军人的		1 440 千亩[③]
给予 1649 年以前的军官的	280	550 千亩
给予根据一定条件拥有土地的新教徒的	270	
根据有关移民的法令		700 千亩

① 卡尔特（Carte）:《奥尔蒙德公爵传》附录第 132—133 页载有“根据殖民法案和由行政法院给予奥尔蒙德公爵的土地的一览表”。

② 根据殖民法案，原由弑君者所保有的土地，均给予约克公爵。

③ 1719 年版作“1 410 000 亩”。

还给承受抵押的新教徒的……………………… 100 千亩[①]

5 200 千亩[②]

因此，在为掠夺者所夺去的一切土地中，天主教徒收回的约 ……………………… 2 340 千亩

新教徒和教会新得到的 ……………………… 2 400 千亩

上述其他各类人得到的……………………… 460 千亩

5 200 千亩[③]

---

① 关于这一项，理查德·柯克斯爵士在他致苏斯威尔的信中评论说，“抵押既由1649 年的军人和军官收回，如何还有这 10 万亩还给承受抵押的新教徒。”

② 这一总计应为 523 万亩。苏斯威尔手抄本边上有以下的计算：

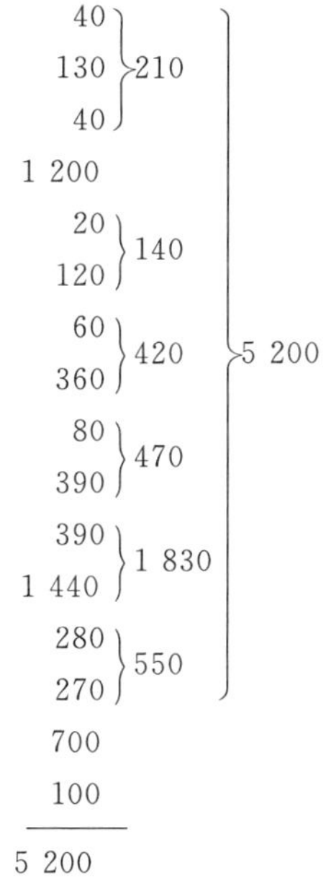

这并不能说明这一错误的原因。1719 年版的编者只是简单地从最大一项数字中减去 3 万亩来改正配第的错误。参阅第 2 页脚注③。

③ 手抄本的边上，对着这一总数有以下三个注(其中方括号内的注释是我加上的)：

附记 新教徒在康诺特(Connaught)

从移民那里购得的,约 ………………………………… 60 千亩①

"爱尔兰人

40	〔经常抱有好感的 26 个人〕
180—20	
60	〔根据证书和殖民法案而保有土地的爱尔兰人〕
360	〔根据一定条件而拥有土地的天主教徒〕
700	〔根据有关移民的法令〕
2 340	〔总数应为 1 340〕。

教 会

20—20	〔教会〕
390—10	〔冒险家〕
1 440—10	〔1649 年的军人〕
280	〔1649 年的军官〕
270	〔根据一定条件而拥有土地的新教徒〕
2 400	

〔此外〕

奥尔蒙德公爵等	160
约克公爵	120
公共所有	80
承受抵押者	100
	460"

在这些计算里,奥尔蒙德的土地比正文中多 3 万亩,而且加入上文中找不到的 18 万亩一项。另一方面,它们没有包括给予无辜者的 120 万亩和给予英奇昆爵士、罗斯康芒爵士等的 4 万亩。忖测配第的意思,分类法可能是:

天主教徒收回		清教徒收回		其 他	
40	(26 人)	20	(教会)	130	(奥尔蒙德)
1 200	(无辜者)	390	(冒险家)	40	(英奇昆)
60	(根据证书和法案)	1 440	(1649 年军人)	120	(约克公爵)
360	(根据一定条件)	280	(1649 年军官)	80	(公共所有)
700	(有关移民的法令)	270	(根据一定条件)	100	(承受抵押者)
2 360		2 400		470	

总计为 523 万亩。

① 1719 年版为"80 000 亩"。

因此，在 750 万亩好地中，英国人、新教徒和教会在 1672 年圣诞节时共占有 …………	5 140 千亩①
爱尔兰人占有的不到此数的一半 ………………	2 280 千亩②
仍归公共所有的，约 ………………………………	80 千亩
	7 500 千亩
这 750 万亩好地加上 150 万亩坏地共为 900 万亩，每年的价值是③ …………………	900 000 镑
其中国王的免役税、旧地租及和解费共④ ………	90 000 镑
余　额	810 000 镑
什一税是五分之一⑤，即 ………………………	162 000 镑
余　额	648 000 镑
租地人的收入及其在这些土地上进行的改良的价值⑥占三分之一，即 …………………	216 000 镑

① 这 514 万亩是由以下各项相加而得出的：

2 300——属于教会和 1641 年移殖的新教徒

2 400——新教徒和教会新得到的

60——新教徒在康诺特购得的

380——其他各类的 46 万亩减去公共所有的 8 万亩

5 140 千亩

② 这 228 万亩是从天主教徒收回的 234 万亩中，减去移民卖出的 6 万亩而得出的。

③ 柯克斯说，“900 万亩年值 90 万镑，即每亩年值 2 先令。这种估计比实际低三分之一。”

④ 柯克斯说，“他估计免役税等等每年 9 万镑，但实际没有这样多。”

⑤ 柯克斯说，“什一税是五分之一，这似乎很矛盾。”

⑥ 柯克斯说，“租地人收入及其改良应从已经很少的每亩 2 先令的价值中扣除。”

地主所得为 ………………………………………… 432 000 镑

如果全部 750 万亩每年净值只是 43.2 万镑，那么，由于叛乱而获得的 252 万亩就只值此数的三分之一[①]（公共所有的 8 万亩没有什么价值），即[②] ………………………………………… 144 000 镑[③]

冒险家和从 1649 年服役的军人的土地的价值约为上一数字的四分之三，即每年 …………… 108 000 镑

单是上述军人的土地的价值约为五分之三，即每年 ………………………………………… 86 400 镑

附记　由于从 1649 年服役并每年获得 8.54 万镑[④]报酬的军队的胜利，国王陛下就得到以下几种利益：

（1）使教会、约克公爵和根据一定条件而得到土地的人的土地增加了 ………………… 770 千亩

（2）除了在有城墙的市镇中的房屋以外，又给予冒险家和 1649 年以前的军官 ………………… 670 千亩

（3）得到了价值每年 800 镑和 15 年年收益的收入 ………………………………………… 1 200 000 镑

（4）得到了年收入等等共值 ……………………… 300 000 镑

（5）不再受 1648 年和爱尔兰人所订的条款的束缚。

① 柯克斯说，“尽管他计算由于叛乱而获得的 252 万亩的年值只是 14.4 万镑，它们也还是每亩年值 2 先令，即 25.2 万镑，而且实际上还要多些。”

② 手抄本的边上，写有：“1653 年到 1673 年每年的军队开支远远超过 1641 年的政府开支和没收的土地的地租。”

③ 手抄本“144 000”下面，写有“这比目前的军队开支少。”

④ 显系“8.64 万镑”之误。手抄本边上改正了，但正文中没有改。

(6) 使他的许多朋友得回了他们的财产。[①]

上述军队的土地的价值按 10 年年收益计算是 85.4 万镑[②]。从中减去年价值和费用，剩下来作为他们的薪给和所担风险的报酬的只有 ……… 700 000 镑

附记　在　　[③]年以前，英格兰总是往爱尔兰运送货币和其他给养，可是现在收入是 20 万镑，而行政和军事的费用只是 17 万镑，这对于英格兰很有好处。

到 1649 年 12 月为止共服役 8 年的军官所握有的债券共 ……………………………… 1 800 000 镑

因此普通士兵的薪给共 ………………………… 5 400 000 镑

7 200 000 镑

此数的八分之一是 90 万镑。其中一半用于步兵，即每年 45 万镑，按每人 15 镑计算，可以维持 3 万人；另一半可以维持 1.5 万名骑兵、一般军官和炮车队。因此，这 8 年中在爱尔兰的英格兰军队至少有 4.5 万人。[④]

从债券数目上可以看出，镇压了叛乱的军队在 1652 年约为 3.5 万人。

在 1651 年到 1654 年之间流放到外地的爱尔兰人是 3.4 万

① 柯克斯说，"他还可以补充说，国王得到了 12 种补贴金；这是一笔由炉税、国内消费税和关税组成的大收入，是由于殖民法案使这一王国繁荣起来而得到的，否则它就不会承担也不能支出这样大的数目。"

② 显然应为 86.4 万镑。

③ 手抄本上这里是空白。

④ 柯克斯说，"我觉得 1649 年的军队没有 3 万步兵和 1.5 万骑兵，而且在任何时候也没有超过这一数字的半数。此外，任何步兵每年也得不到 15 镑。"

人。

爱尔兰军队不能多于英格兰军队的 2 倍。

要求土地的人，或土地所有者的人数在战前是[①]

在所有自称无罪的人中，有八分之七被认为是无罪的。

由于无罪和根据一定条件而收回土地的人，他们所得到的土地比他们在 1641 年原有的土地至少要多出五分之一。

他们由于伪造封邑证书而得到的土地，至少比他们原有的土地多出三分之一。

在那些被判无罪的人们之中，真正无罪的不到二十分之一。

[②]1641 年国王在爱尔兰的收入。

过去 20 年中每年的军队开支。

第二章　人口、房屋和烟囱；它们的数目、区别和价值

爱尔兰的居民——男、女和儿童——共 ……… 1 100 000

家庭共 …………………………………………… 200 000

烟囱[③]共 ………………………………………… 250 000

在上述居民中

英格兰人 ………………………………………… 200 000

---

① 原文有衍文。

② 1719 年版删去了下面两行。

③ 关于爱尔兰的炉税，参阅《政治算术》第二章的一个脚注。

天主教徒	800 000
非天主教徒	300 000
苏格兰人	100 000
爱尔兰人	800 000
	2 200 000[①]

苏格兰人都是长老会教徒，爱尔兰人都是天主教徒。而在英格兰人中，10 万多人是合法的新教徒或国教徒，其余的是长老会教徒、独立派教徒、再浸礼教徒和教友派教徒。

① 手抄本作："在上述居民中：

天 主 教 徒 800 000 } 非天主教徒 300 000 }

英格兰人 200 000 }
苏格兰人 100 000 } 1 100 000"
爱尔兰人 800 000 }

1691 年版和 1719 年版的编者把总数弄成 220 万，显然是疏忽了。配第无论是在这里或在别处都没有使用 1659 年进行的人口普查的统计，虽然他很可能已经知道这一对于几乎是全部爱尔兰所做的统计数字。那时爱尔兰人口被计算为 50.091 万人，其中五分之一是英格兰人或苏格兰人（见《皇家爱尔兰学会会报》第 24 卷《古代》第 317—328 页所载哈丁斯〔Hardings〕论文）。如果这些数字是正确的，那么，配第在这里把人口估计为 110 万，其后估计为"约 120 万"和"差不多 30 万炉灶"，更以后又估计为 130 万（见《政治算术》第二章和《论爱尔兰》），无疑是估得过高了。以后的调查也不能说明他的数字是正确的。下一个估计数字是 1696 年的数字。根据三个郡和都柏林（Dublin）城市的人口税统计表，骚斯（South）大尉把爱尔兰的人口定为 103.4102 万人（见《皇家学会会报》，1700 年，第 261 号，第 22 卷，第 520 页）。差不多一百年以后，岁入司长布希（G. P. Bushe）先生在《皇家爱尔兰学会会报》第 3 卷《科学》第 145—155 页发表了他的论文《论如何确定爱尔兰的人口》。布希指出 1686 年以前的炉税统计表是很不完全的，那一年由于奥尔蒙德的改革增加了 20 万户。布希认为 1672 年的户数一定比配第所计算的多，而且认为配第计算的人口数字也太少。但是和布希一样谨慎的观察者托马斯·纽萨姆（Thomas Newsham）则有相反的看法。他说，"威廉·配第爵士是不是把 1672 年的爱尔兰人口算得过多，现在无法确定。但我们可以肯定他没有少算。"见《爱尔兰人口的发展和数目的历史和统计考察》，1805 年版，第 89 页。

在上述家庭中

没有固定炉灶的 …………………………………… 160 000

只有一个烟囱的 …………………………………… 24 000

有一个以上烟囱的 ………………………………… 16 000

关于烟囱

一个烟囱的房屋如上所述共 ……………………… 184 000

一个以上烟囱的房屋平均每所 4 个多烟囱,共计 ……………………………………………… 66 000

250 000

1661 年缴纳人头税的各级居民的人数约 …… 360 000

在都柏林,有一个以上烟囱的房屋计 …………… 3 400

在其他城镇和市集里,这类房屋共 ……………… 6 000

在爱尔兰其余各地,这类房屋共 ………………… 6 600

165 000①

打铁作坊的数目也和这差不多,也许要多出五分之一。

在爱尔兰有一个以上烟囱的房屋的更精细的计算如下:

都柏林城堡有烟囱 …………………………………… 125

米斯(Meath)公爵在都柏林的房屋有烟囱 ………… 27

都柏林有 10 个以上烟囱的房屋共 ………………… 164

除了出租马车以外,马车的数目也和这差不多,也许要少一些。②

如前所述,没有固定烟囱的房屋共 16 万所,它们的价值无需

① "165 000"应为"16 000",手抄本已改正。

② 1719 年版删去了这一段。

计算；至于其他房屋，我们计算如下：

1 个烟囱的	24 000 所，每所	5 镑	120 000 镑
2 至 3 个烟囱的	6 800 所，每所	40 镑	272 000 镑
4 至 6 个烟囱的	5 600 所，每所	100 镑	560 000 镑
7 至 9 个烟囱的	2 500 所，每所	300 镑	750 000 镑
10 至 12 个烟囱的	700 所，每所	600 镑	420 000 镑
13 至 20 个烟囱的	400 所，每所	1 000 镑	400 000 镑
			2 522 000 镑
20 所最好的房屋的价值共为			78 000 镑
		总　计	2 600 000 镑

附记　在所有这些房屋的价值中，只有八分之一不属于英格兰的新教徒 ……………… 325 000 镑

属于英格兰人的 ………………………………… 2 275 000 镑

非天主教徒在都柏林有 ……………………………… 28 000 人

在其他城镇和市集有 ………………………………… 72 000 人

在农村有 ……………………………………………… 100 000 人

2 000 000 人[①]

在 500 人中至多只有一个人是瞎子、跛子或者是不能医治的残废，因此在爱尔兰这样的人至多不过 2 000 人，有 1.2 万镑[②]就

① “2 000 000”系“200 000”的误排，手抄本作“200 000”。但在前面配第说爱尔兰的“非天主教徒”是 30 万人。并参阅第 3 章。

② 柯克斯说，“他在这里说维持 2 000 个残废人要用 1.2 万镑，可是在后面〔本书第 61 页〕又说只要 8 000 镑。”

足以维持他们生活了。

7岁以下不适于劳动的儿童占全部人口的四分之一，即 ………………………………… 275 000人

上述残废的人数是 ………………………………… 2 000人

军士的人数是 ………………………………… 3 000人

280 000人

有6个以上烟囱的360个〔似应为3 600个——译者〕家庭的主人和主妇共 ………… 7 200人

服侍他们的仆役共 ………………………………… 14 400人

有4至6个烟囱的5 600个家庭里面的人所用的仆役共 ………………………………… 11 200人

有2至3个烟囱的家庭里的仆役共 ………… 6 800人

牧师、学生等等 ………………………………… 400人

320 000人

全部人口 ………………………… 1 100千人

6岁以上的 ………………………… 704千人

16岁以上的 ………………………… 462千人

26岁以上的 ………………………… 297千人

36岁以上的 ………………………… 198千人

46岁以上的 ………………………… 132千人

56岁以上的 ………………………… 88千人

66岁以上的 ………………………… 77千人①

① 如果配第不加修改地使用格兰特(Graunt)的表〔《关于死亡统计表的考察》第

因此，在爱尔兰适宜于从事各种工作的人数是 …………………………………………… 780 000 人①

他们所从事的职业如下：

耕种 50 万亩土地来栽培谷物的人及其妻子 … 100 000 人

在 700 万亩土地上放牧牲畜——即 600 万头牛或其等价物马和羊②——的牧牛人和牧羊人及其妻子 … 120 000 人

从事生产 5 000 桶鲱鱼、制船、编网、作杂事的男人和女人 ………………………………………… 1 000 人

从事生产 1 000 吨铁的男人和女人 ……………… 2 000 人

铁匠，男人和女人 ………………………………… 15 000 人

他们的雇工③ ………………………………… 7 500 人

成衣匠及其妻子 ………………………………… 45 000 人

木匠、泥水匠及其妻子 …………………………… 10 000 人

鞋匠及其妻子 …………………………………… 20 000 人

雇工 ……………………………………………… 2 500 人

磨坊主及其妻子 ………………………………… 1 600 人

---

11 章〕，则他的数字应为 704、440、275、176、110、66、33。实际使用的数字更接近于当时爱尔兰的可能死亡率。但是看不出是什么原因使配第用这些数字来代替格兰特的（或是他自己的）“6 个平均比例数”。

① 手抄本边上注明这一数字是从 110 万人中减去 32 万人而来的。

② 柯克斯说，“全部爱尔兰土地不足以饲养 600 万头牛或其等价物，参阅后文〔本书第 46 页〕。”

③ 柯克斯说，“铁匠 1.5 万人，而雇工只 7 500 人，未免太少。在所有行业中，打铁是最需要有雇工帮助的行业。的确，它是一种两个人作的事情，不能没有雇工。因此，铁匠和雇工的人数应该相等。”但是配第本是给每一铁匠算上一个雇工，不过没有给铁匠的妻子算雇工而已。

毛织工人及其妻子 ………………………………… 30 000 人[①]

硝皮匠、制革匠及其妻子 ……………………………… 10 000 人

331 600 人[②]

从事嗜好品和装饰品制造业的人及其妻子 …………………………………………………… 48 400 人

380 000 人[③]

因此，如果现在这些工作可由 38 万人[④]来完成，那么，剩下来可作别的事情的人是 ………………………………………………… 400 000 人

附记 都柏林只有 4 000 户，却有 1 180 家酒店和 92 家公立酿酒厂，即占总户数的三分之一。爱尔兰共有 20 万户，从事这一行业的似应为 6 万户。

因此有 18 万人，即 6 万男人、6 万女人和 6 万儿童从事于酒业 ………………………………… 180 000 人

再剩下的人就是无所事事的人和寄生者 ……… 220 000 人

400 000 人

① 柯克斯说，“毛织工人及其妻子要比他所计算的多若干倍，因为一个制袋人常常要雇用 1 000 名纺工、织工等等。木匠和泥水匠也为他所说的 3 倍。”

② 手抄本和 1691 年版作“331 600 人”，1719 年版作“364 600 人”，后一总数是正确的。

③ 手抄本和 1691 年版作“380 000 人”，1719 年版作“413 000 人”，后一总数是正确的。

④ 手抄本和 1691 年版作“380 000 人”，1719 年版作“413 000 人”；但在手抄本和这两版中，剩下来可作别的事情的都是“400 000 人”。1719 年版的编者如果要前后一致，应将“400 000 人”改为“367 000 人”。〔以下有关数字，也应据此计算。——译者〕

很明显,即使还销售和以前一样多的酒,也可去掉三分之二的酒店;这样,剩下的人将会更多,即 12 万人加 22 万人,共 ……………… 340 000 人

我们已经说明爱尔兰的闲人是 34 万,那么,就应该给他们找到职业,使他们每人每年得到 7 镑的收入,共 ……………………… 2 380 000 镑

这类职业或者是可以增加地方财富的,或者是可以增加全体财富的。

可以增加地方财富的是:

建筑 16.8 万所带有烟囱、门、窗、菜园、果园,并有沟渠和篱笆围绕的小石屋,以代替现在像猪栏一样的破房子。这种小石屋每所花费 3 镑,总计 ……………………………… 544 000 镑[①]

种植 500 万株果树,每株 4 便士 ………………… 83 000 镑[②]

在所有田界上和田边窄道上种植树木 300 万株,每株 3 便士……………………………………… 360 000 镑[③]

围墙和篱笆共长 100 万佩尔奇,每佩尔奇 12 便士 ……………………………………………… 50 000 镑

修建都柏林城堡 ……………………………………… 30 000 镑

为总督建筑一所新宅邸 ………………………… 20 000 镑

在那里修建一条防波堤 ………………………… 15 000 镑

---

① 应为"504 000 镑"。——译者

② 确数是 83 333 镑 6 先令 8 便士。

③ 手抄本边上有"375 000"字样。正确数字是 37 500 镑。

开凿几条运河并修筑公路 ……………………… 35 000 镑

建筑 100 所教会,每所 200 镑 ……………………… 20 000 镑

设立各种作坊、皮革厂、渔场、榨油厂、制矾厂、人造茜草染料厂、铅厂、盐场等等 ……………… 50 000 镑

可以增加全体财富的是:

建造船舶 1 万吨 ……………………………… 100 000 镑

存贮足够一年使用的羊毛、大麻、亚麻和生皮 ……………………………………… 400 000 镑

对上述原料进行加工 ……………………… 1 000 000 镑[①]

第三章 教会和圣俸

如果非天主教徒的半数是非国教徒,那么,在都柏林和所有其他城镇就只有 5 万名合法的新教徒,他们只需要 50 名传教师。

如果在爱尔兰其他各地也只有 5 万名合法的新教徒,那么,他们就只需要 100 名传教师;这是按每教区 500 人计算的[②],在这 500 人中有三分之一即 166 人是儿童。

如果在英格兰和威尔斯约有 9 000 个教区,而主教不到 30 人

---

① 按改正的数字计算。配第的"各种职业"的总计是 2 384 833 镑 6 先令 8 便士,而不是 2 380 000 镑。〔其中 544 000 镑应作 504 000 镑,赫尔未予指出。——译者〕

② 柯克斯说,"根据听众人数计算传教师人数,是很奇怪的,因为听众可能住在很远的地方,不能去照管他们。例如在凯里(Kerry),新教徒不过 500 人,可是一个传教师绝不能完成一个教区牧师所要做的事情:又要探视病人,又要施洗礼,又要参加葬礼,等等。"

的话，那么每个主教就要照管300多名教区牧师。

所以在爱尔兰有1名主教就多于英格兰的30名主教。

因此，2.5万镑就足够支付150名传教师每人每年的150镑和主教的2 500镑了。

教会土地的价值和所收得的什一税，每年都超过国王由此得到的租金。[①]

要使100名传教师能够为整个爱尔兰服务，他们每人的服务区就要有13或14平方英里，因此他们必得在各地巡游，并在非星期日的日子里讲道；而且其他可敬的、接受圣职的人也必得执行牧师职务。

如果让150名甚或250名传教师为整个爱尔兰服务，那么每年有10个人就可以弥补由于他们死亡而留下的空额。因而有一所100人的宗教学校就可以每年送出10名在里面学习了10年的人。或许这所学校的规模有这一半大也就够了。

第四章　关于上次的叛乱

现在1672年的人口约为110万人，在1652年约为85万人；因为我认为在这20年里，自然增殖的有8万人，被驱逐出境又回来的和新来的英格兰人有7万人，新来的苏格兰人有8万人，从外地回来的爱尔兰人有2万人——总计是25万人。

---

① 各版均未列具体数字。

如果能够知道1641年的爱尔兰人口有多少①，那么，算出这一人数和85万人之间的差额，并加算11年中自然增殖的人数，就可以看出由于战争——即由于战争、瘟疫以及因此而来的饥馑——而死亡的人数。

把用剩的多余的牛、羊、奶油和牛肉加以比较，我发现1664年出口的这些东西要比1641年多三分之一；这说明1641年的人口要比现在多三分之一，即146.6万人。从这一数字中减去1652年剩有的人数，余额是61.6万人，这些都是由于这次叛乱而死亡的。

现在英国人和爱尔兰人之比是3∶11，但在战前这一比例要小一些，即2∶11；由此可以看出，这11年中死去的英国人是11.2万人。在这一数字中，我认为有三分之二是由于战争、瘟疫和饥馑而死亡的；因此在骚动的头一年里被杀的为3.7万人，而那些认为

① 柯克斯说，"如果1652年有85万人，其中英格兰人13万，苏格兰人2万，爱尔兰人70万；而1672年为110万人，其中爱尔兰人增加了6万，英格兰人增加了10万〔原文或有误，似应为"爱尔兰人增加了10万，英格兰人增加了7万"。——译者〕，苏格兰人增加了8万；那么，按照每若干年自然增殖二十五分之一的同一比例，1687年的人数如下：

爱尔兰人 800 000 增加 60 000，是 860 000
英格兰人 200 000 增加 15 000，是 215 000
苏格兰人 100 000 增加 7 500，是 107 500

但是，在过去15年中，从英格兰及各殖民地来到爱尔兰定居的英格兰人至少有3.5万名，苏格兰人至少有4.25万名，而在这一时期中出去作教士、从军、作劳工等等的爱尔兰人至少有6万名；如果把这些数字计算在内，那么，在1687年在爱尔兰的人口将为80万爱尔兰人，25万英格兰人和15万苏格兰人；因此爱尔兰人正是英国人的2倍。"柯克斯由于假定自然增殖的8万人都是爱尔兰人而得出了1652年的人口的分配比例。配第在《论爱尔兰》一书的附录《问答》中又说明了他的计算方法。

有15.4万人这样被杀掉的人，应该重新检查一下他们的理由。[①]

由此也可以看出，死去的爱尔兰人约为50.4万人，他们都是在1641年10月23日和1652年10月23日之间由于战争、瘟疫、饥馑、生活艰困和被流放而死亡的。

因此，那些认为在战争终了时爱尔兰人剩下不到八分之一的人，也要重新考虑他们的看法；因为根据这里的计算，他们剩下差不多有三分之二；而我也同意这后一意见。

从爱尔兰运往西班牙、弗兰德尔和法国的兵士为3.4万人，此外还有儿童、妇女、牧师等等不少于6 000人，而且他们回来的不到半数 …………………………………… 40 000人

如果爱尔兰在这11年里始终太平无事，那么，这146.6万人再加上这一时期内自然

① 柯克斯说，“如果1641年爱尔兰人对英国人之比为11∶2而总数为146.6万人的话，那么爱尔兰人是119.945万人，英国人是26.655万人。既然大家都知道有10万英国人没有度过战争的头一年，我看不出那些认为有16.655万个英国人在那年被屠杀的人们的算法有什么错误。我相信，如果说证实这一说法有困难的话，那困难就在于那种认为1641年在爱尔兰有26.655万个英国人的说法上。

“而且，他的计算是这样的：在1641年有26.655万个英国人，到1652年还剩下15万多人，因此被杀害的只是11.2万人。对于这点，我认为，除了原在爱尔兰的英国人之外，在这年(1652年)以前来到爱尔兰的英格兰人和苏格兰人在15万人以上。把这一数字加到他所计算的11.2万人上面，很明显在这次战争中死掉的英国人一共是26.2万人；其中在战争的头一年被屠杀的是15万人，剩下来的作者所说的11.2万人是在这次叛乱中其他年份里死亡的。

“此外，他的计算方法是假定1652年生存的15万英国人乃是1641年生存的英国人的一部分；可是在1652年的英国人中，有四分之三是新从英格兰和苏格兰来的军队、其他人士及其子女。据作者自己说，只是军队(不算他们的妻子和子女)就有3.5万人。”

增殖的 7.3 万人，即为 153.9 万人；可是由于上述战争，1652 年的人口只是 85 万人；也就是说，损失了 68.9 万人；对于这些人的鲜血，有人是应该在上帝和国王面前承担责任的。………… 689 000

1650 年，在大瘟疫之前，这里的人口在 100 万以上，即为 1665 年伦敦人口的两倍半。可是在那年里伦敦死去的人据估算为 9.7 万人，而实际上是 11 万人。

因此，即使爱尔兰的瘟疫不比伦敦更为严重，爱尔兰也一定要死去 27.5 万人。可是实际上都柏林每星期死 1 300 人，而伦敦瘟疫的严重性只及其三分之二。因此，在爱尔兰死去的人数是 ……………………………………………… 450 000[①]

所以，除去死于瘟疫的 41.25 万人和被屠杀的 3.7 万英国人，在这 11 年中由于战争、饥馑和其他苦难而死的是 16.7 万人。这一数字我认为是可靠的；因为假定这一数字的一半(即 8.7 万人)是由于饥寒和运往西班牙及巴贝多斯等等原因而死的，那么，我们很可以认为其他 8.7 万人是死于战争，因为这时英国军队差不多有 4 万人，而爱尔兰军队往往 2 倍于此数。

1653 年，每镑债券自由而公开的售价是 4 先令或 5 先令，而 20 先令债券平均能买到 2 亩土地。按照这种价格，爱尔兰全部土地，

---

① “450 000”显系“412 500”的笔误。下段第一行即有这一数字。〔110 000×2.5 =275 000；275 000×$\frac{3}{2}$=412 500。——译者〕

如果适于耕种的有 800 万亩，就只能卖到 100 万镑，可是在 1641 年，它要值 800 多万镑。 …… 1 000 000 镑

1641 年，牛羊和其他牲畜，按每只菜牛 20 先令计算，或按与一只菜牛相等的其他牲畜值 2 亩土地计算，共值 400 余万镑。但是在 1652 年，都柏林的人要到威尔斯去买肉，因为这里没有肉了；爱尔兰全部牲畜的价值还不到 ………………………………………………………… 500 000 镑

燕麦的价格那时是每桶 50 先令，可是在现在和在 1641 年都不到 12 先令。

1641 年，爱尔兰房屋的价值为 250 万镑，但在 1652 年值不到这一数字的五分之一 ………… 500 000 镑

在英格兰，人的价值按男人、女人和儿童平均计算为每人 70 镑。如把在爱尔兰死掉的人按奴隶和黑人的通常价格计算，即按男人每名 25 镑、儿童每名 5 镑，平均每名 15 镑计算，则损失的人的价值约为 …………………… 10 355 000 镑[①]

在这 11 年里，交战双方所保持的作战队伍里的骑兵和步兵至少是 8 万人（因为即使在 1652 年，也还有 3.5 万名英格兰人，和 3.4 万名被遣派出去的爱尔兰人）。维持这些军人的费用，包括炮车队和一般军

① 此数似应为 10 335 000 镑，因为 689 000×15＝10 335 000 镑。——译者

官的费用在内，每人每年至少要 15 镑，11 年合计即达 1320 万镑。 …………………………… 13 200 000 镑

所有这些成年人(其中没有妇女和儿童)的前述剩余收益，至少要按每人 5 镑计算，亦即上一数字的三分之一 ………………………… 4 400 000 镑

因此，这次叛乱所造成的后果按货币价值计算如下：

人口的损失 ……………………………… 10 335 000 镑

军士的剩余收益的损失 …………………… 4 400 000 镑

损失的人口的剩余收益，按整个 11 年中每人 10 镑计算并减去 8 万名军士的数字 …… 6 000 000 镑

土地价值减低了 ………………………… 11 000 000 镑

牲畜价值减低了 ………………………… 3 500 000 镑

房屋价值减低了 ………………………… 2 000 000 镑

37 255 000 镑①

由于这次叛乱而没收的土地的 20 年地租，即从 1652 年到 1673 年的地租，并不够支付这一时期里在爱尔兰的英国军队的费用；而且这笔地租在现在虽然比以前多了二分之一(即比以前每年多 10 万镑以上)，也不够支付这笔费用。

冒险家借出他们的本金以后已经过了 10 年，他们的本金在现在加上利息应该是原来的 2 倍了，他们在 1652 年都在公开而自由的市场上以每镑不到 10 先令的价格出售他们的债权。

战前拥有土地的爱尔兰天主教徒或终身保有土地的人约为

① 似应为 37 235 000 镑。——译者

3 000 人；从 1663 年行政法院所作出的关于无罪的爱尔兰人及其财产的 800 件判决里，可以看出，这 3 000 人里犯有叛变罪行的不超过七分之一，即 400 人。我计算这 400 人每人有 20 名追随者，一共可以组成一支8 000人的军队。可是，从 1649 年以前的军官的人数上看，1649 年以前的英国军队一定有 4 万人左右。这8 000名有罪的爱尔兰人居然能战胜英国军队，签订 1648 年的和平条款，从而使爱尔兰人在爱尔兰政府中至少和国王陛下处于平等地位：这说明爱尔兰人是非常勇敢而成功的——除非我们认为上述行政法院让他们的伪誓和伪证给欺骗；可是人们会说，一个为了上帝和宗教而牺牲了这样多生命的民族是不会犯这种罪行的。

在战前，爱尔兰人的财产比英国人的财产多一倍；可是他们的人数和自然力量是英国人的人数和自然力量的 5 倍。

战争的原因是：天主教徒想要恢复每年价值约 11 万镑的教会收入；普通爱尔兰人想要得到英国人的全部财产；10 个或 12 个爱尔兰贵族想要得到整个统治权。但是在进行这一场赌注非常之大的赌博时，英国人胜利了，并且像得胜的赌徒一样，他们（除了一些其他要求权之外）至少有权要求得到他们的财产。至于这场斗争中所流的鲜血应该由谁来负责，那上帝知道得最清楚。

第五章　将来的爱尔兰殖民地，叛乱的终结，爱尔兰和英格兰的合并

英格兰人侵入爱尔兰大约是在 500 年以前。如果 1641 年爱尔兰

人人数是120万，那么，在200年以前就只是60万，而在开始侵入的时候不会多于30万；[①]因为30万人通过自然增殖在500年中将会变为120万人(这里已经考虑到传染病、饥馑、战争等等的特殊影响)。

在现在，并没有什么遗迹或可靠的证据，可以说明爱尔兰在开始被侵入时期已经有了石屋、货币和国外贸易；除了关于圣贤的传说、祷告文、弥撒书、宗教仪式等等之外，也没有什么学术方面的遗迹；[②]也就是在，他们既不懂得几何、天文、解剖学、建筑学、机械学、绘画、雕刻等等，也没有任何制造业，更没有使用航海术或军事学。

约翰·达维斯(John Davys)爵士[③]曾十分透彻而精辟地指出了在伊丽莎白王朝以前，爱尔兰所以没有臣服于英国政府的原因；也提出了许多可以用来去做还需要做的事情的方法。

英格兰人的征服，以及1662年议会通过的爱尔兰殖民法案序言中所描述的情况，为实行任何这类合理的措施创造了条件。但是由于被没收的爱尔兰人都在国外，而且和国王陛下一样，也受那些篡夺王位者的迫害，所以情况又有些不同。

因此，在目前情况下，需要解决的问题是：如果政府认为应当做一些事情的话，那么，根据自然的可能性应该做些什么呢？

有些激烈的人希望爱尔兰人再度叛变，并把他们都加以杀戮。

① 柯克斯说，“我不相信在亨利二世时代爱尔兰人只有30万；而且这种计算方法也是不能使人信服的，因为如果200年以前的人数只为现在的一半，再200年以前又减少一半，以此类推，那么在1 000年以前，就只有现有人数的三十二分之一了。”

② 柯克斯说，“他说爱尔兰没有学术等等的遗迹，我不同意。坎布登(Cambden)所编《百科全书》第2部分(68)就录有著名的诗句。”

③ 著有《论在陛下的幸福的朝代开始以前，始终未能完全征服爱尔兰并使之服从英国统治的真正原因》，出版于1612年，曾数度重印。

但是我认为，这种举动不仅是残暴的、不人道的，而且即使对于那些轻率地希望发生这种事情的人来说，也是轻举妄动和非常有害的。

回忆一下爱尔兰人以前的成就，特别是上一次的成就，我相信，如果事前没有很多准备工作，他们不容易再度叛变；而且考虑到以下情况，他们也不容易再度叛变。

英国新教徒和教会占有全部土地的四分之三、全部房屋的六分之五、有城墙的城市及设防地点的房屋的十分之九、国外贸易的三分之二。爱尔兰人八分之六都过着畜牲一样的极为恶劣的生活，住的是没有烟囱、门、楼梯和窗户的小屋，吃的主要是牛奶和马铃薯。因此他们的精神不会倾向于战争。虽然爱尔兰的天主教徒和非天主教徒之比是八对三，可是在人数较少的非天主教徒之中，军人和勇敢的人要比天主教徒里面所有的多得多。

国王陛下以前除非依靠英格兰就不能对爱尔兰做任何事情，可是现在已在当地有了一笔收入；这笔收入除了能够维持 2.5 万多名新教徒民兵之外，如果他愿意的话，还可以维持 7 000 名军人。而且在这些民兵中，大多数都是有战争经验的人。

新教徒在沿海 5 英里以内的设防地点拥有足够的房屋，可以接待、保护和隐藏所有属于他们自己的男、女和儿童；而且他们在爱尔兰各地也都有设防地点，这些地点的位置十分适当，使他们能够很容易地在极短的时间内互相来往。

由于能够这样保卫自己的人，所以即使突然发生意外事故，他们也能够很容易地从英格兰得到足够的食物来维持生活，一直到焚毁了上述 16 万所小屋(一共不值 5 万镑)，毁掉了敌人的禾垛和谷仓，破坏了敌人的耕地的时候。这些事情，对于团结在一起的英国人来说，是轻而易举的。

由于爱尔兰人根本没有军舰，也没有航海的技能和经验，所以少数几支军舰就能够使他们不能从外国得到援助。

即使有些外国人愿意援助他们，能够援助他们的也极少。而且任何外国人，包括法国国王在内①，即使能够成功，也得不到什么好处。因为这500年来，英格兰由于和爱尔兰打交道已经不断地受到损失。甚至在现在，在爱尔兰处在前所未有的富足和繁荣的境地的时候，英国人放弃他们在这个地方的全部利益也有好处，而任何外国要取得这种利益就会有极大的害处；这点（我觉得）我在别的地方②已经说过了。而英格兰的地主的利益，在于在英格兰得到他们应该这样从他们自己财产中放弃的东西的等价物。

最后，让爱尔兰人知道，在英格兰过去有、现在有、将来也有很多不满足于他们目前的处境，而准备去建立功业、改变环境的人，他们足能够弭平爱尔兰人所能发动并坚持的叛变而有余。

因此，在放弃了一切维持爱尔兰安宁和富庶的军事行动以后，我们所要做的事情是要使爱尔兰人变成为英格兰人，并根据自然和永久的原则把各种利益合并在一起。关于这些事情，我将列举以下各点，尽管它们好像是十分奇特而多余的。

---

① 柯克斯说，“认为法国不能由于占有爱尔兰而得到好处的这种怪论，是我所不能理解的。因为作者自己承认爱尔兰有很多港口和其他贸易上的便利；而且更主要的是，如果它到了一个有力的或海盗式的敌人的手中，它的位置使它能够随时破坏英格兰的贸易。除了这些以外，我们知道，如果管理得当，它能够为英格兰王室提供人力、财力和其他便利；而且自从作者写作以来，它已经成为英格兰的一支额外的力量了。”

② 可能是指《政治算术》第四章中的“题外话”。配第在1671年即撰写《政治算术》，虽然在写完《爱尔兰的政治解剖》以后才完成它。

1. 如果亨利二世已经或者能够把所有爱尔兰的人民都移入英格兰，使他们放弃他们的土地的利益，那么，他就加强、美化并丰富了英格兰，并且对于爱尔兰人也做了真正的好事。但是这一工作现在要比那时几乎难上 4 倍了。不过即使在现在也应该去做它，它对各方面都有好处。

2. 现在爱尔兰有 30 万英国人和 80 万天主教徒。在后者中，有 60 万人都过着上面所说的那种极端贫苦的日子。如果把 20 万左右的爱尔兰人换成同一数目的英国人，那么，英国人的自然力量就和爱尔兰人的自然力量相等，但是前者的政治的和人为的力量却等于后者的 3 倍。这种情况十分明显，将使爱尔兰永不会再煽起全国的或宗教的骚动。

3. 在上述 60 万贫苦的爱尔兰人中，未婚的已到结婚年龄的妇女不过 20 万人，每年长大到结婚年龄的也不过 2 000 人。因此，如果在这一年中把这类妇女的二分之一、在下一年中再把其余二分之一运送到英格兰，分配给每一教区一个，并把同样多的英格兰妇女带到爱尔兰，嫁给那些能够把他们的住所改善成为具有 3 镑价值的房屋和庭院的爱尔兰人，那么，自然转化和合并的全部工作在四五年之内就可以完成。①

① 柯克斯说，“这种转化方法把性别弄错了。因为如果 100 万英格兰妇女嫁给 100 万爱尔兰人，她们一定会退化成为纯粹的爱尔兰人，而且在不多几年内，经验就会证实我的说法。在道理上也必然如此，因为妇女除非是受过教育，懂得道理，否则她们是不像男人那样有操守的。这就是说，她们比较容易受到威胁利诱，天生比较懒惰而喜爱安适。不仅如此，爱尔兰男人都对他们的妻子作威作福，不像我们英格兰人那样溺爱妻子。但是，如果每年交换一定数目的青年男子，那就可以达到作者的意图。因为按照英格兰方式教养起来的青年男子只肯和受到这样教养的妇女结婚，这样爱尔兰妇女就愿意去为英格兰人服务以便取得可以嫁给英格兰人的资格。”

进行这种交换的费用每年不过 2 万镑，这大约等于现在或从前在爱尔兰的军队的 6 个星期的薪给。

如果爱尔兰人必得有牧师，那就让牧师的人数——现在修道院外的僧人和正式牧师共约两三千人——减至 1 000 人，即每 800 人有一牧师，即已足够了。牧师应该是知名之士，如果可能的话，应该是英格兰人。这样，当掌管良心的牧师和对其他主要嗜欲有影响的妇女都变成英格兰人的时候，由于他们必然会与爱尔兰的男人处在一起，像从前那样的杀害英格兰人的事情就绝不会再发生了。而且，当爱尔兰儿童使用英语，爱尔兰人的家庭生活如饮食、服装等等也英格兰化的时候，转化的过程就将十分容易和迅速。

此外，如果使这两个国家——现在是两个国家——合而为一，处在一个立法权力和议会之下，而议会中成员的比例又与每个国家的力量和财富情况相适应的话，则不必担心这种议会会做什么有害于英格兰人在爱尔兰的利益的事情；而且如果爱尔兰人在所有立法机关中都能有其自由选出的和适当比例的代表，则他们也绝不会抱怨受到不公平的待遇。[①]

不合并的不方便和不合理之处似乎有以下各点：

不合理的是：在英国出生的英国人，由于他们自己国王的命令被派到爱尔兰，他们在那里为国王的利益而牺牲他们的生命，并且胜利地完成使命，可是竟因此被认为是外国人甚至是敌人，就像亨利七世时代以前的爱尔兰人一样。在那时，如果一个英国人杀死了爱尔兰人，他是不会因此而被处死刑的。由于这只是宽纵和默

① 这一计划在《论爱尔兰》一书中有更详细的论述。

许的做法，现在已经不再适用了。这是以前爱尔兰人的情形，而英国人现在却是这样，要不是习惯法拯救了他们的话。

不合理的是：爱尔兰的居民当然必得服从他们的主宰，可是却不让他们知道谁是他们的主宰，或者什么是他们的主宰；是英格兰的议会呢，还是爱尔兰的议会？在什么情况下是英格兰的议会，在什么情况下是爱尔兰的议会？这种不确定的情形就是或可能是我不服从[①]的借口。

不合理的是：在爱尔兰的英国人，要么就是那里的外国人，要么就必得服从没有他们的代表参加而制定出来的法律。

不合理的是：如果立法权力是在爱尔兰，人与人之间的案件的最后判决却在英格兰，也就是说，查卷命令（Writ of Error）要把这类案件从爱尔兰特移到英格兰的最高法院。而且海军案件[②]和宗教案件也要在英格兰作出最后决定。人们不知道英格兰的高等法院在爱尔兰有没有裁判权；也不知道这一高等法院的判决是不是能在另一高等法院的范围内得到执行。

至于不方便之处，有以下各点。首先，我们在这两国家之间进行贸易，就像在西印度群岛的西班牙人和所有其他国家进行贸易一样。由于这一原因，所有其他国家都和在那里的西班牙人作战了。

其次，在爱尔兰和美洲群岛之间进行贸易的爱尔兰船只，必须把运往爱尔兰的货物先在英格兰卸下来，然后再运回去；这就使这

① 手抄本作“我不服从”；1719 年版作“任何不服从”。配第在这里所说的他的不服从究竟指的是什么，不大清楚。爱尔兰大法官命令逮捕他，是 1677 年 2 月 10 日发生的事情。参阅菲滋摩利斯（Fitzmaurice）：《威廉・配第传》，第 170 页。

② 同上书，第 247 页。

种货物的主人承担不必要的风险，并支付不必要的开支。

还有一种不方便之处是，同一国王的臣民，在从他们自己的国王的领土的这一部分到另一部分时，要像外国人一样缴纳关税。

有人反对补救这些弊端，主要理由是，国王陛下将由于合并而丧失大部分双重关税。这是的确的，不过让我们看看这种关税究竟有多少，是不是多得足以使人们不去补救这些弊端，是不是不能用其他办法来弥补它。

1664年，是这些年来爱尔兰贸易情况最好的一年；这时既没有瘟疫，也没有战争，人们一般都富庶自由；这时还没有制定限制牲畜从爱尔兰运到英格兰的法案①，也没有制定让从美洲开往爱

① 根据查理二世第15年第7号法令(1663年)，在7月1日至12月20日之间，输入爱尔兰牲畜要缴纳一笔高得实际上等于禁止输入的关税。1665年10月18日，有人在众议院提出了一项完全禁止爱尔兰牲畜进口的法案。20日，这项法案就进行了二读，并且于21日在一个委员会中进行公审。配第和一些别人出席反对这种办法，但是他们没有得到这一法案的抄本，甚至连它的主要项目表也没有得到。他们可能是一听到它就马上发言反对它的。这些抗议者不愿意在这样重大的问题上作没有准备的发言，他们要求延期讨论，以便能够咨询爱尔兰总督的意见。延期被拒绝了，这一法案决定在23日正式誊清(《下议院议事录》第8卷，第617、619、620页)。在上议院委员会上，配第出席了两三次，反对这一法案；在这里得到了足够的延期，使这一法案直到议会于1665年10月31日闭会时才获得通过。菲滋摩利斯勋爵得有手抄本备忘录，他说配第的主要的论据现已重见于本书的第十章(《配第传》，第142页)。配第的论据的某一部分似乎在当时也已印行了，因为托马斯·索尔普(Thomas Thorpe)在1842年曾得到一页印刷的《论爱尔兰牲畜贸易》，他认为这篇论文是配第写的(索尔普：《图书目录》，1842年，第5597号)。1667年11月27日，切斯特尔(Chester)向下议院提出了请愿书，主张废弃查理二世第15年第7号法令，要求制定更严厉的法令(《下议院议事录》第9卷，第26—27页)。因此12月9日提出了一项法案，这一法案经过热烈争论以后，于1668年3月2日通过了，它宣布从海外输入外国人持有的任何大牲畜、羊、猪、牛肉、猪肉、咸肉、鳕鱼、青鱼、鳖鱼、鲱鱼、鲑鱼、鳍鱼或鳗鱼为有罪，因此凡是这类进口货都要予以没收，出售后将价款给予告密者和教区的贫民。在上议院中，这一争论比在下议院中更为热烈，于1668年3月18日作了一些修正退回下议院，然后于3月30日取得一致同意——查理二世第18和19年第2号法令。关于这些措施的历史，参阅《议会史》第4卷，第337—347页；克拉兰顿(Clarendon)：《传记》，第959页及以后；卡尔特：《奥尔蒙德公爵传》第2卷，第317—323，329—338页；菲滋摩利斯：《配第传》，第140—142页。

尔兰的船只在英格兰卸货的法案。我认为，在这一年里，爱尔兰和英格兰之间进出口货物的关税不过是____ ____ ____ ____；以后这种关税还不到此数的六分之一，那不是很容易把它加到英格兰和爱尔兰的其他捐税上面吗？英格兰和爱尔兰的其他捐税总在一起大约为每年150万镑。

如果使爱尔兰成为一个独立的王国对于英格兰有好处，那么，在议会中占有优势的政党（例如西方的议员）为什么不使特兰特（Trent）那面的英格兰成为另一个王国，限制彼此的贸易，并在新边界上收取通行税和关税呢？为什么英格兰和威尔斯总是合在一起，从来没有人怀疑它的好处和效果呢？为什么整个英格兰不可以为了各个党派的利益而进一步无限地分成许多区域呢？

说到实际问题，爱尔兰的上院议员可以选派相当于英格兰上院议员的八分之一[①]的人数，经由国王的命令，进入英格兰的上议院；爱尔兰的下院议员可以选派同一比例的人数参加英格兰的下议院，国王和该议院要容纳他们。

如果英格兰的议会已经是爱尔兰的立法权力机关，为什么它不像上面所说的那样，或用某种其他更方便的办法，从爱尔兰招来足够的成员呢？

在两个民族在某一个议会中取得一致意见以前，所有这些权宜之计在一开始时都是必须的。

在这里，我是假定：爱尔兰的财富约为英格兰的财富的八分之一或十分之一；国王在这两个国家中的收入之间的比例也与此

① 1719年版作“六分之一”。

相同。

第六章　爱尔兰的政府

爱尔兰是由国王、21 名主教（其中有 4 名大主教）和一些不担任僧职的上院议员[①]治理的；在后者中，有一部分由于上次的叛乱，不出席议会。

大约 3 000 名不动产自由保有者，100 个协会的会员，以及被认为一个整体的都柏林大学，在下议院中都有代表；此外还有 270 名骑士、公民和市民。

这样组成的议会，对于总督及其公署向国王提出、并由国王及其在英格兰的枢密院盖玺发交该议院讨论的任何法案，都有否决权。

爱尔兰的郡长和市长共 40 人，都是由总督委任的，每一郡长或市长约有 10 名属吏。

最高行政长官有时叫做总督（Lord-Lieutenant），有时叫做议长（Lord-Deputy），有时叫做高等法院院长（Lord Justice）；总督公署现时约有 50 个成员，管理属于治安、特权等等的一切事务。

爱尔兰共有五种法院，即：大法官法院，其中有一个大法官、一个保管记录的推事和两三个或三四个推事；高等法院，其中有一个院长和两个审判官；高等民事裁判所，其中有一个所长和两个裁判

① 手抄本作“和一些……其他上院议员”。

官；皇室度支局法院，其中有一个男爵院长、两个男爵，还有度支局的会计员和司法官；大主教管辖的遗嘱案件法庭，其中的法官是阿尔马(Armagh)的大主教。

提拍雷利(Tipperary)还有一个有王权的法院，院长是奥尔蒙德公爵，管理所属各特许区域和有关王权的事情。还有一个海军法庭。每一个主教也有两个法庭。直到最近以前，孟斯特尔(Munster)[①]和康诺特各有一个省区法院(但现在1672年已经撤消了)，它们既不管有关生命或身体的事情，也不管有关土地产权的事情。

还有一个陆军法庭，处理有关陆军的案件；在和平时期，它常常把被告人移交给民事机关。

所有这些法庭共有____ ____名官吏，____ ____名司法官；其中____ ____我认为是第一等的，每人每年约收入600镑；____ ____是第二等的，每人每年约300镑；____ ____是第三等的，每人每年不超过100镑。还有____ ____名宣誓辩护士，平均每人每年收入约120镑。

爱尔兰约有950名保安官，是由大法官任命的；每郡或小邑在有一个警察长，共为252人；每一教区有一个警察，共约2 278人。

宗教事务是由国教大教堂的大主教、主教、副监督、副主教[②]掌管的；在所有这些大教堂中，现在实际上只有一个完全的歌唱队，这一歌唱队在都柏林，既为基督教堂服务，也为爱尔兰的守护

① 卡尔特：《奥尔蒙德公爵传》第2卷第369页曾提到人们对于孟斯特尔省区法院很有怨言。

② 手抄本作“21位主教、副监督……副主教”。

神服务。在整个爱尔兰，新教的教区牧师、牧师、副牧师现时约为500人。什一税约有半数是交由俗人保管的，并且属于俗人所有。

这是爱尔兰的外部和表面的政府的情况，因为它所涉及的是当政者的人数和类别。但是爱尔兰的内部和神秘的政府的情况如下：

这里总有大约20位[①]属于爱尔兰国籍和天主教的绅士，他们由于家世、才能、良好的教育和行为，受到爱尔兰人的支持，去和英格兰的官员以及爱尔兰总督的官员研讨有关爱尔兰人的事务。

这些人通过教士（他们是实际上并直接地管理人民的）征收捐款。管辖教士的至少有24个天主教主教，全都和法国、西班牙、意大利、德国、英格兰有着长期的关系，在这些国家中担当过王公贵人宅邸内礼拜堂牧师、救济品分发员等等职务。他们都曾运动这些国家的统治人物和国务大臣，并且都曾得到这些人的某些赏赐和提拔。

全部爱尔兰天主教徒（共约80万人，其中约有70万人都住在没有烟囱和窗户的极坏的小屋里）由大约1 000名教区牧师和2 500名各种修道院的修士管理着。这些牧师和修士大多数是圣芳济会教徒（Franciscans），一部分是黑袍教徒（Dominicans）和奥古斯丁教徒（Augustins），极少数人是卡皮由辛教徒（Capuchins）、耶稣会会员（Jesuits）或卡尔特教徒（Carthusians）。他们受着他们各自的主教和上级的管辖，而他们的主教和上级又受外国大臣们的管辖和领导。

① 手抄本作“12或20位”。

整个说来，爱尔兰人（他们是国内的大多数）是间接地受着外国的管辖；上面所说的不负担僧职的爱国者[①]就是这样，他们从上述那些牧师那里得到支持，在爱尔兰公开地行使宗教上的裁判权。同时，由于能够影响天主教徒的治安推事，他们也行使着世俗的权力，可以根据一些捏造的或不关紧要的理由，把那些不服从牧师的人投入监狱。

上面所说的法官，除了法院院长以外，全都进行巡回裁判；其中有 5 处是每年两次，例外的只有凯里一郡。

都柏林有一所大学，但大部分都属于一个学院范围之内，其中有一个校长、7 个高级的主要评议员、9 个初级评议员、60 个奖学金受领者，现在有____ ____个自费生和其他学生。

大约在 1669 年，建立了一所医学院，其中有一个校长和 13 个评议员。[②]

属于遗嘱案件法庭、副监督法庭、陆军法庭和海军法庭的，律师不超过 10 人，代诉人不超过 30 人。

在都柏林城市中，有一个市长、两个行政官、24 个参议员、48 个郡贵族和 96 个市议会议员。此外还有各同业公会。

最近又为贫苦儿童建立一所医院，但还没有完全建好，也还没

① 手抄本作“12 或 20 个不担任僧职的爱国者”。

② 都柏林“医生联谊会”是在 1654 年由约翰·斯提尔恩(John Stearne)医生建立起来的，1667 年根据敕令组成“都柏林医学院的校长和评议会”。在这头一个敕令中，共提名了 14 位评议员，其中头一位是斯提尔恩医生，被任命为终身校长；“表上的第二位就是大名鼎鼎的威廉·配第爵士”，他从联谊会刚一成立时就是联谊会的会员。1692 年又接到一个新的敕令，改用它现在的名字。见《爱尔兰皇家医学院记录》(1865 年)，第 5、6、91 页。

有得到足够的基金。[1]

还有一所为有病的、残废的和年老的军人而设立的医院，但是没有基金，治病与否是任意的。[2]

都柏林城里及其附近，有三所公共监狱和一所感化院。

最后，我必须指出，爱尔兰人40年前因以著名的那种步兵风度差不多完全消失了，除非是在那些步行比骑马更为容易的崎岖的地方，他们每个人现在都骑着一匹矮小的马。

第七章　爱尔兰的国民军和国防

在爱尔兰，和在其他各地一样，有两种国民军。一种是保安官及其由大小警官组成的国民军，以及由郡长的雇用人员组成的国

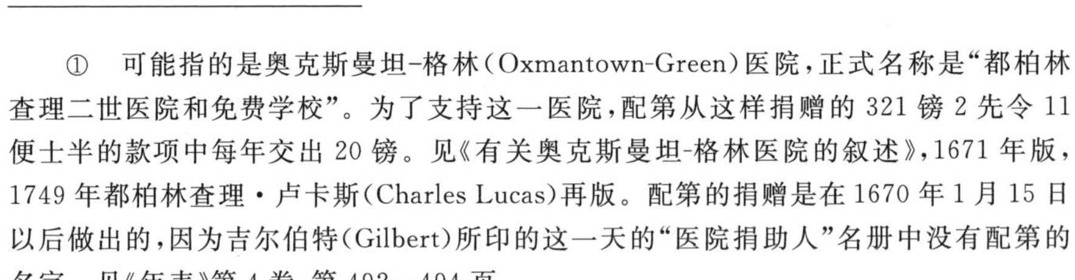

① 可能指的是奥克斯曼坦-格林(Oxmantown-Green)医院，正式名称是“都柏林查理二世医院和免费学校”。为了支持这一医院，配第从这样捐赠的321镑2先令11便士半的款项中每年交出20镑。见《有关奥克斯曼坦-格林医院的叙述》，1671年版，1749年都柏林查理·卢卡斯(Charles Lucas)再版。配第的捐赠是在1670年1月15日以后做出的，因为吉尔伯特(Gilbert)所印的这一天的“医院捐助人”名册中没有配第的名字。见《年表》第4卷，第492—494页。

② 这一段可能是在《政治解剖》完成(约在1672—1673年)以后加添进去的。托马斯·威尔逊(Thomas Wilson)所著《关于为爱尔兰军队中残老官兵而在都柏林附近建立查理二世皇家医院的记录》(1713年都柏林版)说，由于路易十四建立残废军人医院的例子，“大约在1675年，格兰纳德(Granard)伯爵开始有了在这一国家中建立这种医院的想法”。格兰纳德曾和埃塞克斯(Essex)总督交换过意见，但是直到1677年奥尔蒙德到来以前，此事并没有什么结果。1679年10月27日，奥尔蒙德给国王上书，主张设立这种医院，因此，在1680年2月27日，会议室下了一道命令，为它捐募基金。这一建筑是在1680—1686年建立起来的。第4—15页。

民军和在特殊情况下召集起来的地方团队。

所有这些在爱尔兰共约 3 000 人，都只能在他们各自的区域内进行活动，而不能在别处进行活动。

爱尔兰现在有，或近来一向就有一支包括约 30 队骑兵和 60 连步兵的军队；都柏林还有一支作为总督近卫队的警卫队；总在一起，共约 5 000 人。

还有一支新教徒的国民军，大约 2.4 万人，其中 1 万人是骑兵，其余是步兵。

爱尔兰的居民全都分成各派各系，叫做英格兰人和爱尔兰人，或者叫做新教徒和天主教徒；然而真正的分歧则在于有的人得到了 1641 年属于天主教徒的土地，而有的人则被剥夺了这种土地。由于归还而得到这种土地的爱尔兰人似乎倒袒护被剥夺了土地的人。[①] 天主教教徒对于新教徒的主要不满之处，在于后者能够有教堂收入，并且有裁判权；他们在行使他们的职权时，有充分的自由，而且当 1641 年他们进行他们的计划时就已经有了这种自由。老爱尔兰天主教徒和老英格兰天主教徒之间的争吵现在停止了，因为他们现在有了共同的敌人。

伊莉莎白女王和詹姆斯国王时代移来的老的新教徒，不大喜欢那些在 1641 年以后甚至在 1646 年和 1648 年以后到来的新英

① 柯克斯说，“如果像作者所说，得到土地的爱尔兰人袒护被剥夺了土地的人，那么，真正的分歧就不在于得到了土地和被剥夺了土地，而是在于是英格兰人还是爱尔兰人，是天主教徒还是非天主教徒。而且既然爱尔兰的不动产自由保有者不超过3 000人，得到土地和被剥夺土地这种说法就不能是比这多 100 倍的人们分为各派各系的原因。”

格兰人,因为前者嫉妒后者分得了很多从上次篡夺者那里没收来的土地。但是现在他们在一起也处得很好了,这是因为这些老的新教徒在殖民法案中得到了许多很好的条件,并且得到了他们在1649年以前服务的报酬;也是因为教会收入由于没收来的土地而增加了;而更主要的则是因为这些老的新教徒得到了所有民政、军事和宗教上的权力和高等地位。

在新来的英格兰人之中,有些是国教徒,有些则不是;有些参加了其他派系,有些则没有。

在老的新教徒之中,也有许多派别(我不能说是党派),主要是以他们的家庭的名字来命名的,如巴特勒尔和菲兹-杰拉德就是旧的名字。

现在言归正传;主要的党争在于有的人得到了没收的土地,而有的人则被剥夺了土地。所有爱尔兰人和天主教徒一般都害怕后者,而大多数英格兰人和新教徒都害怕前者;只要涉及这种人或那种人的土地或生活问题,从所有陪审员那里和各种证词中都可以看到这种情况。现在在一些郡里,例如在凯里,没收的事情很多,而归还的事情很少;移到这里来的英格兰人也很少,并且他们也不能过好的生活。所以这些和其他类似郡的第一类国民军都是些被剥夺土地和心怀不满的爱尔兰天主教徒。因此在这里的少数英格兰人不能得到公正的裁判,因为他们没有人来做这种裁判工作。除非行政官大部分是英格兰人或是新教徒,他们也很难得到公正无私的陪审员。在这种情形下,有人认为,另一类国民军,即军队,在无需抗御外侮和镇压内乱的时候,无论在法律上或在情理上都可以弥补这一缺陷。为什么不能从120个军官(即60个骑兵队长和 60 个步兵队长）中选出 30 个行政官呢？为什么这些人不能和别人一样地担负执行公平判决的责任呢？一个执行官吏所使用的力量，比一个被称为军人的人所具有的力量，难道多具有什么内容吗？军官或行政官所使用的力量或暴力，为什么要大于足以使债务人或犯人遵守法律和服从民事法院判决的力量呢？在有大骚动的时候，调动以灵巧地使用武器和武力为职业的军队，不是比使用临时召集起来的地方团队更为容易和方便吗？要使用临时召集起来的地方团队，那就是要使很多人离开他们的工作和职业，去做他们所不了解的冒险的事情。而且，如果将军能够随意让军队在什么地方扎营，而行政官或警官在他们各自的管区内能够请求他所喜欢的人来帮助他，那么，将军就能够让这样一种适当的军队驻扎在人口稀少的郡里。行政官和司法官是能够请求这种军队去帮助他们的；除非是在这些军人有正式驻防戍卫任务的地方，否则，在其他情况下，在所谓的民政机关和军事机关之间就可以达成协议，虽然任何地方不能没有军队，而任何军队也不能没有一定的方针和纪律。但是关于这一问题，让法律家们去作进一步的讨论吧。

谈到爱尔兰的军事力量，一般和规规矩矩说，第一，常备军是现有收入能够维持的军队，在最近一个时期和现在都是 6 000 人左右；如果国王陛下认为适宜，人数每年可以有变动。第二，现已组织起来的新教徒的国民军，共约 2.4 万人或 2.5 万人，大多数都已在爱尔兰历次战争中受到了训练。

第三种是一支抗御外侮的巨大队伍，我认为可以有 7 万人，都是忠诚的和不受天主教皇影响的爱尔兰人。这些人可以由那 3 万名常备军和现有的国民军来提供军官并加以指挥。我认为很明显，在非常时期，这10万人都可以腾出来去做战士。因为爱尔兰共有55万名男子，其中15万人就足以完成所有必要的农业和工商业方面的工作；20万人可能是16岁以下和60岁以上的人；而其余10人也不是没有服务能力的人，他们可以作后备部队。

我认为上述这支队伍足以抵御世界上任何国王能够有船运送到爱尔兰来的任何数目的军队（他们在运送军队的同时，还必须运送为这一事业所需要的马匹、武器、弹药和给养）。

何况爱尔兰的资财主要是牲畜，很容易移出敌人将要登陆的地方以作坚壁清野的工作。

这6 000人的常备军和2.4万多人的精练的国民军，他们不仅控制而且占有爱尔兰所有重要和危险的地方、所有能够作战的马匹的四分之三以及所有船舰的至少四分之三，他们还有英格兰的援助和支持；他们是多么重要在前面已经充分地谈到了。前面也谈到：大多数爱尔兰人都住在前述16万所破烂房子里，吃着极恶劣的食物，受着他们自己的主人和爱国者的极恶劣的待遇；而那些收回了产业的人，差不多是由于一种奇迹而得回产业的，他们对于如何再进行一次无聊的、邪恶的举动，一定会十分小心谨慎。

第八章　爱尔兰的天气和土地

所谓天气，我指的是冷、热、干、湿、空气的重量和感受性，以及关于天气的各种迹象，即：（1）风的情况，如风在爱尔兰刮得是和别的地方一样呢，还是有所不同；最经常和最猛烈的风是从罗盘的什么方位上刮来的；从各个方位上刮来的风在整个年度里都占有多大的比例。(2)关于冷热，我认为应该用寒暑表来测量。(3)关于湿度，应该用琵琶弦的收缩程度来测量，用某一定面积地面上的落雨量来测量，还应该用同一形状同一容量的容器中同时蒸发掉的水量来测量。

至于被认为与其本身轻重有关的空气的其他变化，我认为应该用一种叫做晴雨表的仪器来测量。最后，对于爱尔兰所受到的日光的多少，应该用一种为此目的而建立的仪器来测量。

如果只说爱尔兰的气候温和、有些潮湿等等，那是不能令人满意的；而要确切和清楚地了解这些情况，那就必须在各个季节里在爱尔兰各地，简单地和互相比较地进行种种长期的、令人厌倦的、反复的观察，并且和在世界其他各处用同样的或类似的仪器所进行的这类观察相比较；因此，我们现在必须说明，现有的仪器只有以下几种：

1. 测量风的运动因而也测量风力的仪器；

2. 测量从罗盘的任何方位刮来的风，每年每天要刮多少小时的仪器；

3. 测量每年中任何面积土地上的降雨量的仪器；

4. 测量什么空气最缺乏水分的仪器；

5. 测量每时每刻空气轻重变化的仪器；

6. 较好的寒暑表；

7. 测量并预测霜雪的仪器。

人们必须在爱尔兰各地以及在世界其他各地使用这些仪器，

互相通信，交换情况，并根据推理来改正他们的观察结果。

这样，我们说出以下各点也就够了：1.都柏林的风五分之二是从西南往西刮的，五分之一是从西南往南刮的，五分之一是从西往东北刮的，其余五分之一是从东北往南刮的：十分之三在西和西南之间，十分之二在西南和南南西之间，十分之二在南南西和东北微北之间，十分之二在东北微北到北和西之间，或者大约在此附近。

2.从 9 月 10 日至 3 月 10 日，差不多每天都要有一些风暴。

3.在爱尔兰的较低的地面上，雪并不会长久地堆积着。和在法国、荷兰和英格兰一样，它也不会结冻。

4.1663 年 10 月份，都柏林和伦敦的降雨量都只是 20 至 19。同一月份，都柏林的风量是 20，而伦敦的风量只是 17。

5.要了解气候、城市情况和其他地方情况是否有益健康，首先必须了解某一日期里当地的居民有多少，然后了解若干年来平均每年死亡的人数和出生的人数。

6.要知道平均寿命，必须查看关于在同一教区出生和死亡的（比如说）20 个人的可靠旧记录；把这些人的生存年数加在一起，再用 20 去除，便得出每人的平均生存年数。将这一得数和在其他各地所做的同样观察相比较，便可以看出各地平均寿命的差异。在这样做的时候，要适当地考虑到在每一观察时期内分别发生的意外事故和传染病。

由于做这种考查的准备工作还很不够，我不能说得很清楚。但是，根据我所能做出的最好的估计和研究，伦敦的卫生情况似乎比都柏林要好上三十二分之三。

以上谈了很多关于天气的事情以及更好地辨别天气的方法，

下面我们要用类似的办法来考查一下土地的性质。

为此目的，我们首先要知道，爱尔兰的佩尔奇是 21 呎，而英格兰的佩尔奇是 16 呎半；因此，都是由 160 佩尔奇构成的两种亩，其比例是 121 对 196；也就是说，121 爱尔兰亩等于 196 英格兰法定亩。现在在爱尔兰，一只乳牛如果由英格兰人饲养，放在两亩的牧地上，用半亩草地所能生长的干草来喂它，则有 90 天平均每天可以生产 3 加仑奶，有 90 天平均每天 1 加仑，有 90 天平均每天四分之一加仑，另外 90 天则没有奶。因此，这样喂养的一只牛每年可以生产 1 吨半以上即 384 加仑的牛奶。如果这两亩牧地的地租每年是 5 先令，半亩草地的地租每年是 3 先令，总起来是 8 先令，那么，1 加仑牛奶不过只值一个铜钱；即使把牛的价值和意外事故以及挤奶和照管牛的劳动都加算在这种价格上，我认为它也不会多出多少来。

384 加仑牛奶可以制成二又二分之一英担［每英担等于 112 磅。——译者］生奶酪和 1 英担奶油，此外还有可以喂猪的乳浆；或者可以制成 2 英担奶油和 1 英担脱脂奶酪，此外还有上述可以供人饮用和喂猪的乳浆。

附记　一只种牛就足够 20 只母牛之用了。母牛从三、四岁起就可以生乳和生育，一直继续到 12 岁，有时可以到 20 岁，虽然活得这样多的并不多。3 个挤奶妇可以给 20 只母牛挤奶，同时还可以作许多别的工作。一个男人就可以照管并喂养这 20 只母牛。

一只 6 岁或 7 岁的阉牛所需要的饲料比一只乳牛所需要的要少一些，只要有 2 亩好牧地，或者在冬天有一亩半牧地和半亩地的干草也就够了。

一匹马约需 2 亩半牧地,一匹爱尔兰小马约需一又三分之二亩牧地。

8 只或 10 只羊所需要的饲料等于一只阉牛所需要的饲料。[①]

还应该注意的是,一只一个月的小牛重 ………… 56 磅

阉牛在 6 岁时发育成熟,这时的重量是 ………… 784 磅

这种阉牛的四肢重 ……………………………… 560 磅

牛皮重 ……………………………………………… 84 磅

脂肪重 ……………………………………………… 80 磅

下水重 ……………………………………………… 60 磅

总计 ……………………………………………… 784 磅

因此,这种牛的重量平均每年约增加 130 磅。

瘦牛肉和肥牛肉在价值上的差别是五对九。

羊肉、羊皮、羊脂肪重量增加的比例也与此相同。但是羊肉的售价要比牛肉贵,因为照管羊要更麻烦些,而且羊的意外事故也多一些。

在爱尔兰,一只羊一次剪下来的毛约 2 磅重。

猪所吃的东西和牛、羊不一样,它所吃的是根菜和橡实,因此,同一块地除了养羊和牛之外,还可以养一部分猪。一个牧牛人可以照管 100 只牛;一个牧羊人可以照管 1 000 只羊。

从上面所说的看来,爱尔兰的自然和真正地租(不是金银货币地租)是:

减去费用以后的牛奶____ ____ ____加仑。

① 手抄本边上有“一只羊重 80 磅”字样。

牛肉和羊肉____ ____ ____

皮革____ ____ ____

脂肪____ ____ ____

羊毛____ ____ ____

无论什么地方的土地，如果每年的出产多于这些商品，我们就说它比爱尔兰的土地更肥沃些，如果少于这些商品，我们就说它不如爱尔兰土地肥沃。

此外，我们还可以把爱尔兰的牲畜数目总计如下。

在爱尔兰，除了带有灌木丛等等的沼泽和一般所谓的不生产的土地之外，共有750万亩好草地、耕地和牧地。其中50万亩为居民提供人畜食用和饮用的谷物，以及大麻、亚麻和油菜；这在后面[①]从人口数目、从饮食方式、从工厂数目、从什一税的数值等等是可以看得清楚的。假定另外700万亩土地上养有足够的牲畜，让我们首先看一看这里可能有多少所房屋。

为此目的，让我们回忆一下，这里有18.4万个家庭，他们的房子只有一个烟囱，或者根本没有烟囱。现在我认为，这一数字的三分之一都养有一匹爱尔兰小马，也就是说，有6.1万匹耕马。另外1.6万个家庭养有4万匹驾车和乘骑的马。因此，爱尔兰共约有10万匹马，它们的饲料需要10万亩好牧地、5万亩草地和1.6万亩燕麦地，总计是16.6万亩。或者，如果这些马像穷人的马一样，不需要什么干草和燕麦，那么，如前所述，每匹马就要有2亩或二

① 第十二章讨论了爱尔兰居民的饮食。

又三分之一①亩牧地。

通常出口的羊毛略多于 200 万磅，是从 100 万只羊身上生长出来的。国内共约 110 万人，制作衣、帽和袜子所用的羊毛，按每人____磅计算，还要有 600 万磅。因此，另外还有 300 万只羊；总计是 400 万只羊。饲养这些羊，按每亩 5 只计算，共需 80 万亩土地。所以马和羊共需 100 万亩土地。以 50 万亩供所有其他牲畜和虫鸟之用，剩下的 550 万亩约可以饲养 300 万只大牲畜。

如果有 300 万只牛，那就有 150 万只是公牛，其中 2.5 万只是种牛。
}3 岁以上的 70 万只，3 岁至 6 岁的 60 万只，6 岁以上的 17.5 万只。

在 150 万母牛中，五分之二即 60 万只是乳牛，60 万只是 3 岁以下的牛犊和未生育过的小母牛，其他各类 30 万只。

这里要注意，在所有上述这些牛中，活着出口的 6 万只，死后装桶出口的 3 万只。出口的羊不到 10 万只。

60 万只乳牛，每只每年可以生产 1 英担奶油，但出口的奶油只有 2.6 万英担，即 2.6 万只牛的产品。从这里我们就可以看出这些商品的贸易是不是已经做得很好了。因为我觉得，每年国内消费或出口的牲畜和其产品，可以占全部数额的六分之一。

还要说的只是，每一爱尔兰亩爱尔兰土地所需要的种子及其收获量如下：

种子		收获量
小麦	4 蒲式耳	16—20 蒲式耳
黑麦	4 蒲式耳	20—40 蒲式耳

① 手抄本、1719 年版均作“二又二分之一”。

蚕豆	6 蒲式耳	20—48 蒲式耳
燕麦	6 蒲式耳	16—32 蒲式耳
大麦	4 蒲式耳	20—40 蒲式耳
豌豆	4 蒲式耳	12—18 蒲式耳

一匹马可以耕 10 亩地；一个人可以照管 3 匹马。

第九章　爱尔兰各郡间的价值比例

爱尔兰各郡的价值或比例，似乎主要决定于各郡所包括的土地的多少。因此，并由于一些其他原因，在过去 40 年里，爱尔兰大部分土地都曾用测链和其他工具丈量过。例如，皇室各郡在 1630 年左右曾由约翰·博德利爵士[①](Sir John Bodly)丈量过；伦敦德里(Londonderry)郡，当伦敦市开始移殖工作时，曾由一位雷文先生[②](Mr. Raven)丈量过；康诺特和提柏雷利，在斯特拉福德伯爵

① 约西亚斯(不是约翰)·博德利爵士是博德利图书馆创办人之幼弟，生于 1550 年左右，1600 年以前曾在爱尔兰服军役，1605 年从事孟斯特尔的筑城工作。1609 年，和几个别人一起担负阿尔斯特尔(Ulster)移民区的测量工作，工作完成得很出色。他大约是在 1618 年 1 月间死的。

② 1616 年，奥尔德曼·普罗比(Alderman Proby)和马提亚斯·斯普林汉姆(Mattias Springham)从伦敦被派往德里了解当地情况，"继雷文先生之后又作了两年测量员，担负起雷文所作的为测量德里和库尔摩尔(Culmore)城堡所必须的工作"。(《伦敦德里郡的军事测量》第 1 卷，第 40 页。)1617 年，雷文据此领导了伦敦德里的筑城工作。(黑姆普顿〔Hempton〕:《伦敦德里的围攻及其历史》，第 327 页。)

(Earl of Strafford)时代,曾由好几个人[①]丈量过,这几个人有时是由威廉·吉尔伯特先生领导的。

在孟斯特尔、累姆斯特尔(Lemster)和阿尔斯特尔三省中,1641 年属于天主教徒的土地,是由威廉·配第爵士测量的;这三省中属于新教徒的其他土地,为了规定捐税,是由土地所有者自己测量的。但是都是各搞一套,所以除了威廉·配第爵士所搜集的材料以外,没有什么可以说明这些地方情况的东西。威廉·配第爵士除了他根据协议交给测量总监公署的各教区地图之外,还自费绘制了各小邑、各郡(刻成铜版)、各省和全国的分图。所有这些地图,如果能把还没有测量的土地补充进去,就可以公之于世了。[②]

至于这些土地的价值,1642 年为冒险家们评估如下:在累姆斯特尔每亩 12 先令,在孟斯特尔每亩 9 先令,在康诺特每亩 6 先令,在阿尔斯特尔每由 4 先令;[③]每年要从这样评估的每先令地价中向国王交纳一法辛的免役税,即:评估为 12 先令的累姆斯特尔土地每亩交纳 3 便士或 12 法辛,评估为 9 先令的孟斯特尔土地每亩交纳二又四分之一便士或 9 法辛,其余类推。森林、沼泽和山地

① 参阅配第:《山区测量的历史》,第 54—62、325—327、346、393 页;哈尔丁(Hardinge):《从 1640 年到 1688 年的爱尔兰各种测量图稿》,见《爱尔兰皇家学会会报》第 24 卷《古代》,第 3—118 页。

② 关于配第的测量和地图,参阅《威廉·配第爵士经济论文集》导言和第 6 页脚注;并参阅配第:《山区测量的历史》,哈尔丁的上述著作,以及菲滋摩利斯:《配第传》第 11 章。

③ 根据查理一世 17 年第 34 号法令。斯考贝尔(H. Scobell):《法令汇编》第 1 卷,第 26 页。

也要计算在内。

后来，那些要按照这一估价来收回他们的欠饷的军士，不愿意这样随便地凭运气办事，在1653年把每省中各郡加以均等了，也就是说，在累姆斯特尔，某些地方按每亩1镑2先令计算，某些地方按1镑计算，等等。那些在1655年及其以后得到满足的人们，不仅把各郡均等了，而且把各小邑也均等了；在累姆斯特尔，某些小邑按每亩1镑4先令估价，某些小邑只按6先令估价，其他一些则在这两极之间，多少不等。虽然有这些差别，但根据当时法令，全省土地仍应按每亩12先令作价。至于这样均等化以后还余留下来的不平等情形，那就要靠抽阄儿来矫正了。[①]

我在这里本来可以谈一谈这些问题的一切细节，但是觉得它们和我的目的没有什么关系，特别是因为它们都有档案可查[②]，所以在这里不谈。下一个也是比以前都好的一个均等工作，是由各郡的有关人士做出的，为的是调整在国王陛下复辟以前、免役税尚未到期的时候要向篡夺者缴纳的沉重赋税。[③] 为了达到这一目的，不是像以前那样把各小邑加以均等，而是把各教区，甚至各个农场也都加以均等了。在这方面都做了些什么事情，没有公开的记载，只有一些好奇的人所搜集的材料，而且太多，不能在这里加

① 可能是根据1653年第12号法令。斯考贝尔：《法令汇编》第2卷，第240、242页。

② 1711年埃塞克斯街会议厅失火，许多档案被烧掉了。见《1810—1815年关于爱尔兰公共档案的委员报告》，第400、541页及其他各处。

③ 可能是指1654年第32号法令，这一法令规定爱尔兰除了和英格兰一样缴纳国内消费税和关税以外，每月要缴纳1万镑附加税，并暂时豁免给予冒险家和军士的土地的免役税。斯考贝尔：《法令汇编》第2卷，第313页。

以说明。只须注意:在做出这些评价时,有关各方都能通过他们的出席人、朋友、口才和热情说服对方;至于还有什么其他真正的、自然的基础,那我就不知道了。

在这一次评价以后,另一次评价是为了确定冒险家和军士们献给国王陛下的礼物而做出的。这一礼物要等于他们的全部土地在1659年(国王复辟的前一年)生产的年价值。1663年成立了一个委员会来查核并确定这种年价值。1667年又作了两次评价工作:一次是为了给那些把土地按均等的价值归还给无辜的爱尔兰人的人重新评价;另一次是为了确定各地的1659年的价值(无论它生产什么东西)。这两次评价,特别是后者,都有十分可靠的记载。此外,在1653年和1654年,曾研究过爱尔兰每一块土地1641年所生产的价值。还有一些在当时十分有力的法令,规定在某一笔应缴税款总额中,各郡应该分担的份额。例如,1657年有篡夺者的议会为此目的而颁布的法令;①1662年有关于征集3万镑作为对奥尔蒙德公爵的献礼的法令;②还有关于征集款项以供一些公共用途之用的法令;1672年有一项对全国所有土地和房屋每年均等征课3万镑的法令。此外还有关于在1661年作为特别税和人头税从各郡征课的税款的记载。所有这些对于打算用它们来解决问题的人可能是大有帮助的。但是我确信,无论这种种评价和考察是由谁、为什么目的和用什么方法做出的,总都得想出某

① 1656年第25号法令,规定自1657年6月24日起,每月对爱尔兰征课赋税9 000镑,为期3年。斯考贝尔:《法令汇编》第2卷,第491页;《爱尔兰各郡的评价》,第496—497页。

② 查理二世14和15年第16号法令,爱尔兰。

种据以评估爱尔兰土地的价值并规定其比例的自然标准。我建议这种标准首先是：居住在任一乡村教区中的男、女和儿童的人数，不论土地的数量和质量如何，地租都大约是以这一人数乘 15 先令。[①] 其次是：在 16 万所最坏的房屋中，平均每所 5 个人；在 2.4 万所房屋中，每所 6 个人；在所有其他房屋中，平均每所 10 个人。

附　　表[②]

但是，要使这一工作接近于完善，最好是能知道每一教区的亩数，以及它在连续 3 年中所生产的奶油、奶酪、谷物和羊毛的数量；这样就可以知道土地的自然价值。通过居住在一墟日路程以内的居民人数以及他们的住房的价值，可以知道这些居民的性质和开支情况。我很希望能够知道上述商品的价值，从而在从其中减去工人的工资以后，可以知道土地的价值。这就使我考虑政治经济学中最重要的一个问题，即如何使土地和劳动之间有一种等价和等式的关系，以便单独用土地或单独用劳动来表示任何一种东西的价值。为此目的，假定圈起两亩牧地，在里面放进一只已经断乳的小牛，我认为在一年之后，这只小牛身上的可吃的肉将增加一英担。这一英担肉可以做 50 天的食物，也是这只小牛的价值的利息；它就是这块土地的价值或年租。如果加上一个人一年的劳动，可以使这块土地生产出比 60 天的食物还多的牛肉或其他东西，那么，多出来的若干天的食物就是这个人的工资。在这里，工资和土

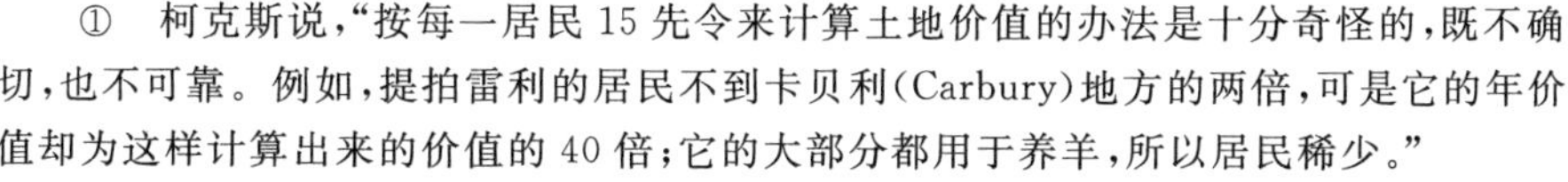

① 柯克斯说，“按每一居民 15 先令来计算土地价值的办法是十分奇怪的，既不确切，也不可靠。例如，提拍雷利的居民不到卡贝利(Carbury)地方的两倍，可是它的年价值却为这样计算出来的价值的 40 倍；它的大部分都用于养羊，所以居民稀少。”

② 这个附表可能在原稿中就被删掉了；手抄本的抄写者没有给它留出地位。

地的价值都是用若干天的食物来表示的。有些人比另一些人吃得多,这并无关紧要,因为这里所说的一天的食物,指的是 100 个各种各样的、体格不同的人为了生存、劳动和传种接代而吃的东西的一百分之一。生产某一种一天的食物,比生产另一种一天的食物,可能需要更多的劳动,这也无关紧要,因为我们所说的是世界上各个国家的最容易得到的食物。

例如,我假定一品脱麦片等于半品脱大米、或一夸特牛奶、或一磅面包、或一磅又四分之一鲜肉等,每一种在各自的地方都是最容易得到的食物。但是,如果把大米从印度运到爱尔兰,或者把麦片从爱尔兰运往印度,那么,在印度,一品脱麦片由于有运费和运输的风险,一定要比半品脱大米贵,其余类推。对于美味可口来说,我不相信这些东西有什么天然的确定性和不变性;这是要为好奇心、对于优劣的评价以及别人的推荐等等所左右的。因此,一个成年人平均一天的食物,而不是一天的劳动,乃是衡量价值的共同尺度;它似乎是和纯银价值一样的稳定而不变的。例如,一盎司白银在秘鲁等于一天的食物,但在俄国,由于把白银从秘鲁运到俄国的运费和风险,一盎司白银就等于 4 天的食物;而且,在俄国,如果一个从事银业的工人由于人们重视和需要银器,而能够比他制造其他东西挣得更多,那么白银的价格还要多值几天的食物。所以,对于爱尔兰的小房子,我是根据修建它们的人在修建它们时所花费的食物的日数来评估它们的价值的。

同样,我们也必须使技术和简单劳动之间有一种等价和等式的关系。因为,假定我使用这种简单劳动,在 1 000 天里能够耕耘播种 100 亩土地;再假定我用了 100 天的时间来研究一种更省事

的方法，并制造出一种省事的工具；在这 100 天里完全没有耕耘土地，可是在其余的 900 天里我却耕耘了 200 亩土地；那么我认为，这种只花费了 100 天时间的发明技术就永远值一个人的劳动；因为有了这种技术时一个人所做的工作，等于没有这种技术时两个人所做的工作。

同样，我们要在技术和公众评价之间建立一种等式关系。例如，如果一个画家以每张画 5 镑的价钱给人作画，以后发现很多人都愿意按照这一价钱雇用他，使他没有足够的时间来满足他们的需要，那么，这位艺术家一定会考虑：要是把画提高到 6 镑一张，在那些按每张 5 镑的价钱来请他作画的人们中间，是不是还会有足够多的人来雇用他的全部作画时间。他将根据这一考虑来调整他的作品的价格。

同样，在辛苦的劳动和善意、交情、利害关系、朋友、口才、名誉、权力、权威等之间，也可以建立一种等式关系。我认为不妨把这看作是和在土地与劳动之间寻找一种等式关系一样；不过所有这些对于爱尔兰各郡之间的比例来说是关系不大的。

所以回到我们正在讨论的问题上，我认为，生产出来的商品的数量和____ ____的数量，可以说明土地的效能；而居住在这块土地上面的人数以及他们的住房的质量，可以说明商品的价值；因为一天的精美食物的价值可能等于 10 天普通食物的价值，而现在人们饮食的好坏，是可以从他们开支的表面部分——即住房——上看出的。但是，我现在还不能提供这种有助于了解土地的价值的办法。

第十章　爱尔兰的货币

货币被认为是衡量所有商品价值的一致的尺度。但是，在这一意义上，我不知道世界上(更不用说在爱尔兰)是不是有货币，或者是不是有这种尺度，尽管大多数人都相信金银货币是这样的尺度。因为第一，纯金和纯银之间价值的比例，是随着土地和人类劳动生产这两种东西的多少而变动的；这就是说，按重量计算，黄金的价值原只是白银的 12 倍，近来由于生产出来的白银更多些，黄金的价值是白银的 14 倍了。黄金生产的多少是与此相称的，也就是说，生产出来的白银约为生产出来的黄金的 12 倍，这就使得黄金比白银更贵些。所以，在金银两种金属中，只能有一种适宜于做货币。因此，如果白银是适宜于做货币的金属，那么黄金就只是一种极类似货币的金属。现在的情况是，只有白银是做货币的材料，其他各处也和爱尔兰一样。

第二，白银的价值本身也会有涨有落。因为人们可以用银币制造器皿；如果他们通过制造技巧，所得的好处足以支付毁坏铸币的费用，并且还大于他们在贸易中把这种白银作为货币使用时所能得到的好处，那么他们就会这样做。这样做的时候，就使白银的价值有涨有落，因而贬损了白银作为所有其他物品的一致不变尺度的完美品质。

以上所说的缺点和不便之处对于任何时间和地点都是共同的，但是在爱尔兰尤其突出，这是因为：

一个 8 里阿尔(rial)的货币,足重 17 本尼威特[每本尼威特等于二十分之一盎司——译者],值 4 先令 9 便士。如果它的重量少半格冷,尽管半格冷白银只值 1 法辛的四分之一,或 1 便士的十六分之一,它也要少值 3 便士,即只值 4 先令 6 便士。可是即使它的重量比 17 本尼威特多 10 格冷,它也只值 4 先令 9 便士。另一方面,如果它的重量只是 12 本尼威特,它仍然能值 4 先令 6 便士。即使白银成色很坏,只要不致坏得不能叫做白银,它也仍然能值 4 先令 6 便士。而且,成色好坏绝不是普通的眼睛所能决定的。最好的眼睛也不能在一盎司白银里看出 4 便士的差别来。试金石看不出两便士的差别,而化验本身也看不出半便士的差别。最后,各个天平和砝码也是彼此不同的,在这一家值 4 先令 9 便士的东西,在另一家就只值 4 先令 6 便士,反之亦然。因此就发生了这种情况:所有重量在 17 本尼威特以上的这种货币,都被拣选出来用来购买或改造重 14 本尼威特、值 4 先令 6 便士的这种货币了。

其次,按比例包含同等数量同样金银的他种硬币,和 8 里阿尔币同时流通着,有的值得多一些,有的值得少一些。上面对于银币所说的话,同样适用于金币;银币与银币之间和金币与金币之间的差异,在银币与金币之间也同样存在着。所以,研究并利用这种不规则情形来谋取好处,已经成为一种职业了;这对于善良的人们是十分有害的,善良的人们被教导说,凡是货币都是一切商品的同一的、不变的、一致的、正当的尺度。于是发生了这种情况:所有由于内在优点而在世界上享有声誉的英国货币,都被运出爱尔兰了,而代替它们的则是那些有本领的商人随时运进来利用普通人们的轻信与无知而谋取好处的货币。

但是，在今天，爱尔兰的货币——即金银——确已大为减少了。这是因为：

1. 在1664年，爱尔兰输出的价值，比它输入的价值即6.2万镑并多不了很多。从这一时期以后，制定了一条法律，禁止把大牲畜和羊——无论是活的还是死的——输入英格兰。就在1664年里，运入英格兰的这种货物的价值约在15万镑以上。据说制定这条法律就是因为爱尔兰吸走了英格兰的货币。实际上在这一年里，英格兰运往爱尔兰的只比它从爱尔兰得到的少9.1万镑；可是有人认为这一小小的差额就是英格兰地租下降了五分之一，即从800万镑中减少了160万镑的原因。如果这些人进一步考虑一下：从爱尔兰送到英格兰的活牲畜和死牲畜的价值只是13.2万镑，而皮革、脂肪和运费约值这一数字的半数；那么，他们就会知道这种说法简直是异想天开了。

2. 自从1668年12月几个行政法院的业务结束以后，爱尔兰一切动产和不动产的所有者，有四分之一都住在英格兰，他们把属于他们的东西都运出去，而没有东西还回来。

3. 那种法院的官吏的收入，以及住在英格兰的、在爱尔兰有收入的农业经营者的收入，也都流出爱尔兰而没有东西还回去。

4. 很大一部分爱尔兰人被送往英格兰，可是他们的薪饷要从爱尔兰支付。

5. 当这两个国家之间的所有贸易都被禁止了的时候，要把这样多的巨额款项从爱尔兰汇往英格兰，一定是花费很大的。因为这时为了在英格兰交付这些款项而从爱尔兰运出的货物，一定要运到（例如）巴贝多斯（Barbados），在那里换成糖，再把糖运到英格兰换成货币，以支付这些欠款。这条道路很长、很麻烦而且很危险，一定会把货币的汇费提高到我们所看到的、在 1671 年和 1672 年常常支付的 15%，虽然实在地说，如果两个地方的货币相同，则汇费绝不能多于在两地之间运送货币的水陆运费以及路途中的保险费。

但是，没有这样运送货币的巧妙本领的人，宁愿像上面所说的那样，支付 15%的汇费，而不愿担受运送货币的风险和失事的灾难。

现在，金银的大量减少，使那些事业遭到很大妨害的人想到一些异想天开的关于解救的办法，其中很荒谬的是，把在爱尔兰被称为“圆块”(cobs)的西班牙银币，从 4 先令 9 便士提高到 5 先令或 6 先令，而这种银币在以前只比英格兰货币的价值高 5 便士，也就是说，4 先令 4 便士英格兰货币和被称为 4 先令 9 便士的“圆块”的重量相同。这是因为，这些心烦意乱的人认为，给他们的货币起上一个好听的名字，就增加了它的价值。[①]

① 鲁丁(R. Ruding)说，1667 年，“圆块”(cobs)在英格兰可用 4 先令 3 便士买到，而在爱尔兰可售得 5 先令，这使人们打算改变它们的价值。(《英国及其属地的铸币史》第 2 卷，第 13—16 页；费边·菲利普〔Fabian Philipp〕:《支付军队薪饷的权宜办法》，1667 年 7 月 4 日，见《考古学》第 13 卷，第 185、191 页。)提高外国铸币价值的建议曾经在伦敦受到反对(卡尔特:《奥尔蒙德公爵传》第 2 卷，第 342 页)，但在 1672 年 8 月 31 日，王室同意把葡萄牙铸币的价值提高到值 3 先令 10 便士足重的铸币。1673 年 5 月 12 日，埃塞克斯写信给阿林顿(Arlington)说，“关于在这里提高西班牙货币价值的问题，我们在会议上有过好多次争论。各种人的意见都极不相同。”(《政府公报，爱尔兰，查理二世》，第 333 页。)讲到他自己，埃塞克斯说他不明白给货币起个好名儿怎样会使人按高于货币内在价值的价值来接受它，也不明白除了通过贸易顺差以外，怎样能够使一个国家白银充足。然而，在 1673 年 7 月 28 日和 10 月 17 日，他却发出布告，提高铸币价值；最后在 1675 年 7 月 26 日，又发出布告，禁止铸币出口。(西蒙〔Simon〕:《论爱尔兰铸币》，第 52—53，133—137 页；《卡培尔信札》，第 74、83—89 页；《政府公报，爱尔兰，查理二世》，第 333—334 页所列埃塞克斯的未刊行的信件。并参阅滕普尔爵士〔Sir W. Temple〕:《爱尔兰贸易的发展》，1673 年 7 月 22 日，见《全集》第 3 卷，第 9 页。)

其次，他们认为，即使有人必须在英格兰支付4先令4便士，而且没有其他办法来支付这笔钱，他也不会把值5先令的“圆块”带到英格兰去，因为在那里人们只把它叫做4先令4便士。他们认为，所有住在英格兰的、在爱尔兰有财产的人，都会回到爱尔兰去，而不愿花15%[①]的汇费；并不考虑，当“圆块”的价值被提高的时候，汇费也会相应地上涨。他们妄想，一个原来把每呫羊毛卖得被叫做9先令的两个“圆块”的人在“圆块”价值被提高后将把他的每呫羊毛只卖被称为9先令的一个半“圆块”。他们也没有想一想，这种无聊的奇想，将怎样地弄走所有地主在爱尔兰的财产的相应的一部分。例如，那些采取中庸之道的人，打算把货币价值提高二十分之一，而那时爱尔兰所有货币的二十分之一被认为只有2万镑左右。据当时估计，爱尔兰的全部现金为40万镑，而爱尔兰地主的收入每年是80万镑；由于这种无益的措施，他们一定要永远损失他们的全部财产的二十分之一，即每年4万镑。

但是，另外一些人，同样感觉到由于上述金银减少而造成的人民的穷困和工商业的困难。他们认为大约60万镑就足以经营这一国家的贸易了，因为30万镑可以支付全部土地的半年的定期地租，5万镑可以支付全部房屋的租金的四分之一，15万镑可以绰绰有余地支付所有爱尔兰人民的一星期的开支，而全部现金主要是在这三方面流转的。因此，他们想设立一家20多万镑的银行来补足他们的40万镑现有现金。这家银行的基础和支柱应该是土地。

① 柯克斯说，“这里有错误，也许是书记的过失；要把‘圆块’提高到5先令的一种原因，就是因为这会把汇费提高到20%或更高些。不愿支付这种汇费的爱尔兰贵族和上等人物，就宁愿回到爱尔兰并在爱尔兰花费他们的财产。”

因为爱尔兰的土地和房屋约值 800 万镑，而 20 万镑只是它的四十分之一。他们认为找出几个四十分之一都很容易，所以设立这样一家银行并没有什么困难。

应该注意，爱尔兰的利率是 10%，这对于贸易是一个很大的障碍；因为这种利率会刺激物价，使别的国家能以低于爱尔兰的价格销售他们的货物。

第十一章　爱尔兰的贸易

在爱尔兰，住房的烟筒在一个以上的，大约只有 1.6 万户；只有一个烟囱和没有烟囱的共约 18 万多户。如果确是如此，那就很容易了解后者的贸易的情况了。这些人使用的商品很少，而且差不多都是每一个人都能制造和生产的东西。这就是说，他们住的房子是他自己在三四天之内就可以盖起来的；吃的东西不是从别人那里买来的（烟草除外）；穿的衣服是用他们自己的羊毛纺成纱然后做成的；他们的鞋叫做布洛哥，其实际效用和价值不过是一双英格兰鞋的四分之一。一顶帽子的价钱是 20 便士，一双袜子 6 便士，一件好衬衫约 3 先令。一套紧衣、裤子和上衣的裁缝工钱约 2 先令 6 便士。总之，一个男人、他的妻、三个小孩、一个仆人的食物折成钱，大约是每星期 3 先令 6 便士，即每天一便士[①]。男人的衣

① 手抄本的边上，抄写人写了一个“q”字。配第在这里显然指的是每人每天一便士。

服每年 30 先令，16 岁以下的小孩的衣服平均 15 先令，房子值不到 5 先令，燃料不用花钱，是采集来的。因此，这样一个家庭(包括 6 个人)的全年开支大约是平均每人每年 52 先令。住在这种房子里的 95 万人每年大约花费 237.5 万镑。住在其他 1.6 万所房屋里的 15 万人平均每年每人可能花费 10 镑，共为 150 万镑。因此，这两种人的开支总在一起不到 400 万镑，其中十分之一即 40 万镑是用来购买外国商品的。这种外国商品中包括烟草。每 1 000 个人每年要消费一吨烟草，也就是说，每 1 000 个吸烟的人，即 15 岁以上的人，平均每年要消费两吨烟草。根据最近的重要记载来看，这里所说的话都是十分正确的。因此，我顺便就一下，国王的收入每年大约是 200 万镑，即开支总额的二十分之一。在一些希腊的国家中，这一数字被认为是太大了，尽管以色列人只给予利未人十分之一来支付政府的全部开支；那时那一民族的高级人物都是僧侣。

我再顺便说一下，爱尔兰的土地和房屋每年约值 100 万镑。人民的劳动可能值 300 万镑，这是由(110 万人中)年龄和能力适宜于体力劳动的大约 75 万人挣得的。因此，如果他们全都劳动，他们每人每年只挣 4 先令[①]。或者，如果每人挣 8 镑，那么，他们只有一半人从事劳动，或全都从事劳动但只用一半的劳动时间；或按其他的比例。但是，无论如何，我确信爱尔兰的人手每年能比现在多挣 100 万镑，因为我确信爱尔兰有 75 万能够工作的人，如果他们都有适当的职业并且能够继续工作，他们每人每星期都能挣

① 手抄本作“4 镑”，1691 年版和 1719 年版均作“4 先令”。

2 先令，或每年能挣 5 镑。

我再说一下，如果爱尔兰只有 2 000 名有残疾的人，而每年 50 先令确足以维持一个较贫穷的人的生活，那么，每年 8 000 镑[①]如果使用得当，就能够很充裕地推持爱尔兰所有有残疾的人。至于其他乞丐、窃贼和强盗（强盗不过是较大的窃贼），那大抵都是由于政治和教育有缺点和错误而造成的。[②]

爱尔兰是适宜于贸易的，关于这点，兹论述如下：

第一，爱尔兰包括 1.8 万平方英里土地；并不是每个地方都离开海岸 24 英里以上，因为它的周围是 750 英里。因此，在这样一个国家中，陆路运输将是很容易的；爱尔兰适宜于工商业，因为最大和最有利的贸易以及航运业都要依靠这样一些货物：金属、石料、木材、谷物、木料、食盐等。

第二，爱尔兰所处的位置很适宜于和新的美洲世界进行贸易；我们知道，美洲一天比一天地兴盛和繁荣起来了。

爱尔兰的位置适宜于把奶油、酪干、牛肉、鱼类运送到它们的适当市场上；这些市场都在南方[③]和美洲殖民地。

所以爱尔兰是天生适宜于贸易的，但是实际上有很多准备工作没有做好。前面已经说过，爱尔兰的房屋包括 16 万所非常糟糕的破房子。在这种房子里，无论是奶油、酪干、亚麻布、纱线或绒线

---

① 这一估计数字与前不同。参阅本书第 11 页脚注②。

② 手抄本此段下有半页空白。

③ 1667 年曾把牲畜运送到鹿特丹以考察东方和北方的市场是否有利；但是发现：运到那里的牲畜，其价格不如荷兰人从霍耳斯廷运去的牲畜便宜。参阅卡尔特：《奥尔蒙德公爵传》第 2 卷，第 341 页。

都不能顺利地进行生产。这主要是因为煤灰和烟气妨害生产工作;而且地方也十分狭窄和污浊,既不能保持清洁,也不能免于害兽、害虫、潮湿、臭气的侵袭。在这种房子里生出和储藏的蛋类都要受到损害。因此,要发展贸易,就需要改善这些房屋。

还应该加以考虑的是,是不是应该设立下列一些公司:1. 牲畜公司,2. 谷物公司,3. 鱼类公司,4. 皮革公司,5. 羊毛公司,6. 亚麻布公司,7. 牛油奶酪公司,8. 金属和矿产品公司。因为差不多所有可以从爱尔兰出口的商品,都是和这些东西有关的。

还应该加以考虑的是,对于这些小房子是不是不应该征收炉税,而应该让它们出劳役。它们是很难得到钱的,而出劳役则十分容易。让它们每年在适当的时候出 40 天的劳役,要比让它们在困难的时候和在收税员要收税的时候支付 2 先令的银币容易得多。

上面所说的 1.6 万户人家的在食住,和英格兰基本相同。他们之中,有许多人都懂得法国的优雅的事情,也懂得法国话和拉丁话。在最穷的爱尔兰人之中也有常说拉丁话的;这主要是在离开都柏林十分遥远的凯里。

前面常常说到,16 万户人家的住房是非常恶劣的。但是他们的穿戴却比法国农民和大多数其他国家的穷人好得多。这种好处是从他们的羊毛上得到的;每 12 只羊就足以为这样一个家庭提供相当充足的衣着。为了染这些羊毛和羊毛织品,这些穷人所花费的钱每年不少于 5 万镑。染羊毛乃是这一国家的妇女所从事的一个工作。洋茜、明矾和靛青都从外国进口,但其他染料则都是她们在住家附近找到的:从沼泽里取来的泥浆可供作绿矾之用,许多种树的树皮和锯末可供作五倍子之用;她们可以找到足够的野生青草，也可以找到足够的鼠李浆果。

这些人的食品是牛奶，甜的和酸的，浓的和淡的。在夏天，他们的饮料也是牛奶；冬季里他们喝淡啤酒或白水。但是，他们的人生乐事似乎是用一支烧不着的短烟袋抽烟，一边抽一边打喷嚏。所以他们在饮食方面的开支有七分之二花在烟草上。他们吃的是饼状面包，每人每星期有 1 便士就够吃的了；从 8 月到次年 5 月都有马铃薯；海边上有蠔子、海扇和牡蛎。蛋类和牛油由于保藏在沼泽里都弄得很臭。尽管有很多牲畜，可是除了较小动物的肉以外，他们很少吃肉；这是因为，对于这样的一个家庭来说，宰一只牛是很不方便的，牛肉无法保存。所以他们吃一只鸡或一只兔，要比吃一块同样大小的牛肉容易一些。

在大多数地方，他们的燃料是干草；近来，即使在木柴极多而且不用钱买就可以得到的地方，也都使用干草；这是因为采割和运送干草要比采伐和运送木柴来得容易。但是[①]让我话归本题吧。我可以说，在爱尔兰的全部人口的二十二分之十九之间，除了上述价值约为 5 万镑的烟草以外，简直没有什么贸易，因为他们不需要什么外来的商品，自己村子里出产的东西并不缺乏。而且在他们所消费的东西之中，不是自己家庭生产的东西不超过五分之四。这种生活情况不会引起贸易。

现在我要再离开本题来考虑一下：是把那 15 万富人的开支限制在每人每年 10 镑以下对于公共财富有好处呢，还是使那 95 万穷人过得好一些、让他们多花些钱、从而让他们挣的钱比现在多一

① 手抄本此处另起一段。

倍，对于公共财富有好处呢？

对于[①]这一问题，我的简单答复是：前者会使那95万穷人的已经过分吝啬和卑劣的生活更为加剧，对于公共财富没有好处；而后者则将提高这95万人的生活情况、本领和勤劳程度，可以大大增加公共财富。

其次，当我们能够使用我们空闲的人手和土地来生产可以出口的商品，用来购买更多的我们自己不能生产的外国商品的时候，我们为什么要禁止人们使用外国商品呢？

其三，货币的保有或减少，并不像很多人所想象的那样重要。因为在大多数地方，特别是在爱尔兰(英格兰也是如此)，全国的货币约仅为一年开支的十分之一；也就是说，爱尔兰被认为约有40万镑现金，而其每年开支约为400万镑。因此，如果通过毁掉全国财富的一半的办法来使国内现金增加一倍，那是很不好的做法；增加现金而不同时增加财富，那也是很不好的做法。

这就是说，如果国家的现金多出了十分之一，我就要求它的财富(如果可能的话)也要多出十分之一。因为在一个国家中，现金太多和现金太少是一样的。[②] 我这是就如何对贸易有最大的好处来说的；不过解救之道也很容易：可以把过多的现金很快地变成华美的金银器皿。

最后，许多人认为爱尔兰由于有在外地主(即在爱尔兰拥有土地而不住在爱尔兰的人)而变得十分穷困，或者至少货币因此而大

---

① 手抄本此处不另起段。

② 柯克斯说，“很难证明一个国家中能够有过多的货币。”

大流出了，因而认为这些人根据从前的法令，应该失掉他们的这种地产。

我反对这种看法。这种看法既不公平，又不恰当，而且毫无理由。因为第一，如果一个人把货币或其他财产运出英格兰来在爱尔兰购买土地，英格兰的货币就要减少，那么，这块土地的租金、收益和利润为什么不可以送回英格兰呢？

第二，假定爱尔兰的土地的四分之一都属于英格兰的居民，并且假定这些土地都处在一个地方，为什么这全部土地的四分之一不可以和其他四分之三分割开来，而(如果可能的话)运送到英格兰去呢？如果是这样的话，为什么当这些土地的租金实际上被送到英格兰的时候，会有损于其他的四分之三的土地或其所有者呢？

第三，如果所有的人都必须把他们的土地的收入花在这块土地上，那么，爱尔兰的全部收入就应该都花在爱尔兰，爱尔兰某一郡的收入就应该都花在这一郡，一个县的收入就应该都花在这一县，一个教区和庄园的收入就应该都花在这一教区和庄园，推到最后，每一个吃东西的人都应该把他所吃的东西屙在生长这种东西的那块草地上了。而且，这种平均散布财富的办法会有害于繁荣和兴盛。因为如果说一个地方不应该比另一地方更为繁荣，那么，任何一个人也不应该比别人更为高贵和富有。如果是这样的话，假定爱尔兰的财富大约是 1 100 万镑，分配给 110 万人，那么，每人的所得都不能超过 10 镑，任何人也不能建筑价值 3 镑以上的房屋。这样就会使整个国家都现出穷困的景象。而且这种平均也会造成混乱和无政府状态。

另一种对于贸易的障碍，就是不把货币提高到全世界一般货币所具有的价值，即我以前说过的内在价值以上。现在我们回头来谈有关爱尔兰贸易的其他问题。

前面已经说过，在18.4万所小房屋中，居民的生活非常简单，这里简直没有什么贸易或商品交换；因此，爱尔兰的贸易必得在其他1.6万所具有一个以上烟囱的房屋及其居民那里去寻找。虽然严格地说，贸易就是商品交换，可是一般地说，它乃是获取财富和权力的方法，是幸福的根源。它不仅是靠耕种、打鱼、开矿等等办法来从土地上和海洋里取得商品，而且要使这些商品离开那些使用上述方法从土地上和海洋里首先取得它们的人；它不仅是增加国家的总财富，而且也增加每一个人在这一总额里所得到的份额。这就是说，假定爱尔兰的全部财富是1 000万镑，而某甲在其中所占份额是1 000镑；我认为，一般说来，某甲所关怀的事情，是使他的1 000镑变为3 000镑（哪怕是通过使全部财富减少2 000镑的办法），而不是通过使他自己的1 000镑变为300镑的办法，来使全部财富变为3 000万镑。

这就是爱尔兰的贸易；我认为大多数其他地方也是如此，但在爱尔兰，有些贸易是在以下的情况下进行的：

第一，在过去150年里，爱尔兰的土地大部分都被没收过，而各修道院的土地由于修道院的解散和地契有缺点、不合时宜也都落入国王的手中，结果是，这些土地又被给予了别人——有的是合法地和正式地给予的，有的则不是；有的是在这种条件下给予的，有的则是在另一种条件下给予的。由于这种给予有缺点，或由于某些条件没有实现以及许多无需列举的其他原因，严苛的国王又可以对于许多人的地产找到所有权，尽管这些人久已拥有他们各自的土地了（虽然有的多一些，有的少一些；有的是好地，有的是较差的地）。爱尔兰的一项主要生意就是寻找这些毛病和缺点，挣取这种吹求工作的手续费。这种生意的一个支流就是给这类吹求者提供讨人喜欢的虚妄情报，以便制定其他阴谋，并且说服那些和当权者有关系的人对于这些发现给予奖励，因此，无论这种情报是对是错，都给土地所有者带来麻烦，至少也要使他们花费可以对于告密人有好处的和解费。所以，结果是，无论是赞成和反对这些事情的人所花费的时间都浪费掉了，对于公共财富并没有任何好处；他们和赌徒一样互相争夺（律师则从双方那里得到好处）。这并不是贸易，而是加在国家身上的一种灾难。

第二，公共收入的种类繁多，数字十分巨大，有关公共收入的法令十分复杂而且日新月异；可是从事这些工作的官吏，主要都是些能够利用他们的地位来交朋友的人，而不管他们是否有本领、是否有经验和是否可靠。结果是，即使在以前，爱尔兰财政部门各主要官吏所估算的财政情况，彼此相差即达 20 万镑之巨。[①] 当新人取得包收全部税收的资格时，他们都希望通过修改和清算别人所弄乱的数字来舞弊营私，以获取巨额利得；可是尽管如此，他们仍然能够保有他们的地位和由此而得到的财产。在这种情况下，人民都觉得，与其经受这种清算的磨难（他们根本不需要受这种磨难），还不如要多少就给多少。

这种和别种以营私舞弊为宗旨的包税办法，一向是爱尔兰的一项大生意。但是它实际上是加在人民身上的一项灾难。人民对

① 参阅卡尔特：《奥尔蒙德公爵传》第 2 卷，第 368—371 页。

于那些制造错误的人已经支付了很大的工资，可是还要对于那些只是要着手改正这些错误而实际上根本不能改正它们的人，支付3倍于这种工资的费用。

第三种大生意是利用上述估算的差异和混乱，利用劣币、非法交易和货币利息来获取利益；这也是加在爱尔兰人民身上的一项灾难。

第四种生意是陷害贫穷的工人，设陷阱使他们犯罪，控告他们，把他们送到主教法庭，等等；或捏造罪行再使他们用钱赎罪。这些都可以使保安官们得到好处。

第五种生意可能是由于派任郡长的方式、郡长执行职务的方式、财政的计算等等而造成的。

第六种生意是在陪审裁判时征收款项，这是大陪审委员团所允许的，但是征收得太多了，无论征收的款项是否有用都要征收。

这六种生意都不能增加公共财富，正和赌徒（甚至是那些使用骗人的骰子的赌徒）不能增加公共财富一样。

做这些生意的，乃是住在前述1.6万所大房子里的人们的三分之一；他们是公共财富的蝗虫和蛀虫。至于其他18.4万所小房子的居民，则不做这些生意。因此，我们要看一看这些其他的人都做些什么生意。这我认为有以下各项：

在国内方面，是修建漂亮的房屋和花园、果树园、小树林、旅店、磨粉厂、教堂、桥梁、公路、堤道，并制造房屋中的家具、车辆等。我认为，爱尔兰在这些方面是有所改进的，从1652年到1673年这些东西已增加了4倍，而且情况也比1641年好，也就是说，比过去任何时候都好。

国外贸易，如果你相信海关的记载，那么，它从1657年到现在增加了7倍(但是实际上我认为它增加了2倍)。因为1656年的海关收入不到1.2万镑，可是一两年以后就达到此数的3倍以上，而在现在则为8万镑左右。

为了更明确地说明这一问题，我将在下面列出几张进出口商品表，并根据这些表来做一些进一步的考察。

表[①]

1.由国家官吏管理的海关，在1657年收入不到1.2万镑，可是在1658年以3倍以上的数额交给别人包收。

2.经营爱尔兰国外贸易的资金约有半数是属于不住在爱尔兰的人们的。

3.1664年，在颁布牲畜法令以前，爱尔兰的国外贸易有四分之三是和英格兰进行的，但是现在则不到四分之一。

4.从爱尔兰输出的工业品的价值每年不超过8 000镑。

5.由于1664年出口的食品比1641年的多，而1641年出口的工业品则比1664年的多，所以，爱尔兰的人口1641年比1664年多，其比例上面已经谈到了。[②]

6.出口显得多于进口，只是前者的数字比较确实，而后者的数字则是估计的，可能不大可靠。

① 这几张表在手抄本和1691年与1719年两版中都被略去了，始终未能补入。

② 参阅本书第18—19页。

第十二章　爱尔兰现有居民的宗教、饮食、衣着、语言、习惯和利益

我们说过，在110万爱尔兰居民之中，约有80万是爱尔兰人；其中60多万人都住在十分简陋的小房子里。因此，我首先要谈一谈这些人的宗教、饮食等等，因为他们占全体居民的一大部分。但是也不完全忽略别种人的情况。

这些较穷的爱尔兰人的宗教叫做罗马天主教，其领袖是罗马教皇。所以他们都被很适当地称为天主教徒。这种宗教的圣经和礼拜仪式是全世界都知道的，因此，我只限于谈一谈我认为是这些爱尔兰人所特有的东西。首先，我认为牧师们都学识浮浅；可是他们的信徒却觉得他们有很大的学问，这是因为他们多少都能说些拉丁话，并且往往能用拉丁话来说服和他们争论的人；从而他们也被认为比他们的对手更正统、更能干。

他们的拉丁文读物是一些圣贤的传记和关于他们国家的神话故事。但是他们的高等学识则是烦琐哲学和他们祖先的家谱。这两项似乎都是圣保罗所谴责过的东西。

牧师大部分是从爱尔兰旧的世家中选出的；因此他们对于人民发生影响，不仅是由于他们的位置，也是由于他们的社会关系。

他们的说教方法似乎是用一些可怕的故事来恫吓他们的教徒，而不是依靠理论或圣经来进行说服。他们异常相信罗马教皇及其尊严，异常相信那些能够间接而又间接地获得天惠的人们的

幸福。只有少数后来出过国的人，能够谈论罗马教廷的利益和教会教义之间的区别。普通牧师很少有离开过爱尔兰的。那些出过国的都是在修道院里成长起来的人，或者大部分是成为修道士的人；他们瞧不起英格兰人和新教徒，也不喜欢建立制造业和进行贸易。他们有时还通过预言他们要恢复他们昔日的财产和特权的办法，来安慰他们的教徒；这种预言是他们之中的一些能干人从旧约圣经中的先知们所做的预言引申出来的，这些先知们说，上帝许诺把犹太人和王国还给以色列人。他们不重视对着新教圣经所作的宣誓；他们很虔诚地拾起一块石头，对着石头发誓，把石头叫做圣书，而在对着新教圣经发誓时则不那么虔诚。但是在所有誓言之中，他们认为他们能够很随意地作出他们所谓的土地宣誓：这是一种用来证明伪造的文契、所有权、土地授受、租金支付等的宣誓，目的在于使他们的同胞收回被没收的土地。他们很重视据说曾经住过圣贤的圣井、山岩和洞穴。他们不大怕死，如果要在树上或在绞刑架上被绞死的话，他们就会从能够看到这棵树或绞刑架的地方跪着向它走去。他们在被执行死刑的时候并不作任何表白，虽然他们从来没有犯过这样大的罪。简单地说，他们非常迷信，而且从前比现在迷信得更厉害；现在，由于常常和新教徒交往，他们对于他们的可笑习惯感到害羞了，因为这些习惯并不是要作为信条来遵守的东西。至于较富而受过较好教育的人，则和别的地方的天主教徒并无两样。穷人们在信仰他们的宗教时，宗教与其说是一种信条，毋宁说是一种习惯；他们所服从的似乎是他们的大公、旧地主、部族领袖，而不是上帝。当这些人倒了霉，被送到西班牙，或被安置在康诺特，不能再像以前一样的时候（大约在 1656 年），当冒险家和军士们成为他们的地主和保护者的时候，可以看出，他们已经前进了一步，对于教皇和他的按手礼，不再那么执拗拘泥了。最后，有些较高等的人物也不像以前那样认为教皇有俗世上的权力；他们开始说，最高的权力，即使是宗教方面的，也握在分散的教会和有资格的宗教会议手中，而不握在教皇个人手中，也不握在教皇和他的红衣主教们的手中。

爱尔兰新教徒的宗教在教义上和英格兰的教会是一样的；只是在戒律方面有所不同。

合法的新教徒认为教会的权力握在国王手中，而主教、大主教及其职员乃是在国王之下调节这种权力的最好的手段。长老会教徒也要通过各级国家的和地方的长老来做这种事，或许做得更多些。独立派教徒要使所有基督教主教会互相独立。再浸礼教会在戒律方面也是独立的；他们在婴儿洗礼方面，在这种仪式的内部的精神的意义方面，都和上述各派有所不同。教友派教徒行礼时不脱帽，彼此谈话用第二人称和单数；关于文官和武备，他们似乎和德国和荷兰的再浸礼教徒抱有相同的看法；他们和天主教徒一样，自以为是能够尽善尽美的。至于其他教派，则很难加以确定，也很难理解他们所说的究竟是些什么。

较穷的爱尔兰人的饮食，前面在第 11 章中已经讨论过了。

他们穿的是一种狭窄的粗绒，约 20 英寸宽，两英尺长，叫做一束，价值是三又二分之一便士到 18 便士。17 束这种粗绒可以做一套男人的衣服，12 束做一件斗篷。根据这种尺寸和穿这种料子的人数，可以看出，爱尔兰自己消费的羊毛约为它出口的羊毛的 3 倍；可是有人认为情况正好相反，也就是说，出口的羊毛为国内消费的羊毛的3倍。

谈到爱尔兰人的习惯，我是根据以下各项来推论的：他们的体质、气候、一般食物、财产和自由的情况、统治者和教师对于他们的影响，最后，既影响他们的良心又影响他们的本性的古老风俗。他们的相貌、身材、肤色和气色，我看不出有什么不如别的民族的地方；他们的脾气也不比别的民族好。

他们[①]的懒惰，在我看来，并不是天性使然，而是由于没有就业机会和鼓励。[②] 既然他们能够满足于马铃薯（种马铃薯，一个人的劳动能够养活40个人），既然他们能够满足于牛奶（在夏天，当他们用船、网、钓具或打鱼技巧到处都能找到海扇、牡蛎、蠔子、螃蟹等的时候，一头牛能供应3个人的饮食），既然他们能够在3天之内盖好一所房子，他们为什么需要劳动呢？他们被教导说，这种生活方式很像旧日的教长和后来的圣贤们所过的生活，他们是要靠这些教长和圣贤的祈祷和功劳而得救的，从而他们要以这些人为榜样，既然如此，他们为什么要多花劳动来使生活过得好一些呢？既然把牲畜运到英格兰去要受罚，他们为什么要饲养更多的牲畜呢？既然商人们没有足够的资金来购买他们的商品，也没有其他更可爱的商品来换取他们的商品，他们为什么要生产更多的商品呢？既然英格兰的法令禁止和妨碍贸易，商人们怎样能够得到资金呢？而且，在对于立法权还没有取得一致意见的地方，在自然权利和财产权受到各种阴谋和法令的破坏的地方，人们为什么

① 手抄本此处不另起段。

② 滕普尔（W. Temple）爵士也有这种看法；参阅滕普尔：《论荷兰联邦》，1673年版，第188页，以及滕普尔：《著作集》第1卷，1770年版，第184页。

要努力挣取财产呢？

人们还说爱尔兰人不忠、虚伪和偷窃。我认为，所有这些都不是本性使然的。他们不忠，是因为他们相信他们早晚会再强盛起来，因此他们不肯真正服从他们希望将来会成为他们仆人的那些人，也不肯说他们目前是安适的。这就是我所看到的他们的不忠之处；因为他们看到他们的原有财产为外国人所享有时，不仅心怀怨恨，而且确信他们不久就会收取回来。至于偷窃，那乃是所有像爱尔兰这样人口稀少的国家必然会有的现象。在这种国家里，不可能有很多的眼睛来防止这种罪行；在这种国家里，被偷的都是一些容易隐藏和容易被吃掉的东西；在这种国家里，很容易伤害告发这种罪行的人或焚毁他们的房屋。而且，这种人口稀少的国家是用原来为人口众多的国家制定的法律来治理的，对于很小的问题也要用属于极大案件的一切手续来加以审讯。在这种情形下，一定会有盗窃，何况这里既没有劳动的鼓励，又没有劳动的方法和手段，也不赡养没有劳动能力的人。

谈到较穷的爱尔兰人的利益，那显然在于把爱尔兰改变成英格兰的样子；要改善和修饰他们的房屋，好使英格兰妇女肯于嫁给他们做妻子；要改变他们的语言。他们的语言还存在着很明显的区别，这在现在是不必要的；这种语言使不懂得它的人们怀疑它是在说自己的坏话。他们的利益在于和英格兰人打交道，订立具有明确条件的租约；实行了这些条件，他们就成为绝对的自由民，不再受他们的地主的喜怒无常的随意的摆布，也不至再让他们的地主随意拿走他们的东西。他们的利益在于，当他们懂得什么人决定他们的幸福、什么人能够支配他们的土地和财产的时候，要使这些人满意于他们的忠顺；而不在于相信一个在罗马的人能够支配他们的今世的命运，并且能够使他们在以后得到永恒的快乐或受永恒的痛苦。他们的利益在于和那些给他们的国家带来技艺、文明和自由的人们联合在一起，并且仿效他们的榜样。

相反地，当他们跟着他们的主子们叛变、反对英格兰人的时候，他们得到了什么好处吗？即使那次叛变成了功，他们除了更受奴役而外，又能得到什么呢？叛变失败了，这些可怜的人丢掉了他们所有的财产，而他们的头子们却增加了财产，并享有他们所失掉的土地。现在，在爱尔兰，最穷的人也骑上了马，而以前最好也只能像野兽一样用腿跑路。他们现在穿得比任何时候都好；上流社会的人士都受到良好的教育，而一般平民也有了更多的钱和自由。

第十三章　关于爱尔兰的一些杂论以及一些前面已经谈过的问题

不是依靠历史的权威，而是在仔细研究了自然法则和自然趋势之后，我认为，说首先来到爱尔兰的人是腓尼基人、西吉亚人、比斯开人等等的说法，乃是虚构的。首先居住在卡里克佛格斯（Carrickfergus）附近各地的人，乃是从对岸苏格兰各地移来的。[①] 因为，十分肯定，在凯撒时代就已经有人移入爱尔兰了。在凯撒时代

① 柯克斯说，“所有考古学家都认为，苏格兰的居民是从爱尔兰来的，因而叫做小苏格提亚（Scotia minor）。住在康威尔（Cornwall）和英格兰其他各处的人们的名字也说明，首先住在爱尔兰的人是从英格兰来的。”

以前，航海术还不那么发达，除了从不列颠以外，还不能把人们从世界各地运送到那里去。在南威尔士的圣大卫黑德（St. Davids-head）和北威尔士的霍里黑德（Holyhead），任何时候都看不到爱尔兰，而且住在这两个地方的居民也没有适宜于渡海的船只。但是，大家都知道，从苏格兰可以看见卡里克佛格斯，而且用一只小船在三四小时之内就可以渡过去了。这些地方的语言区别不大。卡里克佛格斯的土地要比对岸苏格兰各地的土地好得多。爱尔兰的主要主教们的所在地也都在这些地方的附近。所有这些都是众所周知的事实。因此，爱尔兰的最初居民更可能是来自苏格兰，而不是来自上述的遥远的其他各地。

爱尔兰的总督和大法官互相之间常闹意见，其原因似乎是他们的权力过于势均力敌了。[①] 总督统帅一支约 3 000 人的军队，大法官则指挥 900 名保安官，这些保安官又指挥 2 500 名警察。保安官和警察乃是民事的武力，他们在和平时期在各地发挥作用，什么事情都管；可是军队发挥作用的机会是很少的，他们又都是被雇佣的人。所以民事武力的范围和影响要比军事武力大得多。

总督可以安排四五百人的位置和职业，可是大法官可以安排前述 900 名保安官和许多别人的位置和职业。总督对于那些不依

---

① 柯克斯说，“大法官并不具有和总督一样大的权力。我们的作者所以这样说，并不是为了什么别的原因，只是要嘲笑大法官的权力过大；他认为法院曾经多次利用这种权力来伤害他，使他唱道：

可叹我们市民都在堕落，
伟大的迈克尔，请来拯救吧，
因为你既是天使之长，又是主教之长。”

关于配第和“这两个大法官厅”的纠纷，参阅菲滋摩利斯的著作第 169—172 页。

靠上述职业为生的人，不能起什么伤害作用；可是大法官却能通过他的法院的力量，通过他的意志和国王良心的协调，影响所有的人的财产和行为。

总督大多数都是对于爱尔兰很陌生的人；可是大法官则不然，一般都是有身家和对当地十分熟悉的人。而且，这 150 年来，所有总督、议长和高等法院院长的在职时期平均不到两年，可是大法官的在职时期则长得多，除非由于死亡和大的变革，很少有离职的。大法官通常还有某些附带的其他显职和任务，因为他们常常就是著名的牧师和教士，而总督则只限于处理俗世事务。大法官也是议会的议长（Speaker），而且由于掌握国玺，在许多情况下能够对总督起限制作用。大法官都受过口才和雄辩方面的教养，而总督的这种教养则是偶然的。

有人给爱尔兰带来大批财产，有人是赤手空拳来到爱尔兰的；前者财产的增加和后者相较很不相称。无须列举这两方面的例子，其所以如此的原因似乎是不难理解的，例如。①

爱尔兰的语言很像苏格兰北部的语言，有些地方也像威尔士语言和曼格语言（Manques）。但是，在爱尔兰，芬哥尔人（Fingallians）既不说英格兰话和爱尔兰话，也不说威尔士话。而在韦克斯福德（Wexford）附近的人虽然都使用一种和英格兰、威尔士、爱尔兰语言不同的语言，可是这种语言也不同于都柏林附近的芬哥尔人所使用的语言。这两种人都是这一国家的既诚实又勤勉的成员。

① 手抄本稿边上注有“q”字；在“例如”下面留有几行空白。

爱尔兰语言、威尔士语言以及所有不属于繁荣帝国语言(这种语言中具有许多既带诗意又带哲理的东西、概念和意象)的语言,都只有不多的词汇。在这些语言学家的帝国不再存在以后才为人所使用的一切东西的名称,都是以征服者的语言来表示的,只不过是改变了一下字尾和重音而已。

爱尔兰现在被划分为许多省、郡、区、教区和庄园,这些都是可以和已经用几何学划界的。但是从前它并不如此,而是被分为一些以统治人民的领主的名字命名的国家。如果一个国家的领土为沼泽所环绕,那么,当这片沼泽变得越干、越能通行的时候,它的领土就越大,反之就越小。因此,一个爱尔兰大公的国家,是随着他的力量的盈虚消长而变大或变小的;哪里有巨大的城堡和守备部队,哪里就有巨大的管辖权。

当这些大公们彼此讲和的时候,他们的土地协定并不规定用几何学划出的国界;而是规定,如果这样下雨,那么落雨的那块土地就属于甲;如果那样下雨,它就属于乙,等等。

至于他们的教区的分区,耕地,Colps, Gneeres, Bullibos, Ballibelaghs, Two's, Horsemens-Beds,等等,由于据以划分的理由现在已经过时,它们的数量和价值这时已变得很不均等了。

因为在过去,土地有时是以由哪一些人所持有为根据来划分的,这样划分的土地我认为就是教区的分区或十家区。

有时被划分为许多耕地[①],这种耕地包括足够人们、特别是这

① 这一名词的意义很不确定,所以根据安娜女王 4 年、8 年和 9 年的法令,要由一个大陪审委员团来确定某一教区是否应拥有耕地,以及是否应因此而修筑道路。芒特摩雷斯(Mountmorres):《爱尔兰议会史》第 2 卷,第 126—127 页。

种耕地的所有者使用的各种各样的可耕地、草原、牧场、山地、泥炭地、树林等。

[①]有时被划分为一份一份将由一个承受者(undertaker)根据某些条款来耕种和保卫的土地。

[①]有时在一次叛乱或骚动之后,被划分为一份一份为了报酬每一服役者(servitor)[②]的劳役而给予他的土地。

有时是以属于某一或某些教士修道处所的地区为依据而划分的。但是现在,所有土地都被用几何学划分了,可是并没有废除上述旧名称[③]和区分。因此,还有必要来设法防止这些难于理解的名称的各种不同拼法。政府当局应该编制某种书籍,其中包括所有按照这些土地最后让渡时的名称拼出的名称,[④]以确定这些名称的拼法。如果同一片土地具有不同的名称,或者它的名称是用不同的字母或音节拼出来的,那么在提到它时就要用一个别名。如果新划定的一片公共土地是旧有的一片较大土地的一部分,那么在它的旧有名称上就要冠以东、南、西、北的字样。如果这片土地包括许多已过时的或面积不大的地区,那么这片土地的名称也要注出东、南、四、北的字样。

解释法令(Explanatory Acts)的最后条款使人们能够给他们

---

① 在手抄本中,这两段的次序颠倒。

② 普兰德加斯特(Prendergast):《克伦威尔协定》,第2版,第44页脚注。

③ “名称”(denomination)是由“领地”(demesnes)一词改正的。从这里起直到手抄本之末,抄写者偶然遗留下的一些空白都由另一种笔迹给填上了,我认为这是配第的笔迹。

④ 1719年版作:“政府当局应该指派一些能够按照这些土地最后让渡时的名称的拼法来正确理解它们的名称的人。”

各自的土地起新的名字，而不用那些从前加在它们身上的粗鄙而不易理解的旧名字。如果把那很大一部分还没有废除或者不能废除的爱尔兰文的名称作一些解释，那并不是不应该的。[①]

有人认为，由于英格兰人的政策是（用他们的很俏皮的说法）要把这两个国家之间的链索或吊桥都保持在英格兰这一边，所以爱尔兰的船只很少。但是我从来没有看到有什么东西妨害爱尔兰造船或买船。爱尔兰人不愿意造船，不是因为没有资金来进行这种费用浩繁的工程，就是因为没有足够的为装配一只船所需要的各种各样的工人。而且，他们从荷兰人那里租船用，要比自己造船更合算些；他们宁愿在陆地上吃马铃薯和牛奶，也不愿意为了好的食物而在海上和风浪搏斗；何况这里又没有什么鼓励能够诱使能干的造船工人留住在爱尔兰。虽然如此，到现在，爱尔兰各港口都有 10 吨到 200 吨的船只。各种大小和各种式样的船只共约8 000吨；而且为了保证航行的安全，还建立了 5 座灯塔。

谈到爱尔兰西部海岸所生产的龙涎香，无论是它的香味，或是它的其他品质，都没能使我感到满意；这种所谓药材的已有的或可能有的用途，也没能使我感到满意。它的形状是多种多样的。

关于菜蔬马肯波雷（Mackenbory[②]）的说法，是荒诞无稽的；它不过是属于大戟类的一种植物，是一种猛烈的泻剂。在凯里的一个叫做德斯蒙德（Desmond）的区域里，这种植物很多；在这里，杨

① 手抄本这里还有这样一段话“虽然我简直不懂爱尔兰文，可是我也搜集了下面一些字，爱尔兰大部分土地的名称都是用这些字拼凑而成的；这些字是：”。A 本或 B 本中都没有印出这段话；在手抄本中，这段话下面还留有很大一块空白。

② 手抄本作“Mackenbuoy”。最后三个字母是配第加上的。

梅树也长得十分茂盛而美丽。

爱尔兰所有的熔铁炉不到 10 个[①]，可是却有 20 来家打铁厂和分块厂。只有一个开工的铅厂，虽然还要开办好几个，可是由于有人伪造专利证而未能成功。在凯里，还有一个适宜于开办明矾工厂的地方；已经要在这里建厂了，不过还没有全面进行。[②]

在爱尔兰西部，大约有 20 个从事渔业的绅士，他们共有 160 只帆船；使用这些帆船，他们有时每年能获得鲱鱼 4 000 大桶，约值 1 万镑。科克（Cork）、金索尔（Kingsole）和班特里（Bantry）都是吃鱼的最好的地方，虽然都柏林的鱼类供应也不错。

服装业还没有达到上次叛乱以前的情况。[③] 制造高级轻暖衣物的技术似乎丧失了，现在还没有恢复。

在科尔兰（Colrane）附近，有一个打鲑鱼的渔厂，在这里，旺季时一次可以捕获好几吨鲑鱼。

在亨利七世时代以前，在爱尔兰的英格兰人住在爱尔兰，正像欧洲人住在美洲一样，也像现在一些别国人住在美洲一样。英格兰人杀死一个爱尔兰人，可以不受惩罚。这两种人是受不同的法律管理的；爱尔兰人受爱尔兰古法管理，而在这里的英格兰人则受英格兰法律管理。

爱尔兰这时还没有死亡、出生和结婚数字的记录；虽然后来都

① 菲滋摩利斯说，配第在肯梅尔（Kenmare）有一个铜铁工厂。第 149 页。

② “配第在他的著作中提到以前已经在本郡建立明矾工厂。但究竟在什么地方，我从来没听说过。”查理斯・斯密斯：《凯里郡古时和现在的情况》，1758 年版，第 398 页。

③ 柯克斯说，“无论 1672 年的服装业情况如何，说它没有达到叛乱以前的情况肯定是错误的。”

柏林开始登记这些数字，但是很不完全。[①]

越来越穷和越来越感到不满的在爱尔兰的英格兰人，堕落成为爱尔兰人；而越来越富足的爱尔兰人则和英格兰人和睦相处。

爱尔兰的佩尔奇是 21 呎，英格兰的佩尔奇是 16 呎半，按照这一比例，11 爱尔兰里等于 14 英里。

在爱尔兰，丈量土地时，一向以一种带有三又三分之一呎长针的圆仪作为最好的量具；但是从今以后，借助于一些旧的几何定理，再结合上罗伯持·伍德(Robert Wood)博士[②]所指出的圆的这一新性质，丈量工作就可以做得更好了。

图[③]

虽然爱尔兰的新教徒对天主教徒的比例是 3 对 8，可是由于前者都住在城市和市镇里，而苏格兰人都住在爱尔兰 32 郡中的 5 个郡里或其附近，所以，在其他广漠的各郡里，在城市以外，爱尔兰人和天主教徒对新教徒的比例是 20 对 1。

① 参阅关于《论都柏林死亡表》的说明。

② 罗伯特·伍德约于 1622 年生于萨里(Surry)哥德尔明(Godalming)附近的培贝尔镇(Pepper Harrow)。曾在伊顿大学和牛津新法学院读书，于 1647 年获得梅尔顿学院文学学士学位。他是林肯的一个议会同伴，是亨利·克伦威尔在爱尔兰的家臣，也是常到罗塔俱乐部去的人。因此，配第和他很可能是老朋友。他曾任基督教公立学院的数学教师，其后担任爱尔兰岁入总会计，并给皇家学会会报写过许多篇文章。伍德：《牛津大学学术协会》第 2 卷，第 780 页；伯罗兹(Burroughs)：《记录册》，第 508 页；福斯特(Foster)：《牛津校友录》；菲滋摩利斯，前引书，第 264 页。由于配第在这里没有画出他所要画的图，所以“无从知道这里提到的伍德所说的圆的特殊性质究竟是什么”。——拉康姆的话，见配第：《山区测量的历史》，第 323 页。

③ 手抄本中，这里留有半页空白，显然是为画图用的。

附录：由威廉·配第爵士起草的、爱尔兰商务会议向总督提出的报告

遵照您的1675年1月20日的命令，我们花了很多天的时间来考虑怎样可以增加这一王国的一般财富和货币。为了达到这一目的，我们首先尽我们所知写出这一王国的有关贸易的情况。然后我们根据这种情况，做出能够说明爱尔兰贸易不振、货币缺少和贫困的原因的推论。最后，我们对于这些问题提出了一些一般的解救办法和措施，这些办法和措施在爱尔兰是无须制定新法律就可以行得通的。如果您肯加以采纳，我们还准备详述我们的建议的细节，以便使它们能够付诸实行。

1676年3月25日

关于改善爱尔兰情况的应该考虑的问题

1. 爱尔兰的全部领土包括大约1 200万亩（英亩）耕地和好牧地，200万亩一般称为不生产的（虽然并不完全如此）多石、多沼泽、多树丛的牧地。此外则是沼泽、湖、岩石、沙地、海岸、河流、公路等。所有上述两种土地的年租金（包括国王陛下的免役税、什一税和土地改良）共约90万镑，土地价值是900万镑。

2. 爱尔兰所有具有一个及一个以上烟囱的房屋的价值(不算那些小房子,它们没有价值),是250万镑。

3. 牲畜的价值是300万镑。

4. 谷物、家具、货物、船舶等,约值100万镑。

5. 现在在贸易中流通的铸币和通货约为30万镑至35万镑[①],即为全国所有价值的五十分之一,我们认为全国所有价值约为1 600万镑。

6. 爱尔兰人口约为110万人,即英格兰、苏格兰和威尔斯的新教徒30万人,天主教徒80万人;其中四分之一是还不适宜参加劳动的儿童,另有7.5万人由于他们的门第和财产情况也无须参加体力劳动;因此,剩下来可以从事劳动的男男女女是75万人,其中有50万人实际参加了目前的国内工作。

7. 这110万人住在大约20万所房子里。有一个以上烟囱的房子仅约1.6万所;有一个烟囱的房子约2.4万所;其余16万所都是破烂不堪的小房子,没有烟囱,没有门窗,比美洲野蛮人住的房子还要坏,完全不适宜在其中制造可供销售的奶油或酪干,也不适宜在其中制造羊毛、亚麻或皮革制品。

8. 都柏林市及其辖区里的房屋共不足5 000所[②],在市内的计1 150所。全区约有酒馆1 200家。在其他城市和市镇里,酒馆所占比例似乎比在都柏林要大些,约为全部房屋的三分之一。

9. 爱尔兰各郡、各区、各教区的大小现在很不一致,有些区要

① 这低于1672年所做的估计。参阅本书第64页。

② 其后在《论都柏林死亡表》和《再论都柏林死亡表》二文中,对于都柏林房屋数字又有所估计。

比另一些区大 20 倍。科克郡在人口和教区的多少方面，似乎等于整个爱尔兰的八分之一；而其他各郡则不到科克郡的二十分之一。很难找到担任郡长和法官的适当人选；在上述小郡里，要常常举行巡回裁判或开设一年开四次的法庭，那对于它们是一件非常沉重的负担。

10. 爱尔兰现有 32 郡、252 区、2 278 个教区；因此，郡长、副郡长、职员、警官和警察约有 3 000 人，其中英格兰人或新教徒约占十分之一。其余的人（约 2 700 人）都是爱尔兰天主教徒，是这一王国的民兵队，负责执行所有法院的法令，以及关于保安方面的法令。

11. 这一支民兵队和其余的爱尔兰天主教徒共约 80 万人，受大约 3 000 名牧师和修道士的感化和指导。这些牧师和修道士是由他们的主教和上级管理的。主教和上级大部分来自爱尔兰的旧世家，是在外国受过教育的人，他们的薪俸和升迁都要仰赖于外国的王公和主教。

12. 爱尔兰天主教徒（除了星期日和法定的 29 个假日以外）每年大致要举行 24 天的宗教仪式，在这 24 天里，他们不从事体力劳动，因此他们每年的工作日大约是 266 个。可是新教徒由于肯吃苦耐劳，不严格遵守法定假日的规定，他们每年实际工作 300 天，也就是说，比天主教徒多工作 34 天，即全年的十分之一。

13. 爱尔兰全部人口每年的开支约为 400 万镑。它的五十分之一是 8 万镑，每年房租的四分之一约为 6 万镑，再加上半年的地租、什一税和免役税 45 万镑，共为 59 万镑。有 59 万镑货币，就完全足以经营这一王国的贸易。

14. 从爱尔兰出口的货物的价值，贸易中的运费，再加上打鱼所获的价值，每年共约为 50 万镑。

15. 那些常住在英格兰的人在爱尔兰所有的地产的价值，要付给英格兰的债款的利息，现在驻在英格兰的爱尔兰军队的薪给，为了爱尔兰的事情而住在英格兰的代理人和律师的费用和津贴，现在国外受教育的英格兰和爱尔兰青年的费用，最后，现在着手办理的两大农场①的想象中的利润，这些加在一起每年约为 20 万镑，这是爱尔兰要付给英格兰的一笔债务。

16. 从爱尔兰运往英格兰的牲畜——即活牛羊——的价值，每年从未超过 14 万镑；这些活牛羊的运费、油脂和羊毛的价值大约是这 14 万镑中的 6 万镑。从英格兰输入爱尔兰的货物的价值（当牲畜贸易不受限制的时候），乃是从爱尔兰运往英格兰的牛羊肉的纯价值的 3 倍至 4 倍。

17. 英格兰和爱尔兰之间进出口货物的关税，不计这种货物的国内消费税，在贸易最自由的时候，每年约为 3.2 万镑。

根据上述问题作出的推论

把土地面积和人口数目作一比较，爱尔兰的人口是十分稀少的，因为在爱尔兰每人可有 10 亩以上的好地，而在英格兰和法国每人只有 4 亩，在荷兰还不到 1 亩。

2. 如果爱尔兰有 25 万能够从事劳动的闲人，而他们平均每人

---

① 可能指的是于 1675 年圣诞节到期的爱尔兰国家农场，和于同年 12 月签订合同的一个新农场。参阅埃塞克斯于 1675 年 12 月 4 日致法院院长函，见《凯培尔书信集》（*Capel Letters*），第 418 页。

每年能挣得 4 镑或 5 镑的话，那么，要是让他们都有工作可做，爱尔兰的收入就可以比现在多 100 万镑，这一数字比全国的年租还要多。

3. 如果用 4 镑或 5 镑可以建筑一所有石墙、一个整齐烟囱和半亩挖有沟渠的土地的房子，那么，爱尔兰这些闲人的三分之二在一年里可以建筑 16 万所这种房屋和园子，来替代前面所说的那些破烂房子。这种工作可以在国外贸易受到阻碍、情况很差，和货币极缺的时候来进行。

4. 上述闲人的其他三分之一，在同一年里（除了修建更有益于贸易的桥梁、港口、河道、公路等之外），可以种植很多果树、树林和树篱，它们在成长起来以后，将以一种无论在爱尔兰或在英格兰都是前所未有的方式，来区分田界，美化农村，庇荫牲畜，提供木材、燃料和水果。所有这些都可以在贸易情况不振和货币很缺的时候来进行。

5. 如果按照目前的法令[①]，在上述房屋的园子里种上大麻和亚麻，那就可以生产出价值 12 万镑的大麻和亚麻；用上述闲人的劳动来制造麻织品和羊毛及皮革制品，每年可以比现在多生产出 100 万镑的价值。

6. 酒馆之多既说明卖酒的人无事可做，也说明买酒的人无事可做。

7. 爱尔兰只有 80 万天主教徒，可是大约有 3 000 名牧师。很

① 查理二世 17 和 18 年第 9 号法令——关于促进亚麻织品贸易的法令——规定：城外房屋的租户每家应有不少于一爱尔兰亩的土地，并应以这片土地的八分之一种植大麻和亚麻。

明显，有 500 名牧师就足能为 80 万教徒和各教区执行宗教事务了。而且有两个天主教的主教（如果必须有的话）就很可以把这 500 名牧师和 2 000 个教区管理好；在英格兰 26 位主教就管理差不多 1 万个教区。

8. 如果新教徒按照现在的做法和法律，每年比天主教徒多做十分之一的工作日，并且在爱尔兰的 75 万劳动人民之中有 60 万左右是天主教徒，那么，天主教就等于自己免除了 6 万个工人的劳动，按每人每年 4 镑计算，共为 25 万镑。此外，上述多余的 2 500 名牧师的薪给按每年每人 20 镑计算，又是 5 万镑。

9. 爱尔兰的郡长的薪给每人每年 100 镑，警官每人每年 20 镑，警察每人每年 10 镑（这是按照他们都是英格兰新教徒计算的，还有一些关于司法行政方面的附带费用），每年共须支付 3 万镑。如果把某些较小的郡、区和教区根据它们的居民的多少加以合并，这笔薪给开支就可以减少。

10. 如果爱尔兰所有的铸币不到 35 万镑；如果必须有 59 万镑（即将近现有货币的一倍）才足以经营爱尔兰的贸易，那么，爱尔兰的货币显然是不够经营贸易之用的。

11. 如果爱尔兰的土地和城镇中的房屋，按每年只提供两次收益计算，价值在 1 000 万镑以上（并且如果不到 100 万镑的资金就可以经营前面所说的爱尔兰能够作的所有贸易），那么，要是以这价值 1 000 万镑的不动产的很小一部分来组成一家信用银行，它和现有的现金就足可以达到改善国内情况和进行国外贸易的目的。

12. 如果像上面所说，爱尔兰全部资产的价值是 1 600 万镑；

如果英格兰和爱尔兰之间的关税每年从来没有超过3.2万镑；如果爱尔兰的财产权由于英格兰和爱尔兰不处在同一立法权力之下而很不安全和费用浩繁；如果爱尔兰直到现在还是英格兰的一个负担；如果在镇压上次叛变中，英格兰在人力和财力上所花的代价3倍于这一国家全部资产的价值；如果住在爱尔兰的、在英格兰出生而有地位的人应该在立法机关中有他的代表；如果爱尔兰人不应当由那些被他们认为是强夺他们的财产的人审判；那么，正当而便利的办法就是把这两个国家就一起来，由一个立法权力来治理。如何可使这成为切实可行的事情，是不难说明的；也不难使那些不喜欢这样做的人感到满意，使他们改变看法，或是使他们哑口无言。

13. 可是，十分奇怪的是：那些生在英格兰、由于在爱尔兰为英王服务而被国王赐予土地的人，当他们需要住在英格兰或到英格兰办理事务的时候，他们的在英格兰的同胞和亲友却不许他们从爱尔兰带出他们赖以为生的食物，不许他们从爱尔兰带出货币，也不许他们把从美洲得来的商品直接运回家去，而要冒很大的风险和受很大的损失绕道英格兰；他们被迫只能和外国人贸易，从而对于他们自己的国家都变得十分陌生了。这些都是十分奇怪的事情，特别是当英格兰由于贸易自由而所得多于所失的时候；这时英格兰向爱尔兰输出的货物为从爱尔兰输入的货物的3倍，从而在贸易最自由的时候，英格兰的95镑约值爱尔兰的同样货币100镑。

14. 人们认为，爱尔兰进口的制造品有三分之一左右可以在爱尔兰制造，而其余的三分之二则从其他国家进口要比从英格兰进口更方便些;因此,爱尔兰简直不需要从英格兰进口什么货物,而在它需要进口的总额中,从英格兰进口的不宜于超过四分之一,其价值在每年10万镑以下。

应用上述推论来消除爱尔兰贸易的缺点和障碍

1. 关于提高货币价值的问题,最近已经提到您的面前了,[①]因此我们没有让这一商会更进一步地来讨论这一问题。为了调节一些硬币的价值,我们谨提出以下各点:足重的钱币以及杜卡东币(ducatoon)约为现在在爱尔兰流通的货币的四分之三,它们确是已经按照适当的比价流通了;可是所有别种银币,无论对于上述钱币或它们彼此之间,都没有按照适当的比价流通。整个的、半个的或四分之一的纯银圆块(cobbs)(如果轻一些)可能按每盎司5先令7便士流通,而其他种较差的银币,如秘鲁币(Perrues)等,则可能作为商品、或按每盎司5先令流通,如果将来没有把它们改铸为较小货币的便利的话。

2. 应该立即请求英格兰把和殖民地的贸易以及这两个王国之间的贸易(特别是牲畜的贸易)恢复到以前的情况;同时尽力设法发现和阻止把生金银从爱尔兰运到英格兰去的行为,以便使那些住在英格兰而要从爱尔兰得到货币的人们不得不热心于上面所说的贸易。

3. 英格兰应该像以前在威尔士所做的那样,努力把这两个王国适当地统一在同一个立法权力之下。

---

① 参阅本书第57页脚注①。

4. 应该把利率从10%降低到5%或6%,以使有钱的人愿意做商人而不愿意做放款人,使他们做生意而不只是购买。现在绅士们往往不能如期偿还他们该欠商人的款项,从而商人赊放出去的货款不经过长期而费用浩繁的诉讼程序就无法收回;这种情况应该加以防止。同时应该马上筹划设立一家土地银行。

5. 某些外国商品的关税需要提高以限制这些商品的进口并鼓励国内制造业;现在的法令①过于缓和,应该加以考虑(至少在重订以前要加以考虑)。

6. 总督及其所属、贵族、法官、军官以及住在都柏林及其附近的其他绅士,都应该以身作则,不再使用由您选择规定的某些外国商品;其他各地的绅士和不动产自由保有人,在巡回裁判期间及各种地方会议上,也应该反对使用这些商品;那些住在有两个以上烟囱的房屋里的各类居民也应该跟着这样做。

7. 现在有一家爱尔兰航运公司,还应该组织一些其他团体,由它们来负责经营爱尔兰的各种贸易和制造业,使所有运到外国市场的货物都能制造得好、包装得好。这些团体可以根据从前的和最近这一商业会议所提出的各种建议和调查报告来经营管理。它们现在还应该随时准备扩大,以与上述各种建议相适应;对于毛织品、亚麻和皮革制造业来说,尤其是如此。

8. 爱尔兰的各公司,除了根据原来指令的规定,不得从事任何制造业。它们所要做的乃是各个私人力量所不能胜任的工作。它们尤其应该使人们按照霍金斯(Hawkins)先生所建议的比例来纺

① 查理二世20年第20号法令,爱尔兰。

织棉纱、羊毛、亚麻以及绒线。

9. 对于那些妨害开采矿藏的专利权，应该加以考虑。

10. 应该训诫治安推事，让他们保护勤劳的人，不得用一些无事生非的诉讼来妨害勤劳的人的工作。

11. 应该鼓励那些住在破烂房子里的人来改善他们的住房；并且应该强迫他们这样做，用法律规定：凡是懒惰懈怠的人要在每个星期日缴纳 9 便士的罚款。也应该按照关于大麻和亚麻的法令的要求[①]。让他们种植宅旁园地。应该应用那些反对懒汉和流氓的法律来禁止乞丐和盗窃。所有这些对于把上述破烂房屋安排成为整齐的村镇也是有好处的。

12. 应该说服人民不再去度那些多余的节假日。

13. 应该精减多余的天主教牧师和修道士，使他们的人数维持在刚好够用的程度。同时应该减少酒店的数目。

14. 警官、郡长和执行官吏也可以是英格兰的新教徒（虽然是雇用的）。

如果做到以上各点，如果财产有了安全保障，就有希望使人们觉得住在爱尔兰比住在任何其他地方都好，他们就会迁居到这里来，从而可以解决人口缺少的问题，而人口缺少乃是这一王国的最大和最基本的缺点。

① 参阅本书第 87 页脚注①。

图书在版编目(CIP)数据

配第经济著作选集/(英)配第著;陈冬野,马清槐,周锦如译.—北京:商务印书馆,2017
(汉译世界学术名著丛书:120年纪念版:珍藏本)
ISBN 978-7-100-14176-5

Ⅰ.①配… Ⅱ.①配… ②陈… ③马… ④周…
Ⅲ.①古典资产阶级政治经济学—文集 Ⅳ.①F091.33-53

中国版本图书馆CIP数据核字(2017)第137925号

汉译世界学术名著丛书
(120年纪念版·珍藏本)
配第经济著作选集
陈冬野 马清槐 周锦如 译

商 务 印 书 馆 出 版
(北京王府井大街36号 邮政编码100710)
商 务 印 书 馆 发 行
南京爱德印刷有限公司印刷
ISBN 978-7-100-14176-5

2017年12月第1版 开本710×1000 1/16
2017年12月第1次印刷 印张25
定价:120.00元